JOACHIM KOHLER

Abgaben zollgleicher Wirkung

Tübinger Schriften
zum internationalen und europäischen Recht

Herausgegeben von Thomas Oppermann, Tübingen

Band 8

Abgaben zollgleicher Wirkung

im Recht der Europäischen Gemeinschaften

Von

Dr. Joachim Kohler

DUNCKER & HUMBLOT / BERLIN

D 21

Gedruckt 1978 bei Buchdruckerei A. Sayffaerth - E. L. Krohn, Berlin 61
Printed in Germany
ISBN 3 428 04118 6

Meinen lieben Eltern

in Dankbarkeit gewidmet

Vorwort

Diese Arbeit lag im Sommersemester 1976 dem Fachbereich Rechtswissenschaft der Universität Tübingen als Dissertation vor. Das Manuskript wurde im Februar 1976 abgeschlossen, doch konnte die weitere Entwicklung bis Juli 1977 in Ergänzungen und Fußnoten berücksichtigt werden.

Mein herzlicher Dank gilt Herrn Professor Dr. Thomas Oppermann, meinem verehrten Lehrer, für die Anregung zur Bearbeitung des Themas und seine wohlwollende, in vielfältiger Weise gewährte Förderung.

Wertvolle Unterstützung fand ich außerdem während eines sechswöchigen Forschungsaufenthaltes bei der Kommission der Europäischen Gemeinschaften in Brüssel, wofür ich den Mitgliedern des Juristischen Dienstes, vor allem den Rechtsberatern der Kommission Professor Dr. Matthies, Dr. Wägenbaur und Dr. Ybema zu Dank verpflichtet bin. Herrn Verwaltungsrat Horst Blümel aus der Verwaltung der Zollunion danke ich für sein Interesse und zahlreiche Anregungen. Auch Herrn Ministerialrat Dr. Seidel aus dem Bundesministerium für Wirtschaft in Bonn gilt mein Dank.

Die Bundesrepublik Deutschland und das Land Baden-Württemberg haben die Arbeit im Rahmen des Graduiertenförderungsgesetzes finanziell unterstützt.

Herrn Ministerialrat a. D. Senator E. h. Professor Dr. J. Broermann danke ich für die Aufnahme der Abhandlung in sein Verlagsprogramm.

Tübingen, im November 1977

Joachim Kohler

Inhaltsverzeichnis

Kapitel 3

Der Geltungsbereich des Verbotes zollgleicher Abgaben

Kapitel 4

Die Durchsetzung des Verbotes, Abgaben zollgleicher Wirkung zu erheben, in der Praxis

Abkürzungsverzeichnis

AASM	=	Assoziierte Afrikanische Staaten und Madagaskar
ABl.	=	Amtsblatt der Europäischen Gemeinschaften
AWD	=	Außenwirtschaftsdienst des Betriebsberaters (seit 1975 AWD/RIW: Recht der internationalen Wirtschaft)
BFH	=	Bundesfinanzhof
BFHE	=	Entscheidungen des Bundesfinanzhofes (amtliche Sammlung)
BGBl.	=	Bundesgesetzblatt
BVerfG	=	Bundesverfassungsgericht
BVerfGE	=	Entscheidungen des Bundesverfassungsgerichts (amtliche Sammlung)
BVerwG	=	Bundesverwaltungsgericht
CahDrEur	=	Cahiers de droit européen
CECA	=	Communauté Européenne du Charbon et de l'Acier
CEE	=	Communauté Economique Européenne
CMLR	=	Common Market Law Review
DVBl.	=	Deutsches Verwaltungsblatt
EAGV	=	Vertrag zur Gründung der Europäischen Atomgemeinschaft (Euratom)
EFTA	=	European Free Treaty Association (Europäische Freihandelszone)
EG	=	Europäische Gemeinschaften
EGKSV	=	Vertrag zur Gründung der Europäischen Gemeinschaft für Kohle und Stahl (Montanunion)
EREI	=	Einführung in die Rechtsfragen der Europäischen Integration
EuGH	=	Gerichtshof der Europäischen Gemeinschaften
EuR	=	Europarecht
EuSt	=	Einfuhrumsatzsteuer
EWGV	=	EWG-Vertrag; Vertrag zur Gründung der Europäischen Wirtschaftsgemeinschaft
GA	=	Generalanwalt
GATT	=	General Agreement on Tariffs and Trade (Allgemeines Zoll- u. Handelsabkommen)
GG	=	Grundgesetz
GZT	=	Gemeinsamer Zolltarif
HZA	=	Hauptzollamt
Komm.	=	Kommission der Europäischen Gemeinschaften

KSE	=	Kölner Schriften zum Europarecht
NJW	=	Neue Juristische Wochenschrift
OVG	=	Oberverwaltungsgericht
RevMC	=	Revue du Marché Commun
RivDirEur	=	Rivista di Diritto Europeo
RS	=	Rechtssache
RsprGH	=	Rechtsprechung des Gerichtshofes
RTDE	=	Revue trimestrielle de droit européen
Rz.	=	Randziffer
SEW	=	Sociaal Economische Wetgeving
Tz.	=	Textziffer
UASt	=	Umsatzausgleichsteuer
VO	=	Verordnung
Vol.	=	Volume
Vorb.	=	Vorbemerkung
ZaöRV	=	Zeitschrift für ausländisches öffentliches Recht und Völkerrecht
ZfZ	=	Zeitschrift für Zölle und Verbrauchsteuern

Einleitung

Abgaben, welche die gleiche Wirkung haben wie Einfuhr- oder Ausfuhrzölle, sind erhebliche Hindernisse auf dem Wege zur Erreichung der in den Gemeinschaftsverträgen festgelegten Ziele. Aus diesem Grunde nehmen im Recht der Europäischen Gemeinschaften diejenigen Regelungen, welche zollgleiche Abgaben betreffen, eine nicht zu unterschätzende Stellung ein.

Eine Definition, die den facettenreichen Begriff der „Abgaben zollgleicher Wirkung“ erhellen könnte, sucht man im Gemeinschaftsrecht indes vergebens. Die Auslegung des Begriffes und seine Konkretisierung anhand praktischer Fälle bleiben der Rechtsprechung und der Literatur überlassen, wobei der prägenden Kraft der Rechtsprechung des Europäischen Gerichtshofes größtes Gewicht beigemessen werden muß.

Es ist nicht die Aufgabe dieser Untersuchung, die entschiedenen Fälle in historischer Folge darzustellen. Vielmehr sollen die praktischen Fälle die Grundlage dafür bilden, den Begriff „Abgaben zollgleicher Wirkung“ systematisch nach allen Seiten auszuloten und somit Beurteilungskriterien zu gewinnen, nach denen die gemeinschaftsrechtliche Einordnung in Frage stehender Abgaben auf dogmatisch fundierte Weise vorgenommen werden kann. Hierbei ist zu beachten, daß sich die Verlagerung der Problemschwerpunkte, wie sie die von Rückschlägen nicht verschonte Fortentwicklung der Integration mit sich bringt, auch auf die Begriffsanalyse auswirkt. Denn immer neue Konstellationen müssen unter dem Aspekt „Abgaben zollgleicher Wirkung“ geprüft werden und bedürfen einer rechtssystematisch eindeutigen Antwort.

Die Beseitigung zollgleicher Abgaben, die gegen das Gemeinschaftsrecht verstoßen, ist deshalb eine Aufgabe, die noch lange nicht abgeschlossen sein wird.

KAPITEL 1

Die Grundlagen

A. Das Verbot, Abgaben zollgleicher Wirkung zu erheben, als Element des Gemeinsamen Marktes der EWG

I. Rechtsgrundlage: EWGV

Am 25. 3. 1957 wurde in Rom der EWG-Vertrag geschlossen. Durch diesen Vertrag gründeten die Vertragsparteien[1] untereinander eine Europäische Wirtschaftsgemeinschaft (Art. 1 EWGV).

Der Vertrag ist entsprechend Art. 247 EWGV am 1. 1. 1958 in Kraft getreten[2]. Seine Grundideen sind die Liberalisierung des Handelsverkehrs zwischen den Mitgliedstaaten, um eine Verschmelzung der nationalen Volkswirtschaften zu erreichen, und die Gemeinsamkeit der Handelsschranken gegenüber dritten Ländern[3].

II. Vertragsziele: Gemeinsamer Markt — Freier Warenverkehr — Zollunion

Die Aufgaben und die Tätigkeit der Gemeinschaft werden in den Art. 2 und 3 des Gründungsvertrages beschrieben. Demzufolge ist die Errichtung eines Gemeinsamen Marktes ein wesentliches Mittel zur Verwirklichung der Vertragsziele[4].

1. Art. 2 EWGV

Die Ziele des EWGV sind weit gesteckt. Dazu gehören laut Art. 2 die harmonische Entwicklung des Wirtschaftslebens innerhalb der Gemein-

---

1 6 Gründungsmitgliedstaaten: Belgien, Bundesrepublik Deutschland, Frankreich, Italien, Luxemburg, Niederlande (1. 1. 1973 Inkrafttreten des Beitritts der 3 neuen Mitgliedstaaten: Dänemark, Großbritannien, Irland).

2 Gemäß Bekanntmachung vom 27. 12. 1957, BGBl. 1958 II, S. 1.

3 Vgl. die Situationsanalyse *v. d. Groebens*, in: Groeben / Boeckh / Thiesing, Bd. I, Einleitung zur 2. Auflage, S. 41 ff.

4 Siehe auch *Groeben / Mestmäcker*, S. 15.

schaft, eine beständige und ausgewogene Wirtschaftsausweitung, größere Stabilität, eine beschleunigte Hebung der Lebenshaltung und engere Beziehungen zwischen den Staaten. Die Mitgliedstaaten sind nach Art. 5 Abs. II EWGV gehalten, alle Maßnahmen, welche die Verwirklichung der Vertragsziele gefährden könnten, zu unterlassen.

2. Art. 3 EWGV

Zum Zwecke der Errichtung eines Gemeinsamen Marktes umfaßt die Tätigkeit der Gemeinschaft laut Art. 3 EWGV unter anderem

a) die Abschaffung der Zölle und mengenmäßigen Beschränkungen bei der Ein- und Ausfuhr von Waren sowie aller sonstigen Maßnahmen gleicher Wirkung zwischen den Mitgliedstaaten — so Ziffer a);

b) die Einführung eines gemeinsamen Zolltarifs und einer gemeinsamen Handelspolitik gegenüber dritten Ländern — so Ziffer b);

c) die Errichtung eines Systems, das den Wettbewerb innerhalb des Gemeinsamen Marktes vor Verfälschungen schützt — so Ziffer f).

Diese Maßnahmen beinhalten — soviel sei hier schon vorweggenommen — direkt oder indirekt das Verbot der Erhebung zollgleicher Abgaben. Die näheren Bestimmungen werden schwerpunktmäßig im zweiten Teil des EWGV, und dabei vor allem unter der Überschrift „Grundlagen der Gemeinschaft" im Titel „Der freie Warenverkehr", getroffen.

3. Übergangszeit und Endphase

Art. 8 EWGV schreibt die schrittweise Verwirklichung des Gemeinsamen Marktes während einer Übergangszeit von 12 Jahren vor. Das Ende der Übergangszeit, der 31. 12. 1969, war gemäß Art. 8 Abs. VII EWGV der Endtermin für das Inkrafttreten aller vorgesehenen Vorschriften sowie für die Durchführung der zur Errichtung des Gemeinsamen Marktes gehörenden Maßnahmen, falls nicht der EWGV selbst Ausnahmen oder Abweichungen[5] vorsah.

Seit dem 1. 1. 1970 befindet sich die Gemeinschaft also in der etwas euphemistisch als „Endphase" bezeichneten Verwirklichungsstufe des Gemeinsamen Marktes. Dies bedeutet jedoch nicht, daß damit alle Probleme gelöst wären. Im Gegenteil — die Schwierigkeiten, den erreichten Integrationsstand auch nur zu halten, sind beträchtlich. Der Grund dafür liegt in der unterschiedlichen wirtschaftlichen Entwicklung der Mitgliedstaaten. Hier vermißt man spürbar die noch nicht zustande gekommene Wirtschafts- und Währungsunion. Es kommt hinzu, daß

---

[5] Nicht nur verzögernde, sondern zum Teil auch beschleunigende Maßnahmen; vgl. *Runge*, S. 80.

den neuen Mitgliedstaaten eine Übergangsphase zugebilligt werden mußte, in der die Anpassung an die bereits entwickelte Gemeinschaft vorgenommen werden soll.

III. Art. 9 als Grundnorm des EWGV: Freier Warenverkehr innerhalb der Zollunion

Im zweiten Teil des EWGV wird konkretisiert, was die Vertragsstaaten unter dem Gemeinsamen Markt verstehen.

Zu den Grundlagen der Gemeinschaft gehört der freie Warenverkehr. Im Gemeinsamen Markt herrscht also freier Warenverkehr. Die ungehinderte Warenbewegung zwischen den Mitgliedstaaten wird durch eine Zollunion — die konsequenteste Form, welche das GATT in Art. XXIV anbietet — gewährleistet[6]. Dementsprechend stellt Art. 9, wonach eine sich auf den gesamten Warenaustausch erstreckenden Zollunion die Grundlage der Gemeinschaft bildet, eine Grundnorm des EWGV dar[7].

Der materiell-rechtliche Kern der Zollunion[8] besteht in dem Verbot, zwischen den Mitgliedstaaten Ein- und Ausfuhrzölle und Abgaben gleicher Wirkung zu erheben, sowie in der Einführung eines gemeinsamen Zolltarifs gegenüber dritten Ländern (Art. 9 Abs. II, 2. Halbsatz EWGV).

1. Allgemeines Zollverbot

In Art. 9 EWGV wird als einer der tragenden Grundsätze des Gemeinsamen Marktes ein allgemeines Zollverbot für den Binnenhandel der Gemeinschaft ausgesprochen[9]. Es gilt für alle Waren, die aus den Mitgliedstaaten stammen und für diejenigen Waren aus dritten Ländern, die sich in den Mitgliedstaaten im freien Verkehr befinden (Art. 9 Abs. II EWGV)[10].

---

6 *Laubereau*, in: Groeben / Boeckh / Thiesing, Bd. I, Anm. II, 3 zu Art. 9, S. 134; zum GATT siehe auch *Jaeger*, S. 247 und *Liebich*, S. 23.

7 *Laubereau*, in: Groeben / Boeckh / Thiesing, Bd. I, Anm. I zu Art. 9, S. 130.

8 Nach *Laubereau* der „Katalysator der wirtschaftlichen Integration" — so in: Groeben / Boeckh / Thiesing, Bd. I, Anm. I zu Art. 9, S. 129. — vgl. hierzu auch *Laubereau*, in: Bülck, S. 60 ff.

9 RS 52 u. 55/65, Bd. XII, S. 235.

10 Wann sich eine Drittlandware im freien Verkehr befindet, bestimmt Art. 10 Abs. I EWGV: „Als im freien Verkehr eines Mitgliedstaates befindlich gelten diejenigen Waren aus dritten Ländern, für die in dem betreffenden Mitgliedstaat die Einfuhrförmlichkeiten erfüllt, sowie die vorgeschriebenen Zölle und Abgaben gleicher Wirkung erhoben und nicht ganz oder teilweise rückvergütet worden sind."

2. Vervollständigung durch Verbot zollgleicher Abgaben

Das Verbot der Zölle kann seine Wirkung erst mit Hilfe des Verbotes, Abgaben gleicher Wirkung zu erheben, entfalten[11]. Das Verbot aller zollgleichen Abgaben stellt die notwendige Vervollständigung des Zollverbotes dar, indem es Umgehungen verhindert[12]. In der Verwendung der beiden sich ergänzenden Begriffe „Zölle" und „Abgaben gleicher Wirkung" kommt die Auffassung der Vertragsverfasser zum Ausdruck, nicht nur diejenigen Maßnahmen zu verbieten, die deutlich erkennbar in die klassische Form der Zölle gekleidet sind, sondern auch alle Maßnahmen, die unter anderen Bezeichnungen erscheinen oder auf anderen Umwegen eingeführt werden, aber die gleiche Wirkung wie Zölle haben[13]. Die Erhebung einer Abgabe auf Waren, welche die Grenze überschreiten, erschwert die vom EWGV gewollte gegenseitige Durchdringung und übt somit auf den freien Warenverkehr die gleiche Wirkung wie ein Zoll aus[14].

B. Auslegungsgrundsätze

Der Zusammenschluß der nationalen Märkte zu einem gemeinsamen Markt ist ein wesentliches Ziel des Vertrages. Durch die Abschaffung der Zollschranken soll nicht allein deren Schutzcharakter, sondern jegliche Behinderung des freien Warenverkehrs beseitigt werden[15].

I. Systematisch-teleologische Interpretation der Vertragsinhalte

Der Europäische Gerichtshof (EuGH) hat bei der Auslegung der Art. 9 - 37 EWGV vielfach aus der Stellung dieser Normen im Vertragsgefüge — nämlich aus der Tatsache, daß der Titel „Freier Warenverkehr" am Anfang des die Grundlagen der Gemeinschaft enthaltenden Teils steht — geschlossen, daß der Vertrag den dort ausgesprochenen Verboten eine möglichst große Kraft verleihen wollte. Auch bei einer solchen systematischen Auslegung sind bereits Wertungsgesichtspunkte, z. B. grundsätzliche Bestimmungen über die Vertragsziele und Präambeln, zu beachten[16].

[11] Vgl. RS 2 u. 3/62, Bd. VIII, S. 882; RS 2 u. 3/69, Bd. XV, S. 222 (Entscheidungsgründe 15).

[12] Vgl. RS 24/68, Bd. XV, S. 200 (Entscheidungsgründe 5 u. 8).

[13] Siehe RS 2 u. 3/62, Bd. VIII, S. 882.

[14] RS 24/68, Bd. XV, S. 202 (Entscheidungsgründe 14).

[15] Vgl. *Matthies*, S. 6.

[16] *Zuleeg*, EuR 1969, S. 102, 103, 108.

Für eine Beurteilung des Zollverbotes (einschließlich des Verbotes zollgleicher Abgaben) als grundlegende Vorschrift des EWGV sprechen Deutlichkeit, Bestimmtheit und Vorbehaltlosigkeit des Art. 9 EWGV sowie die dieser Bestimmung wie dem ganzen Vertrag innewohnende Logik[17].

II. Lückenlose Durchsetzung der grundlegenden Verbote

Es kommt dem EuGH in seiner Rechtsprechung wesentlich darauf an, zu verhindern, daß die in den Art. 9, 12, 13 und 16 EWGV enthaltenen Verbote durch alle möglichen zoll- und steuertechnischen Praktiken umgangen werden könnten[18].

Der Gerichtshof hat die Bedeutung und die Strenge dieser Verbote immer wieder hervorgehoben und wegen ihrer zwingenden Kraft alle Lücken bei ihrer Anwendung schließen wollen[19]. Ausnahmen müssen klar und eindeutig angeordnet sein und sind zudem eng auszulegen[20]. Jede Auslegung hat im Lichte der Vertragsziele zu erfolgen[21]. Dieses heißt nichts anderes, als daß eine Maßnahme im Hinblick auf ihre Wirkung auf den freien Warenverkehr und einen unverfälschten Wettbewerb zu überprüfen und dementsprechend zu beurteilen ist.

In Zweifelsfällen wird man sich stets an diesen Auslegungsgrundsätzen zu orientieren haben[22].

III. Auslegung der entsprechenden Regelungen im GATT

Auch das Allgemeine Zoll- und Handelsabkommen (GATT) enthält Regelungen, welche die Erhebung von Abgaben mit zollgleicher Wirkung betreffen[23]. Daraus ergibt sich die Frage, inwieweit man sich an der dafür geltenden Auslegung orientieren kann, wenn eine Abgabe nach dem EWGV zu beurteilen ist.

Es ist zu bedenken, daß der Begriff „Abgabe zollgleicher Wirkung" ein autonomer Begriff des Gemeinschaftsrechts ist, der von den GATT-Vorschriften unabhängig ist. Infolgedessen ist der gelegentlich vorgetragene Einwand, eine umstrittene Abgabe könne nach dem GATT nicht als Abgabe zollgleicher Wirkung angesehen werden, als unerheb-

---

17 So der EuGH in den RS 2 u. 3/62, Bd. VIII, S. 881.

18 RS 2 u. 3/69, Bd. XV, S. 221 (Entscheidungsgründe 8).

19 Vgl. *Matthies*, S. 9, deutlich hierzu auch *Lecourt*, S. 25 - 30.

20 RS 2 u. 3/62, Bd. VIII, S. 881.

21 Vgl. RS 52 u. 55/65, Bd. XII, S. 235.

22 Allgemein dazu *Zuleeg*, EuR 1969, S. 97 ff.

23 Siehe hierzu vor allem *Liebich*, S. 30 (Vertragstext S. 69 ff.); *Dam*, S. 41 u. S. 115 ff.; *Jaeger*, S. 247.

lich zurückzuweisen[24]. Die Zwecksetzung des GATT ist nämlich viel beschränkter als die des EWGV.

Obwohl die für das GATT geltenden Regeln für die strenge Auslegung des EWGV — welche die weitreichenden Ziele der Art. 2, 3 und 9 ff. EWGV zu berücksichtigen hat — nicht unmittelbar herangezogen werden können[25], eignen sie sich doch als Anhaltspunkte für einen „Minimum-Standard", der im Gemeinschaftsrecht keinesfalls unterschritten werden darf. Nach *Ehle*[26] kann man folgenden Schluß ziehen: Was schon nach dem GATT verboten ist, muß umso mehr im EWGV untersagt sein.

Darum wird in der folgenden Untersuchung die Behandlung zollgleicher Abgaben im GATT jeweils im Vergleich zu betrachten sein.

---

[24] Vgl. *Roemer* in den RS 2 u. 3/62, Bd. VIII, S. 899.

[25] „Keine bindende Auslegungsrichtschnur" — so *Colonna di Paliano*, S. 56.

[26] AWD 1965, S. 282.

KAPITEL 2

Der Begriff „Abgaben zollgleicher Wirkung"

Im EWGV lautet die Formulierung meist: Ein- oder Ausfuhrzölle und „Abgaben gleicher Wirkung"[1]. In Art. 13 Abs. II EWGV ist von „Abgaben mit gleicher Wirkung wie Einfuhrzölle" die Rede. In Rechtsprechung und Literatur wird aber in aller Regel der sprachlich weniger umständliche Begriff „Abgaben zollgleicher Wirkung" gebraucht, ohne daß damit eine inhaltliche Abweichung von der im EWGV gebräuchlichen Formulierung verbunden wäre.

Deshalb wird von dem üblichen, alle Formen umfassenden Begriff der „Abgabe zollgleicher Wirkung" ausgegangen und die Untersuchung auf diesen Begriff konzentriert. Gleichbedeutend wird der Ausdruck „zollgleiche Abgabe" verwendet.

A. Begriffsmerkmale der Abgabe zollgleicher Wirkung

I. Verhältnis zum Zollbegriff

1. Notwendige Unterscheidung

Zunächst ist die Frage zu beantworten, in welcher Beziehung Abgaben zollgleicher Wirkung und Zölle zueinander stehen.

Man könnte die Auffassung vertreten, eine Abgrenzung sei gar nicht erforderlich, da die Erhebung von Abgaben zollgleicher Wirkung vom Zollverbot umfaßt werde[2]. Dagegen spricht aber, daß die Verfasser des EWGV ganz bewußt zwischen Zöllen einerseits und Abgaben zollgleicher Wirkung andererseits unterschieden haben. Wo beide Formen gemeint sind, wird dies im Vertrag deutlich zum Ausdruck gebracht; werden jedoch lediglich Zölle erwähnt, so geschieht dies absichtlich[3].

---

[1] Vgl. Art. 9 Abs. I, 10 Abs. I und II, 12, 16, 112 Abs. II EWGV; s. a. Art. 4 Ziffer a) EGKSV; Art. 93 EAGV.

[2] So *Ehle / Meier* Tz. B 17, S. 118.

[3] Vgl. GA *Warner* in den RS 37 u. 38/73, Bd. 1973, S. 1628, 1629.

a) *Art. 13 Abs. II EWGV*

Aus Art. 13 Abs. II EWGV ist beispielsweise ersichtlich, daß sich die schrittweise Abschaffung der zwischen den Mitgliedstaaten geltenden Zölle nach anderen Verfahrensregeln als die Abschaffung der Abgaben gleicher Wirkung vollzog.

b) *Beschleunigungsentscheidung*

Die Entscheidung des Rates vom 26. 7. 1966 über die Abschaffung der Zölle parallel zur Anwendung des Gemeinsamen Zolltarifs zum 1. 7. 1968 (sog. Beschleunigungsentscheidung[4]) bezog sich nur auf Zölle. In seinem Urteil zur RS 94/74[5] stellte der EuGH klar, daß diese Entscheidung — da sie auf der Vorstellung einer selektiven Beschleunigung von Maßnahmen, die insgesamt spätestens zum Ende der Übergangszeit durchgeführt sein mußten, beruht — nur auf diejenigen Maßnahmen anwendbar ist, auf die sie sich ausdrücklich bezieht.

Folglich ist der zwingende Schluß zu ziehen, daß im Gemeinschaftsrecht zwischen Zöllen und Abgaben gleicher Wirkung unterschieden werden muß. Es wäre falsch, die Vertragsbestimmungen über Zölle weit auszulegen und den Hinweisen auf Abgaben zollgleicher Wirkung im Vertrag lediglich Klarstellungsfunktion zuzumessen. Zwar ist unbestritten, daß das Verbot der Erhebung zollgleicher Abgaben zur vollkommenen Ausfüllung des Zollverbotes dient. Es handelt sich aber um zwei verschiedene Begriffe mit unterschiedlichen Voraussetzungen und Regelungsbereichen, mögen auch die Rechtsfolgen oft gleich sein.

2. Formale Unterscheidung

Die Unterscheidung kann freilich nur nach formalen Kriterien erfolgen.

Für den Bereich des deutschen Verfassungsrechts hat das Bundesverfassungsgericht[6] festgestellt, daß sich Zölle wesensmäßig nicht von gewissen Steuern unterscheiden, so daß man Zölle daher nur formal als diejenigen Abgaben bestimmen könne, die nach Maßgabe des Zolltarifs aufgrund der Warenbewegung über die Zollgrenze erhoben würden.

Diese Gesichtspunkte lassen sich auf das Europäische Gemeinschaftsrecht übertragen[7]. Die *Definition des Zolles* lautet demnach folgendermaßen:

---

[4] Entscheidung Nr. 532/66 des Rates, ABl. 1966, S. 2971.

[5] Bd. 1975, S. 712 (Entscheidungsgründe 24 u. 25); NJW 1975, S. 2163; AWD 1975, S. 576.

[6] Beschluß vom 29. 10. 1958, BVerfGE 8, S. 260 (269); ebenso der Bundesfinanzhof, Beschluß vom 12. 2. 1970, BFHE 97, S. 456 (465).

„Zölle sind staatliche Abgaben, die auf Güter wegen der Grenzüberschreitung erhoben werden und die als solche bezeichnet werden.“

a) Wirkungen unwesentlich

Die Bezeichnung allein genügt; auf die Wirkungen und damit die verschiedenen Erscheinungsformen wie Schutz-, Prohibitiv-, Ausgleichs- oder Fiskalzölle, kommt es nicht an[8].

Die Wirkungen eines Zolles werden erst bedeutsam, wenn Abgaben zu beurteilen sind, die zwar nicht formell als Zölle erhoben werden, aber möglicherweise zollgleiche Wirkung entfalten und somit nach dem Gemeinschaftsrecht verboten sind, um Lücken und Umgehungsmöglichkeiten des allgemeinen Zollverbotes zu versperren.

b) Negative Abgrenzung

Die negative Unterscheidung wird auch von EuGH getroffen. In den RS 2 und 3/69 führte er aus, daß unter den Begriff „Abgaben zollgleicher Wirkung“ alle den innergemeinschaftlichen Warenverkehr wegen des Grenzübertritts treffenden finanziellen Belastungen fallen, die keine eigentlichen Zölle sind[9]. Um den „Jargon der Eigentlichkeit“ *(Th. W. Adorno)* zu vermeiden, soll das negative Begriffsmerkmal folgendermaßen beschrieben werden: ***Abgaben zollgleicher Wirkung sind nicht in das formale Gewand von „Zöllen“ gekleidete Geldleistungen.***

II. Bezeichnung der Abgabe

Da der Begriff „Abgabe zollgleicher Wirkung“ inhaltlich geprägt ist, kommt der Bezeichnung keine wesentliche Bedeutung zu.

Die Bezeichnung ist lediglich bei der Abgrenzung gegenüber Zöllen im formellen Sinne wichtig. Das heißt: Als „Zölle“ bezeichnete Abgaben können keine „Abgaben zollgleicher Wirkung“ sein. Ansonsten ist es unerheblich, wie eine finanzielle Belastung, die materiell als Abgabe zollgleicher Wirkung zu qualifizieren ist, konkret benannt ist.

Die in der EG herrschende Mehrsprachigkeit beschränkt die Möglichkeiten terminologischer Differenzierung. Seit der Erweiterung der Gemeinschaft gibt es sieben[10] gleichberechtigte Gemeinschaftssprachen.

---

[7] So auch *Zuleeg*, S. 16.

[8] Vgl. GA *Gand* in den RS 2 u. 3/69, Bd. XV, S. 228.

[9] RS 2 u. 3/69, Bd. XV, S. 222 (Entscheidungsgründe 18).

[10] Gälisch (für Irland) ist zwar keine Amtssprache, steht aber hinsichtlich der ursprünglichen Verträge und des Beitrittsvertrages den anderen Gemeinschaftssprachen gleich.

Die Vertragstexte sind in allen Sprachen authentisch (vgl. Art. 248 EWGV)[11]. Die Begriffsinhalte sind jedoch in den verschiedenen Sprachen nicht immer völlig deckungsgleich. Es ist deshalb richtig, die an gemeinschaftsrechtlichen Normen orientierte Qualifikation einer finanziellen Belastung vorzunehmen, ohne durch die Bezeichnung beeinflußt zu sein, mag sie Abgabe, Ausgleichsabgabe, Steuer, Ausgleichssteuer, Sondersteuer, Gebühr, Verwaltungsgebühr, Kontrollgebühr, Beitrag oder wie auch sonst lauten.

Andernfalls wäre es für die Mitgliedstaaten einfach, eine Abgabe zollgleicher Wirkung in der Tarnung einer vertragskonformen Abgabe zu erheben und damit das vom EWGV ausgesprochene Verbot zu umgehen.

Allerdings dürfte beispielsweise die Anknüpfung an Systembegriffe eines inländischen Abgabensystems Anlaß dazu geben, näher zu prüfen, ob die Abgabe in den Anwendungsbereich des Art. 95 EWGV fällt[12].

III. Finanzielle Belastung

Der Begriff „Abgabe" setzt die Heranziehung zur Zahlung eines Geldbetrages voraus. Aus diesem Grunde sind Änderungen des Wechselkurses, also die Auf- oder Abwertung einer Währung, nicht als Abgaben mit zollgleicher Wirkung zu qualifizieren. Die Abwertung gleicht zwar einem Einfuhrzoll, weil sie die Einfuhr verteuert, und die Aufwertung gleicht einem Ausfuhrzoll, weil sie die Ausfuhr verteuert; aber es ist nicht anläßlich des Grenzübertrittes eine unmittelbare Zahlung zu leisten. Die finanzielle Belastung erfolgt also nicht durch eine „Abgabe".

Wenn die Wechselkursänderungen unter Art. 12 ff. EWGV fallen würden, wäre die Bestimmung des Art. 107 EWGV von Anfang an überflüssig gewesen. Für Änderungen des Wechselkurses gilt allein Art. 107 EWGV als Sonderregelung. Die Art. 12 ff. EWGV sind nicht anwendbar[13].

Diese Auferlegung der Zahlungspflicht ist eine „Maßnahme". Während jedoch „Maßnahmen mit zollgleicher Wirkung" den freien Warenverkehr auch in anderer Form als durch die direkte Geldzahlungspflicht behindern können — z. B. durch paratarifäre Manipulationen, unter-

---

[11] Vgl. *Seidl-Hohenveldern,* § 20, Rz. 269, S. 84.

[12] Zum Verhältnis Art. 9, 12 ff. — Art. 95 ff. siehe ausführlich Kap. 2, B, II.

[13] So auch *Seidel,* NJW 1967, S. 2085, und *Börner,* KSE Bd. 17 (1973), S. 140 = EuR 1966, S. 101. *Börner* nimmt allerdings bei multiplen Wechselkursen eine nach Art. 12 EWGV verbotene Abgabe zollgleicher Wirkung an, wenn für den Import bestimmter Waren ein besonders hoher Kurs festgesetzt wird (KSE Bd. 17, S. 146).

schiedliche Zollwertermittlung, Eingruppierung von Waren unter bestimmte Tarifnummern aufgrund unterschiedlicher Zollnomenklatur[14] — ist unter der Abgabe zollgleicher Wirkung immer nur die direkte finanzielle Belastung zu verstehen.

Der Begriff „Abgabe“ ist der Oberbegriff für alle möglichen Formen und Spielarten finanzieller Belastungen — beispielsweise Steuern, Beiträge, Gebühren.

IV. „Belastungsobjekte“: Waren

Nur warenbezogene finanzielle Belastungen können als Abgaben zollgleicher Wirkung qualifiziert werden.

1. Gesamter Warenaustausch

Die Zollunion nach dem EWGV erstreckt sich auf den gesamten Warenaustausch. So bestimmt es Art. 9 Abs. I, Halbsatz 1 des EWGV. Das Gebot freien Warenverkehrs gilt innerhalb der Gemeinschaft für alle Erzeugnisse in gleicher Weise, ungeachtet dessen, ob sie in einem Mitgliedstaat auf einheimische Konkurrenzerzeugnisse treffen oder nicht. Allerdings gelten die Vorschriften des EWGV nicht für Waren, die dem EGKS-Vertrag und dem Euratom-Vertrag unterliegen (Art. 232 EWGV). Welche Waren dies sind, ergibt sich aus den Anhängen zu diesen Verträgen, vgl. Art. 81 EGKSV und Art. 92 EAGV[15].

2. Waren im Sinne des Art. 9 EWGV

Unter Waren im Sinne des Art. 9 EWGV sind Erzeugnisse zu verstehen, die einen Geldwert haben und deshalb Gegenstand von Handelsgeschäften sein können[16]. Es werden Naturprodukte, Rohprodukte, weiterverarbeitete Produkte auf allen Fertigungsstufen, Investitionsgüter wie Konsumgüter erfaßt. Auch Gegenstände von künstlerischem oder geschichtlichem Interesse — Kunstwerke und archäologische Schätze — sind den Normen des Gemeinsamen Marktes grundsätzlich unterworfen[17].

---

[14] Vgl. *Ehle / Meier*, Tz. D 110, S. 510. — Im übrigen zu nicht-tarifären Einfuhrbeschränkungen: *Neu*, AWD 1974, S. 500; *Buschlinger / Conner*, AWD 1966, S. 187. Zum Aspekt vereinfachter Verfahren und Förmlichkeiten siehe *Vaulont*, EuR 1977, S. 1 ff.

[15] Anlage zum EGKSV-Vertrag, vgl. BGBl. 1952 II, S. 476. Liste des Anhanges IV zum Euratom-Vertrag, vgl. BGBl. 1957 II, S. 1138.

[16] RS 7/68, Bd. XIV, S. 642.

[17] Entgegen der Auffassung der beklagten italienischen Regierung in der RS 7/68, Bd. XIV, S. 639.

Eventuell sind aber ausdrücklich im EWGV vorgesehene Ausnahmen anwendbar (z. B. Art. 36 EWGV[18]).

Ein Indiz dafür, daß eine warenbezogene Belastung gegeben ist, ist die Festsetzung der Abgabe nach dem Warenwert. Zur Klarstellung sei gesagt, daß dann die Ware Belastungsobjekt ist, obwohl zur *Zahlung* die mit der Ware handelnde Person oder Gesellschaft (Importeur bzw. Exporteur) herangezogen wird. Nur wenn der Bezug zur Ware fehlt, z. B. bei der gebührenpflichtigen Ausstellung einer Lizenz oder bei der Belastung eines Unternehmens nach dem Umsatz oder der Beschäftigtenzahl, kann die Abgabe keine zollgleiche Wirkung im Sinne der Art. 9, 12 ff. EWGV haben.

V. Einseitig auferlegte Belastung

Die einseitige Belastung einer Ware bei der Ein- oder Ausfuhr in einen Mitgliedstaat der Gemeinschaft wird allgemein als konstitutives Begriffsmerkmal der Abgaben zollgleicher Wirkung gemäß Art. 9, 12 ff. EWGV angesehen[19].

1. Auslegungsmöglichkeiten

Die Auslegung, die zur näheren Bestimmung des Merkmals erfolgen muß, ergibt drei Möglichkeiten:

a) Die Kennzeichnung einer Abgabe als einseitig auferlegte Belastung soll lediglich zur *Abgrenzung gegenüber zweiseitigen Verpflichtungen* dienen.

Hier ist an einen Leistungsaustausch auf vertraglicher Grundlage zu denken. Der Zahlungsverpflichtung liegt kein hoheitlicher Akt, sondern ein privates Rechtsgeschäft zugrunde.

Daneben wären die Fälle, in denen die Abgabe eine Gegenleistung für eine bestimmte Leistung der Verwaltung darstellt, auszuklammern. Dies stößt aber auf Bedenken, da sich in diesem Fall an der Tatsache der einseitigen Belastung nichts ändert, sondern lediglich die Belastung durch die Erbringung einer konkreten Leistung eine andere Qualität bekommt. Indem die Abgabe nämlich zur Gegenleistung wird, entgeht sie unter bestimmten Umständen, die noch ausführlich[20] darzustellen sein werden, dem Verbot nach Art. 9, 12 ff. EWGV.

---

[18] Siehe dazu insbesondere Kap. 2, A, X, 3.

[19] Vgl. RS 24/68, Bd. XV, S. 201 (Entscheidungsgründe 8/9); RS 2 u. 3/69, Bd. XV, S. 222 (Entscheidungsgründe 18).

[20] In Kapitel 2, A, X.

b) Nach einer anderen Auffassung stellt die Abgabe eine einseitig auferlegte Belastung dar, wenn die Belastung speziell die aus einem Mitgliedstaat eingeführten Waren, nicht aber gleichartige inländische Waren trifft[21].

Hier soll das Merkmal der Einseitigkeit die *Abgrenzung gegenüber dem Anwendungsbereich des Art. 95 EWGV* (inländische Abgaben) ermöglichen. Dieser Zweck wird aber durch ein anderes Merkmal, nämlich die Kausalität des Grenzübertrittes, in gleicher Weise erreicht. Außerdem werden bei dieser Auslegung die Ausfuhrbelastungen übersehen.

c) Der EuGH hat unmißverständlich einer anderen Auslegung den Vorzug gegeben, wobei dahingestellt bleiben mag, ob er die anderen Möglichkeiten auch bedacht hat. Danach dient das Merkmal der „Einseitigkeit“ zur *Abgrenzung gegenüber gemeinschaftlichen Maßnahmen.*

Es wäre verfehlt, den Schluß zu ziehen, daß nur isoliertes mitgliedstaatliches Vorgehen unzulässig sei und somit eine von mehreren Mitgliedstaaten erhobene Belastung nicht einseitig sei. Ein vertragswidriges Verhalten kann nicht deshalb zulässig sein, weil sich mehrere Mitgliedstaaten vertragswidrig verhalten.

Das Verbot einseitiger Belastung folgt ohne weiteres aus Art. 12 EWGV, denn das Verbot der Erhebung von Abgaben zollgleicher Wirkung richtet sich an die Mitgliedstaaten[22].

2. Vertragsgemäße Gemeinschaftsmaßnahmen

Die Feststellung einer einseitigen Belastung schien zunächst keine Schwierigkeiten zu bereiten. Wenn die Belastungen nicht im Wege eines im Gemeinschaftsrecht vorgesehenen Verfahrens, sondern durch Entscheidung eines Mitgliedstaates eingeführt wurden, waren sie in ihrer Gesamtheit verbotene Abgaben zollgleicher Wirkung[23].

Auch das Urteil in der RS 46/76 (Bauhuis gegen Niederlande) bewegte sich noch in diesem Rahmen. Dort entschied der Gerichtshof, daß „Gebühren, die aus Anlaß von gesundheitsbehördlichen Kontrollen erhoben werden, welche aufgrund einer Vorschrift des Gemeinschaftsrechts einheitlich vor dem Versand im Versandland durchgeführt werden müssen, keine Abgaben mit gleicher Wirkung wie Ausfuhrzölle sind, wenn ihr Betrag die tatsächlichen Kosten der jeweiligen Kontrolle nicht übersteigt“[24].

---

21 So z. B. *Meier*, AWD 1970, S. 500; ebenso *Ehle*, AWD 1972, S. 188.

22 *Zuleeg*, S. 45.

23 RS 2 u. 3/62, Band VIII, S. 882; RS 52 u. 55/65, Bd. XII, S. 235.

24 RS 46/76, Bd. 1977, S. 17 (Entscheidungsgründe 31).

Die Maßnahmen aufgrund des harmonisierten gesundheitspolizeilichen Kontrollsystems werden nicht einseitig von den einzelnen Mitgliedstaaten, sondern für die Gesamtheit der betreffenden Erzeugnisse verbindlich und einheitlich erlassen, unabhängig davon, welcher Mitgliedstaat Versandland bzw. Bestimmungsland ist. Sie werden ferner nicht von den einzelnen Mitgliedstaaten zum Schutz eigener Interessen, sondern vom Rat im allgemeinen Interesse der Gemeinschaft erlassen[25].

Aus der Erwägung, daß die Kontrollmaßnahmen nicht als einseitige, den Handel beeinträchtigende Maßnahmen angesehen werden, sondern vielmehr als Maßnahmen zu gelten haben, die den freien Warenverkehr begünstigen sollen, indem sie insbesondere die Wirkung der Hindernisse aufheben, die sich für den freien Warenverkehr aus gesundheitspolizeilichen Maßnahmen ergeben können, die im Einklang mit Art. 36 EWGV getroffen werden, folgert der Gerichtshof, daß die Gründe für das Verbot jeglicher Beeinträchtigung des innergemeinschaftlichen Handels durch Abgaben zollgleicher Wirkung in diesem Fall nicht eingreifen[26].

Die dogmatische Begründung bleibt unklar, denn die gemeinschaftsrechtliche Ermächtigung betrifft die Kontrollmaßnahmen, nicht aber die Gebühr[27]. Infolgedessen müßte wenigstens eine gemeinschaftsrechtliche Gebührenregelung geschaffen werden. Systematisch anerkennenswert ist aber nur eine Lösung, die den Grenzübertritt als causa für die Belastung nicht mehr kennt. Es bleibt daher zu fordern, Inlandsware und grenzüberschreitende Ware gleich zu behandeln und Kontrollgebühren nur als Teil einer allgemeinen inländischen Gebührenregelung zuzulassen.

Noch weiter als in der RS 46/76 ging der Gerichtshof in der RS 89/76 (Kommission gegen Niederlande). Hier war ein Streit zu entscheiden, der kein Verfahren nach Gemeinschaftsrecht betraf, sondern ein Kontrollverfahren entsprechend dem alle Mitgliedstaaten verpflichtenden Internationalen Pflanzenschutzabkommen vom 6. 12. 1951.

Laut EuGH ermöglichte die gleichzeitige Anwendung dieses Abkommens durch alle Mitgliedstaaten die Ersetzung der Schutzmaßnahmen an der Grenze durch ein System gegenseitig anerkannter Untersuchun-

---

[25] RS 46/76, Bd. 1977, S. 28/29 (Entscheidungsgründe 27/30).

[26] RS 46/76, Bd. 1977, S. 17/18 (Entscheidungsgründe 30 und 32).

[27] Nachdem die gemeinschaftsrechtliche Rechtfertigung einer Kontrolle nach Art. 36 EWGV den Gebühren ihre zollgleiche Wirkung nicht nehmen konnte, ist schwer verständlich, daß für die durch Richtlinienrecht legitimierte Kontrolle etwas anderes gelten soll; denn die harmonisierte Kontrolle soll doch gerade die einseitige, auf Art. 36 EWGV geschützte gesundheitspolizeiliche Maßnahme ersetzen. — Vgl. auch die Kritik von *Meier*, RIW/AWD 1977, S. 224; anders wohl *Ehle / Meier*, B 26, S. 122.

gen. Diese auf der Grundlage des internationalen Abkommens von allen Mitgliedstaaten angeordneten Untersuchungen sind somit keine einseitigen, nur im nationalen Interesse vorgeschriebenen Maßnahmen; vielmehr sollen sie den freien Warenverkehr fördern, um die Wirkung der Hindernisse aufzuheben, die sich aus den in Art. 36 EWGV erwähnten Einfuhrkontrollen ergeben können[28].

Anläßlich derartiger Untersuchungen für die Ausstellung der Zeugnisse erhobene Gebühren sind nicht als Abgaben zollgleicher Wirkung zu qualifizieren, da die Belastungen nicht auf die einseitige Entscheidung eines Mitgliedstaates zurückgehen, sondern auf ein gemeinsames Vorgehen[29].

Erst als Folge einer Vereinheitlichung der hygienischen Bedingungen können die in den Mitgliedstaaten unterschiedlichen Gesundheitsvorschriften — heute noch Ursache für die Kontrollen — angeglichen werden. Bis dahin stellen die auf gemeinsamer Grundlage errichteten Kontrollsysteme die vom EWGV legitimierte Handlungsweise dar. Da dieses notwendige System vertragskonform ist, können die tatsächlichen Kosten der gemeinsam angeordneten Untersuchungsmaßnahmen auf den Handel abgewälzt werden. Eine derartige Gebührenerhebung gerät mit dem Verbot der Erhebung zollgleicher Abgaben nicht in Konflikt. Es sei aber der Hinweis des EuGH erwähnt, daß die Finanzierung der Pflanzenschutzuntersuchungen auch zu Lasten der Öffentlichen Hand erfolgen kann.

Es liegt nicht im Sinne des EWGV, daß zwar einerseits alle zollgleichen Abgaben untersagt sind, andererseits aber dieses Prinzip durch gemeinschaftliches Vorgehen unterlaufen wird. Übergeordnete Interessen können aber, sofern sie durch den EWGV selbst legitimiert sind, eine Durchbrechung des Verbotes in Art. 9, 12 ff. EWGV ermöglichen, indem das für den Begriff „Abgabe zollgleicher Wirkung“ notwendige Merkmal der Einseitigkeit wegfällt.

3. Exemplarisches Beispiel: Währungsausgleichsabgabe

Zur Erläuterung soll das Beispiel der *Währungsausgleichsabgabe* dienen, mit der sich der EuGH in der RS 10/73[30] zu befassen hatte.

a) RS 10/73; Sachverhalt und Problematik

Der Vorabentscheidung in der RS 10/73 (Rewe-Zentral-AG, Köln, gegen Hauptzollamt Kehl) lag folgender Sachverhalt zugrunde:

---

[28] RS 89/76, Bd. 1977, S. 1364 (Entscheidungsgründe 14 und 15).

[29] RS 89/76, Bd. 1977, S. 1365 (Entscheidungsgründe 16; in 23 räumt der Gerichtshof selbst ein, daß die Frage der Vereinbarkeit dieser Gebühren mit dem Gemeinschaftsrecht Anlaß zu begründeten Zweifeln gab).

Im Jahre 1971 sahen sich einige Mitgliedstaaten, namentlich die BRD und die Niederlande, gezwungen, wegen des ständig zunehmenden Zuflusses von Devisen und kurzfristigem Spekulationskapital ihre Wechselkurse freizugeben und das sog. „floating" der Währungsparitäten einzuführen.

Mit der VO Nr. 974/71[31] errichtete der Rat ein System von Ausgleichsbeträgen bei der Ein- und Ausfuhr sowohl im Handel zwischen den Mitgliedstaaten als auch im Handel mit Drittländern („Währungsgrenzausgleich"). Damit sollte die Einheit des Gemeinsamen Marktes gerettet werden.

Schon früher war über die Ausgleichsabgabe auf landwirtschaftliche Erzeugnisse aus Anlaß der DM-Aufwertung vom 27. 9. 1969 zu entscheiden gewesen. *Meier*[32] qualifizierte diese als Abgabe zollgleicher Wirkung, weil die Begriffsmerkmale gegeben waren, berücksichtigte jedoch auch die Möglichkeit der Rechtfertigung durch Schutzklauseln. Damals, d. h. während der Übergangszeit galt noch die Schutzklausel des Art. 226 EWGV. Nach Meinung des EuGH erfolgte die Anwendung dieser Norm damals zu Recht[33].

Die Ausgleichsbeträge mit der Wirkung von Ausgleichszöllen haben das Ziel, die Inzidenz der Währungsmaßnahmen auf die Preise der Grunderzeugnisse auszugleichen, für die Interventionsmaßnahmen vorgesehen sind (Ausgleich des Preisrückganges, der im Umfang der faktischen Aufwertung entspricht). Im Grundsatz handelt es sich um einen unzulässigen Preisausgleich mittels einer Abgabe zollgleicher Wirkung.

Durch die VO Nr. 2746/72 vom 19. 12. 1972[34] wurde das System der Ausgleichsbeträge in den Rahmen der gemeinsamen Agrarpolitik eingegliedert, indem es auf die Grundlage der Art. 28, 43 und 235 des EWG-Vertrages gestellt wurde. Wechselkursbedingte Wettbewerbsverzerrungen sollen bereits an den Grenzen bereinigt werden. Dies geschieht durch Exportsubventionen und Importabgaben.

Letztlich spiegeln die Ausgleichsabgaben nur die Tatsache wider, daß die gemeinsame Agrarpolitik mit ihrem an eine gemeinsame Rechnungseinheit gebundenen Preissystem einen Vorgriff der Gemeinschaftsinstitution auf die Wirtschafts- und Währungsunion darstellt[35]. Der Währungsgrenzausgleich ist deshalb als das geringere Übel im Kampf gegen Auflösungstendenzen in der Integration anzusehen.

b) Beurteilung durch den EuGH

Zur Vereinbarkeit der innergemeinschaftlichen Ausgleichsbeträge mit den Art. 8, 9, 12, 13 EWGV stellte der EuGH[36] fest:

Die Ausgleichsbeträge, an sich Merkmale einer Marktabschottung, hatten vorliegend den Charakter eines Korrektivs gegenüber den Schwankungen

---

30 Bd. 1973, S. 1175 ff.

31 ABl. vom 12. 5. 1971, Nr. L 106, S. 1.

32 Der in AWD 1969, S. 399 zur deutschen Währungsausgleichsabgabe vom 29. 9. 1968 Stellung nahm.

33 Siehe zu diesem Fall das Urteil des EuGH vom 11. 2. 1971 in der RS 37/70, Bd. XVII, S. 23 ff.; vgl. auch *Matthies*, S. 66.

34 ABl. vom 28. 12. 1972, Nr. L 291, S. 148.

35 Vgl. Kommission in der RS 10/73, Bd. 1973, S. 1175 ff.

36 In der RS 10/73, Bd. 1973, S. 1192 (Entscheidungsgründe 20).

unbeständiger Wechselkurse, die in einem auf gemeinsame Preise gegründeten System von Marktorganisationen für Agrarerzeugnisse geeignet waren, Störungen im Verkehr mit diesen Erzeugnissen hervorgerufen.

Allein auf Währungsursachen zurückzuführende Verkehrsverzerrungen konnten mit Rücksicht auf die Ziele der gemeinsamen Agrarpolitik durchaus als dem *gemeinsamen Interesse* stärker entgegengesetzt erachtet werden, als die mit den streitigen Maßnahmen verbundenen Unzuträglichkeiten.

Die Ausgleichsbeträge dienten dazu, die Erhaltung der herkömmlichen Warenströme auch unter den durch die Währungslage bedingten außergewöhnlichen und wechselhaften Verhältnissen sicherzustellen.

Sie dienten ferner dem Zweck, in dem betreffenden Mitgliedstaat eine Desorganisation des in der Gemeinschaft vorgesehenen Interventionssystems zu verhindern. Im übrigen handelte es sich bei ihnen nicht um *einseitig* von den Mitgliedstaaten beschlossene Maßnahmen, sondern um *gemeinschaftsrechtliche Maßnahmen*, die mit Rücksicht auf die seinerzeitigen außergewöhnlichen Verhältnisse im Rahmen der gemeinsamen Agrarpolitik zulässig waren[37]. Der Rat hat demnach die oben angeführten Bestimmungen nicht verletzt.

VI. „Belastungssubjekte": Hoheitsträger

1. Adressaten des Verbotes der Erhebung zollgleicher Abgaben

Das Verbot, Abgaben mit zollgleicher Wirkung zu erheben, ist an die Mitgliedstaaten gerichtet (vgl. den Wortlaut der Art. 9, 12, 16 EWGV). Infolgedessen sind alle *Träger von Hoheitsgewalt* Adressaten dieses Verbotes[38].

Soll einer Ware eine hoheitliche Belastung auferlegt werden, so setzt dies voraus, daß die Verpflichtung zur Zahlung eines Geldbetrages in öffentlich-rechtlicher Form ausgesprochen wird, denn jedes hoheitliche Verhalten kann nur öffentlich-rechtlich erfolgen[39]. Dabei ist es gleichgültig, ob die Abgabe vom Staat selbst, z. B. von der Zollverwaltung als Zweig der staatlichen Verwaltung, oder von einer anderen mit hoheitlichen Befugnissen ausgestatteten Stelle (einer Körperschaft, Anstalt oder Stiftung des öffentlichen Rechts oder einer sog. „beliehenen" privaten Institution) erhoben wird[40].

---

[37] Man mag darüber streiten, ob das Weiterbestehen des Währungsausgleichs bis heute noch zulässig ist; dazu *Meier*, ZfZ 1975, S. 232, der insbesondere die Einbeziehung in die gemeinsame Preispolitik kritisiert.

[38] *Ehle / Meier*, Tz. B 21, S. 119, bezeichnen das wesentliche Merkmal als „fiskalische Wirkung". Eine solche Kennzeichnung erscheint indes zu eng, obwohl auch der EuGH z. B. die parafiskalische Abgabe als „fiskalische Belastung" angesehen hat — in der RS 94/74, Bd. 1975, S. 710 (Entscheidungsgründe 10/13). s. a. Kapitel 2, A, X, 2.

[39] *Erichsen / Martens*, § 11 II 3, S. 137.

[40] Vgl. *Seidel*, NJW 1967, S. 2083 (für Maßnahmen gleicher Wirkung wie mengenmäßige Beschränkungen); ebenso *Graf*, S. 128; *Béraud*, RTDE 1968, S. 278.

Auch der Gerichtshof hielt den Umstand, daß ein Beitrag nicht durch den Staat selbst, sondern durch eine autonome Körperschaft erhoben und von dieser zu dem vom Gesetz vorgesehenen Zweck verwendet wird, für unerheblich bei der Qualifizierung dieser finanziellen Belastung als Abgabe zollgleicher Wirkung[41].

2. Keine Umgehung durch Privatisierung

Da es unwesentlich ist, durch wen die hoheitlich eingeräumte Abgabenerhebung bei den Betroffenen letztlich vorgenommen wird, ist auch die Delegation an Private möglich. Dies können Berufsvereinigungen, andere Organisationen oder spezielle Institute sein. Nachdem sie ermächtigt worden sind, die ihnen übertragenen hoheitlichen Funktionen auszuüben, erbringen sie bestimmte Leistungen, wie z. B. die Durchführung von Kontrollen, Prüfungen, Untersuchungen oder das Ausstellen von Bescheinigungen und Zeugnissen.

Die Entlastung der öffentlichen Verwaltung von Aufgaben, die auch durch nichtstaatliche Stellen erledigt werden können, darf allerdings nicht dazu führen, daß die aus dem Gemeinschaftsrecht folgenden Verpflichtungen vernachlässigt werden. Es ist deshalb nicht möglich, im Wege der Privatisierung von Aufgaben die im EWGV aufgestellten Verbote zu umgehen und Private zur Erhebung zollgleicher Abgaben zu berechtigen.

Nur obligatorische Regelungen können die erforderliche öffentlich-rechtliche Grundlage für die Erhebung von Abgaben zollgleicher Wirkung sein. Werden obligatorische Leistungen nur von Privaten angeboten, so ist ein dafür gefordertes Entgelt unter dem Aspekt der verbotenen zollgleichen Abgabe zu sehen, da der *Zwang* zur Inanspruchnahme der Leistung einer daraus resultierenden finanziellen Belastung öffentlich-rechtlichen Charakter verleiht und diese damit dem Verbot der Erhebung von Abgaben zollgleicher Wirkung nach dem EWGV unterwirft[42].

Wenn freilich die Leistung daneben auch durch staatliche Stellen angeboten und von diesen *kostenlos* erbracht wird, ist eine andere Beurteilung geboten. Sollten sich die Im- und Exporteure aufgrund subjektiver Überlegungen — Komfort, keine Wartezeiten, schnelle Abfertigung auch außerhalb der Dienststunden, unbürokratischer Betrieb, persönliche Behandlung — dazu entschließen, die privaten Leistungs-

[41] Zuletzt im Urteil in der RS 94/74, Bd. 1975, S. 710 (Entscheidungsgründe 10/13). — Als autonome Körperschaften kommen z. B. die Industrie- und Handelskammern, die niederländischen „Produktschappen“ und die italienischen „ENTE“ in Betracht.

[42] Hier bietet sich die Legalisierung durch Erstattung der finanziellen Aufwendungen an.

erbringer aufzusuchen und an sie ein Entgelt zu entrichten, so geschieht dies freiwillig, da ihnen die Möglichkeit nicht genommen ist, die obligatorischen Leistungen bei staatlichen Stellen gratis zu erlangen[43].

Fakultative Zahlungen, die im Rahmen eines freiwillig vereinbarten Leistungsaustausches erfolgen, fallen nicht unter das Verbot zollgleicher Abgaben[44].

3. Verwendung des Abgabenaufkommens

Das Verbot der Abgaben mit zollgleicher Wirkung knüpft nicht an die Art der Erhebung an; es umfaßt auch Abgaben, die nicht zugunsten des Staates erhoben werden[45]. Außerdem läßt es keine Unterscheidung nach dem *Zweck* zu[46]. Für die Qualifizierung einer Abgabe ist es deshalb ohne Belang, ob die erzielten Einnahmen dazu verwendet werden, allgemeine oder besondere Aufwandskosten zu decken, ob sie dem Staatshaushalt zufließen oder dazu dienen, einen Sonderfonds zu speisen[47].

Der Verwendungszweck des Abgabenaufkommens — sei er administrativ, fiskalisch, sozial oder subventionistisch —[48] kann kein entscheidendes Kriterium für den Begriff der Abgabe zollgleicher Wirkung sein. Deshalb wäre es auch falsch, die Frage der Zulässigkeit von Abgaben, die zur Beihilfefinanzierung dienen, nach Zweckgesichtspunkten beantworten zu wollen[49].

---

[43] Es ist zu beachten, daß das Merkmal der Freiwilligkeit in extremen Fällen wegfallen kann. Wenn ein faktischer Zwang besteht, die finanzielle Belastung hinzunehmen, liegt eine Abgabe zollgleicher Wirkung vor. Dies kann der Fall sein, wenn beispielsweise während sehr knapp bemessener Abfertigungszeiten — kostenlos — nur schleppend gearbeitet wird, um den größten Teil der den Zeitverlust scheuenden Interessenten außerhalb der Dienststunden — gegen Entgelt — abfertigen zu können.

[44] Wenn die Gebühr nicht zwingend entsteht, sondern nur deshalb gezahlt werden muß, weil auf Sonderwünsche der Im- und Exporteure beruhende, jedoch nicht unbedingt notwendige Leistungen in Anspruch genommen werden, liegt *keine zwangsmäßige Erhebung* vor. Infolgedessen können solche besonderen Gebühren nicht als zollgleiche Abgaben behandelt werden. Das konstitutive Begriffsmerkmal der obligatorischen Belastung fehlt hier. — So auch *Schall*, AWD 1973, S. 490; anders wohl *Meier*, AWD 1973, S. 227.

[45] EuGH in ständiger Rechtsprechung, zuletzt in der RS 63/74, Bd. 1975, S. 290 (Entscheidungsgründe 3/5); *Ehle / Meier*, Tz. B 21, S. 120: „So wird der mittelbaren Subventionspolitik der Mitgliedstaaten ein zwingender Riegel vorgeschoben.“

[46] Vgl. EuGH in den RS 7/68, Bd. XIV, S. 643; RS 29/72, Bd. XVIII, S. 1318; RS 39/73, Bd. 1973, S. 1044.

[47] Vgl. GA *Gand* in den RS 2 u. 3/69, Bd. XV, S. 228.

[48] Für alle Formen finden sich Beispiele in der Rechtssprechung des EuGH zu den Abgaben zollgleicher Wirkung.

[49] Mißverständlich deshalb der EuGH in der RS 77/72, Bd. 1973, S. 624 (Entscheidungsgründe 13) und in der RS 51/74, Bd. 1975, S. 92. Klarer jedoch bereits in der RS 63/74, Bd. 1975, S. 290 und RS 94/74, Bd. 1975, S. 699 ff. Hierzu noch Kap. 2, B, III, 2, b.

Der systematisch richtige Ansatz führt zu der Überlegung, ob überhaupt eine „Belastung“ vorhanden ist[50]. Zu einem negativen Ergebnis — „Aufhebung der Belastungswirkung“ — gelangt man, wenn die finanzielle Belastung als Gegenleistung zu qualifizieren ist[51].

VII. Höhe der Abgabe

1. Geringfügigkeit der Belastung

Oft wird eine umstrittene Abgabe mit dem Argument zu verteidigen versucht, der erhobene Betrag sei so gering, daß er die Wettbewerbsverhältnisse nicht beeinflussen könne. Ein störender Einfluß auf den Markt sei nicht erkennbar, denn mit einer derart geringfügigen Belastung sei eine konkrete Verteuerung der Ware nicht verbunden. Die zu zahlende Summe könne in der Preiskalkulation aufgefangen werden.

Dies wirft die Frage auf, ob die Höhe der von den betroffenen Waren zu tragenden Belastung für die Beurteilung einer Abgabe zollgleicher Wirkung eine Rolle spielen kann.

2. Verbotsprinzip

Das Funktionieren des Gemeinsamen Marktes wird durch die Erhebung einer Abgabe im grenzüberschreitenden Warenverkehr immer gestört, ohne daß es darauf ankommt, wie sich die daraus ergebenden Einfuhr- bzw. Ausfuhrbeschränkungen quantitativ auswirken[52]. Da das Verbot der Abgaben zollgleicher Wirkung gerade auf die Überlegung gestützt wird, jede noch so geringfügige finanzielle Belastung wegen des Grenzübertritts stelle eine Behinderung des freien Warenverkehrs dar, ist es folgerichtig, bei der Wesensbestimmung einer Abgabe die Geringfügigkeit außer Betracht zu lassen[53].

Der EuGH hat immer eine eindeutige Haltung eingenommen und am Verbotsprinzip festgehalten[54]. Oberster Grundsatz, um den freien Warenverkehr zu gewährleisten, ist die perfekte Durchsetzung derjenigen Verbotsnormen, welche die Abgaben mit zollgleicher Wirkung betreffen. Dabei kann es auf irgendwelche praktischen Erwägungen

[50] Dann wird die Konstruktion von GA *Gand* in den RS 2 u. 3/69, Bd. XV, S. 225, wo er Gebühren für Dienstleistungen als Ausnahme vom Gebot der Zweckunabhängigkeit bezeichnet hat, überflüssig.

[51] Zu den Voraussetzungen im einzelnen noch ausführlich Kapitel 2, A, X und Kapitel 2, B, III.

[52] So die Kommission in der RS 7/68, Bd. XIV, S. 640; ebenso *Vaulont*, S. 9.

[53] Entsprechend argumentierte die Kommission als Klägerin in der RS 24/68, Bd. XV, S. 198.

[54] Vgl. RS 34/73, Bd. 1973, S. 989, sowie RS 39/73, Bd. 1973, S. 1044.

nicht ankommen. Einen Grundsatz „minima non curat curia" erkennt der Gerichtshof nicht an[55]. Ausschlaggebend ist vielmehr allein die Tatsache, daß überhaupt eine Belastung besteht. Dies wird mittels eines rein mechanischen Differenzverfahrens festgestellt[56]. Eine Inzidenz, also der Nachweis einer Preiserhöhung im Umfang der Belastung, wird nicht gefordert; denn nach der Ansicht des EuGH[57] läßt der EWGV nicht zu, daß bei der Kontrolle der Rechtmäßigkeit einer Abgabe auf die Quantität anstatt auf die Rechtsnatur der Abgabe abgestellt wird.

Dem ist zuzustimmen. Der Vertrag will dem Rechtssatz, welcher die Abschaffung und Zölle gleicher Wirkung vorsieht, allgemeine Geltung und Wirkung verleihen, um den freien Warenverkehr zu gewährleisten. Es darf keine Bresche geschlagen werden, die den Anreiz bieten könnte, die gemeinschaftsrechtlichen Verbote zu umgehen. Jede noch so geringe finanzielle Belastung kann — sofern die wesentlichen Begriffsmerkmale gegeben sind — eine Abgabe zollgleicher Wirkung sein. Die eingenommene Haltung stimmt mit dem Gebot strikter Auslegung der die Zollunion betreffenden Vertragsvorschriften überein.

Daneben ist zu bedenken, daß die relative Bedeutung geringfügiger Belastungen sich in dem Maße erhöht, in dem die Beseitigung anderer Hindernisse für den freien Warenverkehr fortschreitet. Die Auswirkungen einer vertragswidrigen Abgabe werden damit im entwickelten Gemeinsamen Markt immer schwerwiegender.

3. Ausnahme: Beeinflussung der rechtlichen Qualität

Als Ausnahme ist allerdings zu beachten, daß die Höhe der Abgabe Berücksichtigung finden kann, wenn sich aus ihr unmittelbare Auswirkungen auf die Rechtsnatur der Abgabe ergeben.

Dies wird der Fall sein, wenn eine finanzielle Belastung innerhalb eines bestimmten Rahmens zulässig ist, weil beispielsweise der Vertrag dafür kein Verbot vorsieht, wenn aber diese Belastung bei Überschreiten des Rahmens in den Anwendungsbereich des Verbotes zollgleicher Abgaben gelangt[58].

VIII. Zollgleiche Wirkung

Dieses Merkmal, dessen inhaltliche Ausfüllung für den Begriff „Abgabe zollgleicher Wirkung" von ausschlaggebender Bedeutung ist, zwingt dazu, die Wirkung von Zöllen zu untersuchen.

---

[55] So *Ipsen*, EuR 1966, S. 353.
[56] Vgl. *Ipsen*, 29/13, S. 579.
[57] RS 24/68, Bd. XV, S. 202 (Entscheidungsgründe 14).
[58] Siehe hierzu genauer Kapitel 2, B, II, 3, c.

Zölle werden ihrem Inbegriff nach nur auf grenzüberschreitende Waren erhoben. Zur Begründung ihres Verbotes genügt die Feststellung, daß sie den freien Warenverkehr behindern. Die formale Qualifikation nach der Bezeichnung macht die Beurteilung der Wirkungen im einzelnen überflüssig. Das materielle Kriterium der Wirkung ist dagegen zur Feststellung einer Abgabe zollgleicher Wirkung um so wichtiger.

1. Beurteilung im Hinblick auf die Vertragsziele (Behinderung des freien Warenverkehrs)

Die Wirkung einer Abgabe muß im Hinblick auf die Ziele des Vertrages betrachtet werden, insbesondere im Verhältnis zum freien Warenverkehr und allgemein im Hinblick auf die Ziele des Art. 3 EWGV, die sich gegen eine Verfälschung des Wettbewerbs richten[59].

Es kommt entscheidend darauf an, ob die Abgabe auf den freien Warenverkehr die gleiche Auswirkung wie ein Zoll hat und ob sie geeignet ist, die Herstellung binnenmarktähnlicher Verhältnisse innerhalb der Gemeinschaft zu erschweren. Wer — wie die Beklagte in den RS 2 und 3/62 — einer Abgabe nur dann zollgleiche Wirkung zuerkennen will, wenn ihre Wirkungen denen von Zöllen in jeder Hinsicht — nicht nur unter einem bestimmten fiskalischen, diskriminatorischen oder protektionistischen Gesichtspunkt — ähnlich sind, sieht sich nur noch in der Lage, Versuche zu verhindern, mit denen das Zollverbot durch bloße Benennungsänderung umgangen werden soll.

Dagegen hat sich der Gerichtshof gewehrt. Wie schon seine Auslegungsgrundsätze erkennen lassen, gibt er einer integrationsfreundlichen Interpretation den Vorzug. Da alle Maßnahmen verboten sind, die im Hinblick auf die Vertragsziele die gleichen Wirkungen haben wie Zölle, kommt es nicht darauf an, ob sämtliche Zollwirkungen vorliegen, oder nur eine davon, oder ob neben diesen Wirkungen andere wesentliche oder nebensächliche Ziele angestrebt werden, sondern es genügt, daß eine Abgabe die Vertragsziele beeinträchtigt[60].

Damit ist allerdings für die Qualifizierung einer Abgabe noch nicht allzuviel Konkretes gewonnen. Vielmehr bedarf der Umstand der Beeinträchtigung der Vertragsziele und dabei vor allem der Aspekt der Behinderung des freien Warenverkehrs einer genaueren Analyse. Anderenfalls wären die vielfältigen Erscheinungsformen vertragswidriger Abgaben zollgleicher Wirkung nicht in systematisch korrekter

---

[59] Vgl. RS 2 u. 3/69, Bd. XV, S. 222 (Entscheidungsgründe 17). *Vaulont*, EuR 1977, S. 8, rückt den Gesichtspunkt der mit der finanziellen Belastung verbundenen Förmlichkeiten in den Vordergrund.

[60] EuGH in den RS 2 u. 3/62, Bd. VIII, S. 882.

Weise zu erfassen und würden einer unklaren, weil oberflächlichen Beurteilung anheimfallen.

2. Kausalität des Grenzübertritts

Nach der von der Kommission in den RS 2 und 3/62 geäußerten Auffassung[61] gibt es nur *eine* allen Zöllen gemeinsame Wirkung, nämlich diejenige, daß mit der Abgabe nur eingeführte, nicht aber einheimische Waren belastet werden. Diese Wirkung ist ein konstitutives Begriffsmerkmal der zollgleichen Abgabe. Eine solche Erkenntnis ist zwingend aus Art. 95 Abs. I EWGV abzuleiten[62]. Für die Ausfuhr gilt entsprechend, daß nur ausgeführte, nicht aber für den Inlandsverbrauch bestimmte Waren belastet werden.

Unter „Einfuhr oder Ausfuhr" ist das Verbringen von Waren von einem Staatsgebiet in ein anderes zu verstehen[63]. Als Charakteristikum einer Abgabe zollgleicher Wirkung kann man feststellen, daß die Grenzüberschreitung einer Ware der für die Belastung entscheidende Umstand ist.

Ein Hindernis, dessen Ursache das Überschreiten einer Grenze zwischen den Mitgliedstaaten ist, läuft den Vertragszielen zuwider und ist deshalb nach Art. 9, 12 ff. EWGV verboten. Es soll vermieden werden, daß der innergemeinschaftliche Warenverkehr wegen des Grenzübertritts finanziellen Belastungen ausgesetzt wird[64].

Die Einfuhr bzw. Ausfuhr der Ware muß der Grund für die finanzielle Belastung sein. Wenn die Grenzüberschreitung der Anlaß, das heißt die Anknüpfung für die Abgabenerhebung ist, sind Ort und Zeit der tatsächlichen Erhebung unwesentlich. Die Belastung kann also auch früher oder später, und auch im Landesinnern vorgenommen werden, sofern sie nur *wegen* der Ein- oder Ausfuhr geschieht[65].

Die Kausalität ist nicht gegeben, wenn zwischen der Belastung inländischer und grenzüberschreitender Waren nicht unterschieden wird. Die Belastung der ein- oder ausgeführten Ware kann hier allenfalls *„bei Gelegenheit"* des Grenzübertrittes erfolgen[66]. Man kann die Art. 9, 12 ff. EWGV nicht anwenden, wenn eine Abgabe nicht „grenzkausal" ist.

---

[61] Siehe Bd. VIII, S. 878.

[62] Zu den sehr komplexen Problemen der Abgrenzung zollgleicher Abgaben von inländischen Abgaben wird in Kapitel 2, B, II, 3 Stellung genommen, wobei die Beurteilung und Eingliederung der Ausgleichsabgaben von besonderem Interesse ist.

[63] Vgl. § 4 II Nr. 4 des Außenwirtschaftsgesetzes vom 28. 4. 1961, BGBl. 1961 I, S. 481. — Damit scheiden andere Grenzen (Gemeindegrenzen, Regionalgrenzen, besondere Zonengrenzen) für die Beurteilung zollgleicher Abgaben im Sinne des Gemeinschaftsrechts aus.

[64] RS 2 u. 3/69, Bd. XV, S. 222 (Entscheidungsgründe 17).

[65] RS 29/72, Bd. XVIII, S. 1318 (Entscheidungsgründe 6).

3. Kostensteigerung

Dieses Merkmal betrifft die finanziellen Auswirkungen einer Abgabe auf die belasteten Waren.

In früheren Urteilen des Gerichtshofes war noch von einer „Erhöhung des Preises" die Rede[67]. Danach wäre die Kausalität der Abgabe für den Warenpreis wesentlich. Die Abgabe müßte den Preis „verändern"[68]. Ein in solcher Weise umschriebenes Begriffsmerkmal ist aber zu weit und bei der häufig geringen Abgabenhöhe dürfte nicht immer nachzuweisen sein, daß das Merkmal gegeben ist. Es hilft nicht weiter, das Kriterium „Preiserhöhung" mit dem Zusatz „wenn auch geringfügig" zu versehen[69], wenn die Abgabenbelastung in der Kalkulation aufgefangen wird und somit nicht auf den Preis durchschlägt, dennoch aber eine Behinderung des freien Warenverkehrs vorliegt. Hier wird der Zusammenhang mit dem Kriterium der Belastungshöhe deutlich.

Das Merkmal „Verteuerung" erscheint brauchbarer. Es läßt offen, ob die Abgabenbelastung auf den Preis abgewälzt wird oder ob sie nicht weitergegeben wird und somit die Gewinnspanne schmälert. Schon die *Kostensteigerung* bedeutet Verteuerung.

Der Gerichtshof hat dies in späteren Urteilen[70] berücksichtigt, indem er die Erhöhung des Gestehungspreises als Kriterium nennt. Dabei genügt die Feststellung, daß die streitige Abgabe bei und wegen der Einfuhr erhoben wird und ausschließlich Erzeugnisse aus anderen Mitgliedstaaten trifft, also dazu führen *kann*, daß sich der Preis der eingeführten Erzeugnisse, auf die die Abgabe erhoben wird, in bestimmtem Umfange erhöht[71].

Ein Kostenfaktor, welcher demnach geeignet ist, sich auf den Preis der Ware auszuwirken, reicht aus, um einer Abgabe zollgleiche Wirkung zuzusprechen[72]. Das in dieser Weise festgelegte Begriffsmerkmal unterstreicht den nicht konstitutiven Charakter des Merkmals „Höhe der Abgabe" für die Definition der „Abgabe zollgleicher Wirkung".

---

[66] Mißverständlich der EuGH in der RS 51/74, Bd. 1975, S. 92 (Entscheidungsgründe 13).

[67] z. B. RS 52 u. 55/65, Bd. XII, S. 235; vgl. RS 7/68, Bd. XIV, S. 643 u. GA *Gand* in der RS 7/68, Bd. XIV, S. 650.

[68] So RS 7/68, Bd. XIV, S. 643 (ebenso Leitsatz 3 desselben Urteils).

[69] Wie es der EuGH in den RS 52 u. 55/65, Bd. XII, S. 236 tat; vgl. aber RS 24/68, Bd. XV, S. 200 (Entscheidungsgründe 6/7).

[70] Vgl. RS 29/72, Bd. XVIII, S. 1309 (Leitsatz 2); RS 77/72, Bd. 1973, S. 623 (Entscheidungsgründe 9/11).

[71] RS 52 u. 55/65, Bd. XII, S. 235.

[72] Auch die befristete Kaution in Höhe von 50 % des Warenwertes gemäß der italienischen Bardepotpflicht bei der Wareneinfuhr besitzt diese Eignung. Wenn auch der Betrag erstattet wird, so ist doch ein Verlust in Höhe der Zins- und Inflationsrate gegeben; so auch *Meier*, AWD 1974, S. 293.

Der mit der kostensteigernden Abgabe erzielte Verteuerungseffekt gegenüber der eingeführten Ware hat möglicherweise, jedoch nicht notwendigerweise eine Schutzwirkung gegenüber den inländischen Waren zur Folge. Es kommt nicht darauf an, ob die Abgabe im Einzelfall einen solchen Schutzcharakter besitzt, denn der EWGV unterscheidet beim Zollverbot nicht danach, ob die eingeführten Waren mit Erzeugnissen des Einfuhrlandes in Wettbewerb treten oder nicht.

4. Diskriminierung und Protektion

Die beiden Merkmale Diskriminierung und Protektion stehen im Widerspruch zum tragenden Vertragsgrundsatz des freien Warenverkehrs[73]. Der freie Warenverkehr ist das rechtliche Gebot, welches innerhalb der Gemeinschaft für alle Erzeugnisse gleicher Art gelten muß[74].

a) Streit um die konstitutive Bedeutung

Bis zum Urteil des Gerichtshofes in den RS 2 und 3/69 war umstritten, ob die diskriminierende bzw. protektionistische Wirkung ein konstitutives Element der Abgabe zollgleicher Wirkung darstellt. Den Anlaß zu der Auseinandersetzung gaben Formulierungen im EuGH-Urteil zu den RS 2 und 3/62.

b) Beispielsfall: „Lebkuchenabgabe"

Belgien und Luxemburg schufen im August 1957, also vor Inkrafttreten des EWGV, „Einfuhrsonderabgaben" für Lebkuchen. Die Sonderabgaben wurden bei der Ausstellung der Einfuhrgenehmigungen erhoben. Im Jahre 1960 — also nach Inkrafttreten des EWGV — wurde die Sonderabgabe in beiden Staaten erhöht und auf lebkuchenähnliche Erzeugnisse ausgedehnt. Dagegen hat die EWG-Kommission Klage erhoben.

Der Gerichtshof hat die Erhöhung und Ausdehnung der Einfuhrsonderabgabe für unzulässig nach Art. 9 und 12 EWGV erklärt, weil es sich um eine Abgabe zollgleicher Wirkung handelte.

Die zollgeiche Wirkung der Abgabe wurde damit begründet, daß speziell die aus einem Mitgliedstaat eingeführten Waren, nicht aber gleichartige einheimische Waren mit der Abgabe belastet worden seien. Aufgrund dieser sachlich nicht gerechtfertigten Ungleichbehandlung lag eine Diskriminierung eingeführter Waren und eine Protektion der einheimischen Erzeugnisse vor. Laut EuGH in den RS 2 und 3/62[75] will der EWGV nicht nur solche Maßnahmen verbieten, die erkennbar in die klassische Form der Zölle gekleidet sind, sondern auch alle diejenigen,

---

[73] RS 2 und 3/62, Bd. VIII, S. 883; vgl. *Feige*, S. 9.
[74] GA *Gand* in den RS 2 u. 3/69, Bd. XV, S. 230.
[75] Bd. VIII, S. 882.

die unter anderen Bezeichnungen erscheinen oder auf anderen Umwegen eingeführt werden, die aber „die gleichen diskriminierenden oder protektionistischen Wirkungen haben wie Zölle“[76].

c) Konsequenzen

Daraus hat man folgenden Schluß zu ziehen versucht[77]:

Falls Diskriminierung und Protektion wesentliche Begriffsmerkmale der Abgabe zollgleicher Wirkung sind, könnte man Abgaben auf eingeführte Waren, die keinem Wettbewerb eines inländischen Erzeugnisses ausgesetzt sind, möglicherweise nicht für unzulässig erklären.

Derartige Abgaben können nicht unter Art. 9, 12 ff. EWGV fallen, wenn eine Abgabe zollgleicher Wirkung im Sinne dieser Vorschriften nur unter der Voraussetzung gegeben ist, daß sie diskriminierende oder protektionistische Wirkungen entfaltet. Beim Fehlen eines gleichartigen oder substituierbaren Erzeugnisses ist eine diskriminierende oder protektionistische Wirkung logisch unmöglich[78]. Diskriminierung setzt voraus, daß eine Vergleichsmöglichkeit besteht, Protektion verlangt das Vorhandensein eines Schutzgutes.

Des weiteren ist zu bedenken, daß Zölle nach ihrer Natur und Zweckbestimmung große Verschiedenheiten aufweisen. Wenn man wesentlich auf die diskriminierende oder protektionistische Wirkung von Zöllen abstellt, kann die charakteristische Wirkung von Finanz- oder Prohibitivzöllen nur unzulänglich erfaßt werden. Das Merkmal „Diskriminierung und Protektion“ trifft lediglich bei Schutzzöllen uneingeschränkt zu. Diese Schutzzölle dienen dazu, eingeführte Waren zu verteuern und dadurch die nationale Produktion gegen ausländische Konkurrenz abzusichern sowie die Einfuhr zu bremsen. Aber bereits für eine Abgabe mit gleicher Wirkung wie ein Ausfuhrzoll ist nicht der Schutz der nationalen Industrie charakteristisch, sondern die Verteuerung — und auf diese Weise die Erschwerung — der Ausfuhr, ohne diese zu verbieten

Es ist möglich, daß zollgleiche Abgaben die gleichen diskriminierenden und protektionistischen Wirkungen wie solche Zölle haben. In der Praxis wird das Vorhandensein solcher Wirkungen immer ein Indiz für das Vorliegen einer Abgabe zollgleicher Wirkung bedeuten.

Für den Fall, daß ein gleichartiges einheimisches Erzeugnis vorhanden ist, reicht die diskriminierende Wirkung zur Annahme einer zollgleichen Abgabe aus[79]. Es wäre falsch, eine Diskriminierung mit der Behauptung

---

[76] Wiederholt im Urteil zu den RS 52 u. 55/65, Bd. XII, S. 235.

[77] z. B. die Klägerin in den RS 2 u. 3/69, Bd. XV, S. 216.

[78] Hierzu GA *Gand* in den RS 2 u. 3/69, Bd. XV, S. 229.

leugnen zu wollen, Importe würden genauso belastet wie Exporte[80]. In einem solchen Fall handelt es sich vielmehr um zwei verschiedene Abgaben zollgleicher Wirkung.

Mag die Diskriminierung zwar in den meisten Fällen für die Abgabe zollgleicher Wirkung kennzeichnend sein, so ist die diskriminierende Wirkung aber doch nicht „conditio sine qua non" für die Annahme einer solchen[81].

d) Klärung durch den EuGH

Auch der Gerichtshof hat dies schließlich ausgesprochen und somit die Klärung bewirkt.

Auf die Frage des in den RS 2 und 3/69 gemäß Art. 177 EWGV vorlegenden Vrederechter Antwerpen, ob die Behinderung des freien Warenverkehrs stets voraussetzt, daß die Abgabe diskriminierende oder protektionistische Folgen hat, stellte der EuGH fest, daß eine den Waren wegen des Grenzübertrittes auferlegte finanzielle Belastung, die kein Zoll im eigentlichen Sinne ist, eine Abgabe gleicher Wirkung im Sinne von Art. 9 und 12 EWGV darstellt, „selbst wenn sie keine diskriminierende oder protektionistische Wirkung hat" und wenn die belastete Ware nicht mit inländischen Erzeugnissen in Wettbewerb steht[82].

Art. 9 EWGV schreibt die Abschaffung aller Binnenzölle und Abgaben gleicher Wirkung vor, ohne danach zu unterscheiden, ob die davon betroffenen Erzeugnisse mit inländischen Erzeugnissen in Wettbewerb stehen oder nicht. Dies stützt die Annahme, daß der EWGV nicht nur Diskriminierung oder Protektion, sondern alle Handelshindernisse zwischen den Mitgliedstaaten beseitigen will[83].

Nach dem klaren Urteil des EuGH in den RS 2 und 3/69[84] kann eine Abgabe nicht mehr mit dem Argument verteidigt werden, sie sei nicht dazu bestimmt, eine heimische Erzeugung zu schützen. Auch eine Abgabe, die keine protektionistische Wirkung hat, kann den innergemeinschaftlichen Wettbewerb verfälschen.

Da die Diskriminierungs- und Protektionswirkung somit kein konstitutives Element der zollgleichen Abgabe darstellt, ist für die Qualifizierung einer finanziellen Belastung als Abgabe zollgleicher Wirkung

[79] So RS 52 u. 55/65, Bd. XII, S. 236 für Gebühren; dies gilt aber nur, wenn die konstituierenden Merkmale gegeben sind.

[80] So die italienische Regierung in der RS 24/68, Bd. XV, S. 196; vgl. dazu GA *Roemer* zur RS 24/68, Bd. XV, S. 207.

[81] So GA *Gand* in den verbundenen RS 2 u. 3/69, Bd. XV, S. 230.

[82] Vgl. RS 2 u. 3/69, Bd. XV, S. 222 (Entscheidungsgründe 18); gleichlautend RS 24/68, Bd. XV, S. 201 (Entscheidungsgründe 8/9).

[83] So *Ehle / Meier*, Tz. B 24, S. 120; ebenso die Beklagten in den RS 2 u. 3/69, Bd. XV, S. 217.

[84] Desgleichen im Urteil in der RS 24/68, Bd. XV, S. 201 (Entscheidungsgründe 8/9).

der Nachweis irgendeiner Diskriminierung oder Protektion nicht erforderlich. Es genügt, wenn die *erheblichen* Begriffsmerkmale vorhanden sind.

IX. Vorläufige Definition

Da der EWGV selbst keine Definition des Begriffes „Abgaben zollgleicher Wirkung" enthält[85], mußten die Konturen dieses Begriffes durch Auslegung geformt werden.

Die Klärung der Frage, welches die konstitutiven Merkmale sind, dient der Strukturierung des Begriffes. Die als unwesentlich erkannten Merkmale müssen ausgeschieden werden, denn die Verwendung von Kriterien, auf die es nicht entscheidend ankommt, kann dazu führen, daß bestimmte Abgaben nicht als „Abgaben zollgleicher Wirkung" im Sinne der Art. 9, 12 ff. EWGV eingeordnet werden, obwohl sie in Wirklichkeit alle konstitutiven Voraussetzungen des Begriffes erfüllen.

Die Auslegung der für die Definition erheblichen Begriffsmerkmale muß weiter vertieft werden. Insbesondere ist zu klären, unter welchen Umständen und Bedingungen konstitutive Merkmale entfallen können. Eine davon nicht zu trennende Frage betrifft die Abgrenzung des Begriffes „Abgaben zollgleicher Wirkung" gegenüber anderen Begriffen in anderen Regelungsbereichen des EWG-Vertrages.

Deshalb ist es an dieser Stelle noch nicht möglich, eine endgültige Definition zu geben. Als vorläufiges Ergebnis kann aber festgehalten werden, daß die Analyse der Begriffsmerkmale folgende — sich auf die konstitutiven Merkmale beschränkende[86] — Definition ergibt:

„Abgaben zollgleicher Wirkung sind alle nicht als Zölle bezeichneten finanziellen Belastungen, die inländischen oder ausländischen Waren obligatorisch wegen ihres Grenzübertrittes einseitig auferlegt werden und sich kostensteigernd auswirken."

X. Entfallen der zollgleichen Wirkung bei Entgelt; Gebühren als Abgaben zollgleicher Wirkung

1. Gebühren als Abgaben zollgleicher Wirkung

Gebühren sind finanzielle Belastungen, die grundsätzlich zollgleiche Wirkungen entfalten können, wenn sie Waren wegen ihres Grenzübertrittes treffen. Nur bei Gebühren im Rahmen eines inländischen Ab-

[85] Vgl. *Romoli Venturi,* in: Quadri u. a., Bd. I, Anm. 2 zu Art. 13 EWGV, S. 96.

[86] Man könnte zwar die Merkmale, auf welche es nicht ankommt, in negativer Form in die Definition aufnehmen, um Auslegungsfragen gleich zu

gabensystems ist die Grenzüberschreitung nicht die entscheidende causa[87]. Also können auch Gebühren vertragswidrige Abgaben zollgleicher Wirkung sein[88]. Bei ihrer Erhebung handelt es sich nicht um den Fall einer im EWGV ausdrücklich geregelten Ausnahme.

Der abgabenrechtliche Begriff „Gebühr“ wird in der Regel gebraucht, wenn ein *Entgelt* für eine Leistung, die von der Verwaltung erbracht wird, verlangt wird. Die Verwaltungsgebühr stellt danach die Gegenleistung für eine tatsächlich erbrachte Amtshandlung (Dienstleistung) dar.

a) Gegenleistung; terminologische Klarstellung

In der verwaltungsrechtlichen Literatur[89] wird des öfteren die Verwaltungsleistung als *Gegen*leistung bezeichnet. Von diesem Standpunkt aus erscheint die Abgabe als die Leistung; eine Steuer dient demzufolge zur Deckung des allgemeinen Aufwandes der öffentlichen Hand ohne bestimmte Gegenleistung, während die Gebühr als besondere Zahlung für eine besondere Leistung angesehen wird.

Die Ursache für die Pflicht zur Zahlung einer Gebühr ist aber die bestimmte Verwaltungstätigkeit. Um Mißverständnisse zu vermeiden, sollte man deshalb — wie es auch der EuGH tut[90] — nur die Zahlung, die für eine erbrachte (bzw. zu erbringende) Leistung erfolgt, als Gegenleistung bezeichnen.

b) Besondere Kriterien im Gemeinschaftsrecht

Die Anforderungen, welche im innerstaatlichen Recht an die Zulässigkeit von Gebühren gestellt werden[91], reichen nicht aus, um eine als

---

beantworten oder gar nicht erst entstehen zu lassen — so verfährt beispielsweise der EuGH — aber hier ist es wichtiger, die wesentliche Substanz des Begriffes in prägnanter Form zu formulieren.

87 Siehe dazu Kapitel 2, B, II, 3, b, aa, α.

88 Das GATT verbietet Gebühren als Einfuhrbelastungen grundsätzlich nicht (siehe Art. II Abs. 2 Ziffer c des GATT).

Art. VIII des GATT enthält folgende Regelung:

1. a) Die von den Vertragsparteien anläßlich oder im Zusammenhang mit der Einfuhr oder Ausfuhr erhobenen Gebühren und Belastungen jeglicher Art (soweit es sich nicht um Einfuhr- oder Ausfuhrzölle oder sonstige Abgaben im Sinne des Art. III handelt) sind dem Betrag nach ungefähr auf die Kosten der erbrachten Dienstleistungen zu beschränken: sie dürfen weder einen mittelbaren Schutz für inländische Waren noch eine Besteuerung der Einfuhr oder Ausfuhr zur Erzielung von Einnahmen darstellen.

b) Die Vertragsparteien erkennen die Notwendigkeit an, die Anzahl und Verschiedenartigkeit der unter a) genannten Gebühren und Abgaben zu vermindern.

Vgl. auch *Dam*, S. 41 und *Liebich*, S. 31.

89 Vgl. *Wolff / Bachof*, § 42 II, S. 307; *Bachof*, Bd. II, Nr. 443 f., S. 406.

90 Vgl. RS 24/68, Bd. XV, S. 201; RS 2 u. 3/69, Bd. XV, S. 222; sowie zuletzt RS 63/74, Bd. 1975, S. 290 (Entscheidungsgründe 6/8).

zollgleiche Abgabe zu qualifizierende Gebühr aus dem Anwendungsbereich des Verbotes der Abgaben zollgleicher Wirkung herauszunehmen. Sonst würde es den Mitgliedstaaten leicht gemacht, die Vorschriften des EWGV auszuhöhlen und für beliebige Beurkundungen, Genehmigungen, Erlaubnisse und andere Amtshandlungen[92], Gebühren[93] zu fordern.

Im Gemeinschaftsrecht werden deshalb Gebühren an besonderen Kriterien gemessen. Wenn diese nicht erfüllt werden, bleibt es bei der Beurteilung einer Gebühr als Abgabe zollgleicher Wirkung, die den Verboten der gemeinschaftlichen Rechtsordnung unterworfen ist. Das heißt: Nur in Fällen, in denen der freie Warenverkehr nicht beeinträchtigt wird, ist eine anläßlich des Grenzübertrittes fällig werdende Gebühr keine nach den Art. 9, 12 ff. EWGV verbotene Abgabe.

c) *Aufhebung des Belastungseffektes*

Damit die Behinderung des Warenverkehrs, die aufgrund der finanziellen Belastung der ein- oder ausgeführten Ware mit Gebühren besteht, entfällt, müssen sich Leistung und Gegenleistung in jedem Einzelfall ausgleichen, da die Abgabe sonst zollgleiche Wirkung hat[94]. Eine zollgleiche Abgabe liegt also immer dann vor, wenn kein *Ausgleich der Belastung durch einen gleichwertigen Vorteil* erfolgt. Wo sich zwischen Aufwendung und Nutzen ein ausgeglichener Saldo ergibt, entfällt das für die zollgleiche Abgabe wesentliche Merkmal der Kostensteigerung. Die Gebühr ist in diesem Fall das Entgelt für den Vorteil und nicht die wie ein Zoll wirkende Belastung. Wenn die Gebühr als eine dem Vorteil angemessene *Gegenleistung* für eine erbrachte Dienstleistung anerkannt werden kann, so verliert die Abgabe damit ihren zollgleichen Charakter.

91
a) Veranlassung der Dienstleistung durch den Bürger (auch aufgrund rechtlicher Verpflichtung);
b) Leistung der Verwaltung im Interesse des Belasteten;
c) Gebühr als Entgelt für besonderen Vorteil (Tendenz zu großzügiger Auslegung, vgl. *Bachof*, Bd. II, S. 407).

92 Die unabhängig von der Gebührenfrage auf ihre Zulässigkeit nach Art. 30 ff. EWGV — Verbot der Maßnahmen mit gleicher Wirkung wie mengenmäßige Beschränkungen — überprüft werden müssen; vgl. hierzu Kapitel 2, B, I.

93 Beispielsweise Zollstempel-, Lizenz-, Konsular-, Abfertigungs-, Löschungs- und Verschiffungsgebühren. Vgl. auch die Antwort der Kommission auf die schriftliche Anfrage Nr. 225/67 von *Deringer*, ABl. 1968, Nr. C 17, S. 2.

94 So deutlich *Matthies*, S. 19. Zur Unterstützung dieser Auffassung kann man sich auf die Formulierung des EuGH in der RS 39/73, Bd. 1973, S. 1043 (Entscheidungsgründe 4) berufen.

Der EuGH hat dies indirekt bereits im Urteil in den RS 52 u. 55/65 angedeutet, nachdem die damit verbundene Problematik in der RS 10/65 zum ersten Mal sichtbar geworden war[95].

Der *Gerichtshof* hat wiederholt folgende Meinung geäußert[96]:

„Zwar ist es nicht ausgeschlossen, daß in gewissen Fällen ein bestimmter tatsächlich geleisteter Dienst unter Umständen durch eine ihm angemessene Gegenleistung abgegolten werden kann, doch kann es sich dabei nur um Einzelfälle handeln, die nicht zur Umgehung der Bestimmungen der Art. 9, 12, 13 und 16 des Vertrages führen können."

Diese äußerst zurückhaltende Formulierung läßt erkennen, daß Gebühren im grenzüberschreitenden Warenverkehr nicht generell unzulässig sind. Wenngleich in keinem der bisher vom EuGH entschiedenen Fälle die strengen Anforderungen erfüllt waren, so geben die Urteile doch nähere Aufschlüsse über die einzelnen Voraussetzungen. Diese bedürfen allerdings der dogmatischen Durchdringung.

2. Obligatorisch oder fakultativ

Das erste charakteristische Merkmal für eine Gebühr, die als zollgleiche Abgabe angesehen werden muß, ist der Zwang zur Vornahme bestimmter Handlungen, aus denen die Belastung mit Gebühren folgt.

a) *Freiwillige Inanspruchnahme*

Der Fall, in dem keine Rechtspflicht zur Entrichtung der Abgaben entsteht, da die Leistung der Verwaltung nicht zwingend vorgeschrieben ist, ist grundsätzlich dem Anwendungsbereich des Verbotes, zollgleiche Abgaben zu erheben, entzogen.

Die Inanspruchnahme einer Dienstleistung ist dabei *fakultativ*. Es bleibt die freie Entscheidung der Im- und Exporteure, den Antrag auf Erbingung der Dienstleistung zu stellen oder nicht. Die causa für die Abgabenpflicht ist infolgedessen die Antragstellung, nicht dagegen der Grenzübertritt der Ware.

Um den freiwilligen Charakter einer derartigen Inanspruchnahme zu betonen, sind Honorar, Preis oder Entgelt angemessene Benennungen für die zu entrichtende Zahlung. Mag diese auch als Abgabe (Gebühr) bezeichnet werden, so ist sie doch keine Abgabe zollgleicher Wirkung, denn ihr fehlt das Merkmal der zwingenden Auferlegung[97]. Sie ist für den Grenzübertritt *nicht obligatorisch*.

---

[95] Vgl. *Matthies*, S. 18. In dieser Zeit mangelte es diese Frage betreffend noch an präziser Argumentation; vgl. beispielsweise GA *Roemer* in den RS 52 u. 55/65, Bd. XII, S. 239 ff.

[96] RS 24/68, Bd. XV, S. 201; siehe ebenso RS 2 u. 3/69, Bd. XV, S. 222; RS 39/73, Bd. 1973, S. 1043; RS 63/74, Bd. 1974, S. 290.

Die obligatorische Belastung kann auf einer rechtlichen Verpflichtung beruhen. Ebenso kann aber auch ein tatsächlicher Zwang bestehen, so daß sich der Importeur oder Exporteur der Zahlung der geforderten Abgabe praktisch nicht entziehen kann[98].

Auch ohne Rechtspflicht ist dann die Freiwilligkeit aufgehoben. Vor allem in Fällen, in welchen vorgebracht wird, es werde ohne rechtliche Verpflichtung lediglich auf Antrag des Interessenten eine gebührenpflichtige Dienstleistung erbracht, muß genau analysiert werden, ob *echte* Freiwilligkeit gegeben ist.

Das Beispiel der RS 89/76 (Gebühr für Zeugnisse über phytosanitäre Untersuchungen auf Antrag der Exporteure) ist hier besonders lehrreich[99]. In diesem Fall war die Untersuchung im Versandstaat praktisch — d. h. unter wirtschaftlichen Aspekten — obligatorisch. Die „Freiwilligkeit" der Untersuchung mußte als bloße juristische Konstruktion erscheinen. Der Gerichtshof hat die Gebühren für diese Pflanzengesundheitszeugnisse allerdings aus anderen Gründen[100] nicht als Abgaben zollgleicher Wirkung qualifiziert.

b) *Rechtliche Verpflichtung*

Wenn die rechtliche Verpflichtung zur Vornahme bestimmter Handlungen besteht, die angebotene Dienstleistung also schon deshalb angenommen werden muß, weil sie zwingend vorgeschrieben ist, hat die dafür geforderte Abgabe obligatorischen Charakter.

Diese obligatorische Zahlungsverpflichtung in allen Fällen, in denen bestimmte Waren die Grenze überschreiten sollen, kennzeichnet die Abgabe zollgleicher Wirkung[101]. Die Gebühr muß zwingend auferlegt sein. Dabei ist es gleichgültig, ob der Zwang rechtlicher („vorgeschrie-

97 GA *Mayras* in der RS 89/76, Bd. 1977, S. 1366 ff. („zwingend vorgeschrieben"); ebenso der EuGH in der RS 89/76, Bd. 1977, S. 1363 (Entscheidungsgründe 6).

98 Kommission, zitiert nach EuGH in der RS 89/76, Bd. 1977, S. 1363 (Entscheidungsgründe 7).

99 Ohne das Zeugnis für die Ausfuhrkontrolluntersuchung — beides im Versandstaat nicht gesetzliche Voraussetzung für die Ausfuhr — wäre es dem Exporteur wirtschaftlich, manchmal sogar rechtlich unmöglich, die betreffenden Erzeugnisse in das Bestimmungsland einzuführen. Ausschlaggebend für die Beurteilung, ob die Untersuchung der Waren freiwillig ist, sind also die im Bestimmungsland geforderten Garantien. Das Einfuhrverbot, das der Ware mit Sicherheit bei der Einfuhr im Bestimmungsland entgegengehalten wird, kommt einem echten Zwang, der Sendung ein Kontrollzeugnis beizufügen, gleich. Das macht das Kontrollsystem für die Exporteure unumgänglich.

100 Vor allem wegen Fehlens des Merkmals „Einseitigkeit", hierzu Kapitel 2, A, V.

101 Vgl. Kapitel 2, A, VI.

bener“) oder faktischer Art ist. Nur wirklich fakultative Dienstleistungen und deren Gegenleistung entgegen dem Verbot zollgleicher Abgaben.

c) Entgelt und obligatorische Dienstleistung

Wenn fakultative Dienstleistungen freiwillig (im soeben geschilderten, nicht bloß formellen Sinn) in Anspruch genommen werden, kann das dafür zu zahlende Entgelt keine zollgleiche Abgabe sein. Es könnte naheliegen, daraus zu schließen, Gebühren für obligatorische Dienstleistungen, die wegen des Grenzübertritts rechtlich oder faktisch notwendig sind, fielen *ausnahmslos* unter den Begriff „Abgaben zollgleicher Wirkung“.

Die Kommission hat in der RS 63/74 diese Auffassung vertreten: Eine Dienstleistung ist begrifflich ausgeschlossen, wo die staatliche Leistung zwingend vorgeschrieben ist[102].

Dabei wird der Begriff „Dienstleistung“ eingeschränkt und so verstanden, daß nur Leistungen, welche einen individuellen Vorteil bringen, darunter fallen. Nach dieser Ansicht würde allein das Merkmal „obligatorisch“ die Möglichkeit, daß ein Vorteil gegeben sein kann, ausschließen. Ohne einen solchen Vorteil darf eine Gegenleistung im grenzüberschreitenden Warenverkehr nicht verlangt werden. Man kann aber aus dem Merkmal „obligatorisch“ nicht zwingend auf das Nichtvorliegen einer Gegenleistung schließen. Auch bei einer obligatorischen Verwaltungsleistung ist die Möglichkeit nicht auszuschließen, daß ein konkreter individueller Vorteil gegeben ist, der die Erhebung einer gemeinschaftsrechtlich zulässigen Gebühr ermöglicht.

Andernfalls hätte sich der Gerichtshof z. B. in den Urteilen RS 39/73 und RS 63/74 mit der Feststellung begnügen können, es handle sich um die Gebühr für eine obligatorische Kontrolle, um allein daraus die Unzulässigkeit der Gebührenerhebung wegen Verstoßes gegen Art. 9, 12 ff. EWGV abzuleiten. Dies hat der EuGH aber nicht getan. Vielmehr hat er dieses Merkmal überhaupt nicht angesprochen. Somit schließt die Tatsache, daß es sich um eine obligatorische Dienstleistung handelt, nicht notwendigerweise aus, daß die Abgabe eine zulässige Gegenleistung sein kann. Die Unzulässigkeit einer Abgabe ergibt sich niemals *nur* aus dem obligatorischen Charakter.

Der EuGH hat sein Augenmerk auf einen anderen Aspekt gerichtet, der die soeben aufgezeigte Problematik überlagert. Es geht um die Abgrenzung zwischen öffentlichem und privatem, zwischen allgemeinem und besonderem Interesse.

---

[102] Vgl. Bd. 1974, S. 287.

3. Kontrollen im öffentlichen Interesse

Zunächst sind einige Überlegungen zum Verhältnis zwischen einer Maßnahme der Verwaltung und der dafür verlangten Abgabe erforderlich. Es ist eindeutig festzustellen, daß Kontrollmaßnahmen nach dem EWGV zulässig sein können.

a) Art. 36 EWGV

Gemäß Art. 36 Satz 1 stehen die Bestimmungen der Art. 30 - 34 EWGV solchen Einfuhr-, Ausfuhr-, und Durchfuhrverboten oder -beschränkungen nicht entgegen, die aus Gründen der öffentlichen Sittlichkeit, Ordnung und Sicherheit, zum Schutz der Gesundheit und des Lebens von Menschen, Tieren oder Pflanzen, des nationalen Kulturguts von künstlerischem, geschichtlichem oder archäologischem Wert oder des gewerblichen und kommerziellen Eigentums gerechtfertigt sind.

Diese Verbote oder Beschränkungen dürfen jedoch weder ein Mittel zur willkürlichen Diskriminierung noch eine verschleierte Beschränkung des Handels zwischen den Mitgliedstaaten darstellen (Art. 36 Satz 2 EWGV).

b) Finanzierung durch Gebühren

Man kann die Frage aufwerfen, ob die Freiheit der Form- und Mittelwahl der Mitgliedstaaten im Hinblick auf derartige Kontrollen auch die Wahl der Finanzierungsmethode umfaßt[103]. Falls man dies bejaht, ist die für eine zulässige Kontrollmaßnahme erhobene Gebühr lediglich ein Annex, dessen rechtliches Schicksal mit dem der Kontrollmaßnahme selbst zusammenfällt. Für eine gemeinschaftsrechtlich zulässige Kontrolle könnte somit eine angemessene Gebühr verlangt werden. Eine genaue Auslegung des Art. 36 EWGV führt jedoch zu einem anderen Ergebnis.

aa) Enge Auslegung

Da Art. 36 EWGV die Ausnahme von der Grundregel bildet, wonach alle Hindernisse für den freien Warenverkehr zwischen den Mitgliedstaaten zu beseitigen sind, ist er *eng* auszulegen[104, 105]. Die enge Auslegung führt dazu, daß keine anderen als die in den Art. 30 - 34 EWGV genannten Maßnahmen zulässig sind.

---

103 In der RS 7/68 war die Abgabe selbst das *Mittel* zur Erreichung des nach Art. 36 EWGV zulässigen Zwecks.

104 Vgl. *Ehlermann*, EuR 1973, S. 6; ebenso die Kommission in der RS 7/68, Bd. XIV, S. 641.

105 Vgl. RS 29/72, Bd. XVIII, S. 1309 (Leitsatz 1); RS 7/68, Bd. XIV, S. 644. — Siehe auch die entsprechenden Ausnahmen vom Grundsatz der Freizügigkeit (Art. 48 Abs. III EWGV) und vom Grundsatz der Niederlassungsfreiheit (Art. 56 EWGV).

α) *Keine Geltung des Art. 36 EWGV für Abgaben*

Art. 36 EWGV steht in dem Vertragskapitel, das die Beseitigung der mengenmäßigen Beschränkungen zwischen den Mitgliedstaaten betrifft. Der EWGV trifft für Zölle und Abgaben zollgleicher Wirkung einerseits und für mengenmäßige Beschränkungen und Maßnahmen gleicher Wirkung andererseits unterschiedliche Regelungen. Demnach kann Art. 36 EWGV nicht so verstanden werden, daß er die von ihm geregelte Materie von allen anderen Vertragsvorschriften ausnimmt. Er gilt lediglich im Bereich des Kapitels 2[106].

Es ist nicht möglich, im Wege der Analogie auf die Zulässigkeit der Beibehaltung von Abgaben zollgleicher Wirkung zu schließen[107]. Art. 36 EWGV kann keinesfalls als Freistellung vom Verbot der Erhebung zollgleicher Abgaben angesehen werden. Er gilt nicht für Maßnahmen, die durch andere Vorschriften als die in den Art. 30 - 34 EWGV genannten verboten sind (insbesondere Zölle, zollgleiche und inländische Abgaben[108]. Die Freiheit der Ausgestaltung der Kontrollmaßnahmen wird durch das absolute Verbot der Art. 12 EWGV eingeschränkt.

β) *Keine Annexkompetenz*

Art. 36 EWGV kann also selbst dann nicht zur Rechtfertigung von Abgaben herangezogen werden, wenn diese für Einfuhr- oder Ausfuhrkontrollen erhoben werden, die ihrerseits nach Art. 36 EWGV erlaubt sind (z. B. Abgaben für veterinärpolizeiliche oder phytosanitäre Untersuchungen)[109]. Für die Ausübung der in Art. 36 EWGV vorgesehenen Befugnisse sind die Gebühren nicht wesensnotwendig und können daher den innergemeinschaftlichen Handel zusätzlich beeinträchtigen[110].

Das Gemeinschaftsrecht gebietet somit eine getrennte Beurteilung der Kontrollmaßnahmen selbst und der dafür erhobenen Abgaben. Eine gemeinschaftsrechtliche Annexkompetenz für die Gebührenerhebung gibt es nicht! Zur Begründung ist auf den Ausnahmecharakter des Art. 36 EWGV zu verweisen. Wenn es schon notwendig ist, bis zu einer Harmonisierung der Kontrollen auf Gemeinschaftsebene den grenzüberschreitenden Warenverkehr gewissen Behinderungen auszusetzen, so soll wenigstens eine darüber hinausgehende Beeinträchtigung vermieden werden (Grundsatz der Wahl des mildesten Eingriffsmittels). Die finanzielle Belastung durch eine Kontrollgebühr stellt eine *zusätzliche* Behinderung des freien Warenverkehrs dar, die nach dem EWGV nicht einseitig von einem Mitgliedstaat dem grenzüberschreitenden Handel auferlegt werden darf.

---

106 Vgl. GA *Gand* in der RS 7/68, Bd. XIV, S. 649.

107 So die Kommission in der RS 7/68, Bd. XIV, S. 641.

108 *Ehlermann*, EuR 1973, 12.

109 Erster dazu entschiedener Fall: RS 7/68, Bd. XIV, S. 634; AWD 1969, S. 21.

110 So der EuGH in der RS 29/72, Bd. XVIII, S. 1318.

bb) Gebühr nur als Gegenleistung für Vorteil; EuGH-Fälle

Nur wenn die Voraussetzungen für die Erhebung einer Gegenleistung für einen bestimmten Vorteil erfüllt werden können, ist eine derartige Abgabe zulässig.

Der Gerichtshof hatte in den RS 29/72 und 39/73 über Gebühren zu urteilen, die für Kontrollen erhoben wurden, welche zulässigerweise innerhalb des von Art. 36 EWGV umfaßten Bereiches durchgeführt werden.

Der RS 29/72[111] (Aktiengesellschaft Marimex gegen die italienische Finanzverwaltung) lag folgender Sachverhalt zugrunde:

Für die gesundheitspolitische Untersuchung von Rindern und Rindfleisch[112] beim Grenzübertritt nach Italien wurde eine Veterinärgebühr verlangt. Es war fraglich, ob ein Verstoß gegen Art. 22 Abs. I der VO Nr. 805/68 vorlag[113].

In der RS 39/73[114] (Rewe gegen die Landwirtschaftskammer Westfalen-Lippe) ging es um folgendes:

Bei der Einfuhr von Äpfeln aus Italien in die Bundesrepublik Deutschland wurde für die vorgeschriebene Pflanzenbeschau (genauer: phytosanitäre Untersuchung von Pflanzen und Pflanzenfrüchten), welche von der Landwirtschaftskammer vorgenommen wurde, die Zahlung einer Gebühr verlangt.

Der *Gerichtshof* gelangte zu dem Ergebnis, daß das Verbot aller Abgaben zollgleicher Wirkung auch die Gebühren für die gesundheitspolizeiliche Kontrolle bei der Wareneinfuhr umfaßt.

Zum Fall der deutschen Pflanzenschutzgebühr äußerte er sich so:

„Eine Tätigkeit der staatlichen Verwaltung, die der Durchführung einer im allgemeinen Interesse vorgeschriebenen Regelung dient, kann nicht als eine dem Importeur erbrachte Dienstleistung angesehen werden, welche die Erhebung einer finanziellen Belastung rechtfertigen könnte[115]."

4. Vorteil als Voraussetzung für die Gegenleistung

a) Vorteil bei Regelung im allgemeinen Interesse

Um das Argument zurückzuweisen, es handle sich bei einer Gebühr um die Gegenleistung für einen geleisteten Dienst und die Gebühr verstoße infolgedessen nicht gegen Vertragsvorschriften, beruft sich der

---

111 Bd. XVIII, S. 1309 ff.; AWD 1973, S. 278.

112 Vgl. Bd. XVIII, S. 1311; Richtlinie Nr. 432/64 des Rates v. 26. 6. 1964, ABl. 1964, S. 1977 (Regelung viehseuchenrechtlicher Fragen beim innergemeinschaftlichen Handelsverkehr mit Rindern und Schweinen) und Richtlinie Nr. 433/63 des Rates vom 26. 6. 1964, ABl. 1964, S. 2012 (Regelung gesundheitlicher Fragen beim innergemeinschaftlichen Handelsverkehr mit frischem Fleisch).

113 Verordnung über die gemeinsame Marktorganisation für Rindfleisch, ABl. 1968, Nr. L 148, S. 31.

114 RS 39/73, Bd. 1973, S. 1039; AWD 1974, S. 98.

115 RS 39/73, Bd. 1973, S. 1039.

EuGH also auf die Tatsache, daß es sich um eine Regelung im *allgemeinen Interesse* handle[116].

Hiermit wird die Frage aufgeworfen, ob bei einer Kontrolle oder sonstigen Handlung, die im allgemeinen, also öffentlichen Interesse vorgenommen wird, prinzipiell auszuschließen ist, daß ein Vorteil und damit die Berechtigung zur Erhebung einer Gebühr als Gegenleistung gegeben ist.

Dabei kann das Merkmal obligatorischer Belastung ein Indiz für das öffentliche Interesse sein. Denn in aller Regel wird der Gesetzgeber mit zwingenden Regelungen nur eingreifen, wenn ein öffentliches Interesse an solchen Maßnahmen — wie z. B. sanitären und hygienischen Kontrollen — besteht und ansonsten der Privatsphäre Raum lassen.

Wenn lediglich ein *rein privates Interesse* befriedet werden soll, bietet sich als beste Lösung die fakultative Erbringung von Dienstleistungen an. Auf diese Weise erzielt man den Effekt, daß die Im- und Exporteure die Leistung in Anspruch nehmen werden, falls sich dadurch für sie ein Vorteil ergibt, daß sie hingegen auf die Dienste verzichten werden, wenn sich keine positiven Auswirkungen im Sinne eines besonderen Vorteils erkennen lassen. Wo kein Allgemeininteresse ersichtlich ist, muß man die obligatorische Dienstleistung für überflüssig halten.

An anderer Stelle[117] ist schon begründet worden, daß bei fakultativer Inanspruchnahme ein entsprechendes Entgelt als Gegenleistung für besondere, von der Verwaltung oder anderen Ermächtigten erbrachte Dienstleistungen verlangt werden kann, ohne daß der EWGV dem entgegenstünde.

aa) „Ausschließlich" öffentliches Interesse

Es leuchtet ein, daß eine Verwaltungsgebühr für Amtshandlungen, die ausschließlich im öffentlichen Interesse liegen und für den Betroffenen ohne jede Bedeutung oder irgendeinen Nutzen sind, nicht erhoben werden darf.

Wenn die Verwaltung beispielsweise zum Schutz der Interessen der Allgemeinheit tätig wird — wie dies bei Maßnahmen nach Art. 36 EWGV der Fall ist —, müssen die Kosten, die mit der Durchführung solcher im ausschließlich öffentlichen Interesse erlassenen und nach Gemeinschaftsrecht ausnahmsweise zulässigen Maßnahmen verbunden sind, durch den Mitgliedstaat getragen werden. Es wäre unbillig und überdies mit den Vertragszielen unvereinbar, wollte man die Kosten auf diejenigen abwälzen, die keinen Vorteil haben, weil ihren Interessen nicht unmittelbar genutzt wird[118].

---

[116] RS 39/73, Bd. 1973, S. 1045 (Tenor).
[117] Siehe Kapitel 2, A, X, 2.
[118] Vgl. GA *Roemer* in der RS 29/72, Bd. XVIII, S. 1323.

Auch ein *allgemeiner Vorteil* für die Importeure oder Exporteure von Waren genügt nicht. Es reicht also nicht aus, wenn die Dienstleistung der Verwaltung für das gesamte Wirtschaftsleben von Nutzen ist, dem Importeur bzw. Exporteur aber nur einen allgemeinen und schwer zu bewertenden Vorteil bringt[119].

bb) „Auch" Allgemeininteresse

Öffentliches Interesse — das Interesse des gesamten Handels und der Allgemeinheit, insbesondere der Konsumenten — schließt indes nicht aus, daß *daneben* auch ein individuelles Sonderinteresse des Importeurs (Exporteurs) bestehen und zu einem Vorteil führen kann. Man muß deshalb die extreme These, die Zulässigkeit einer Gebühr sei immer schon dann zu verneinen, wenn ein öffentliches Interesse an einer Maßnahme zu bejahen sei, zurückweisen.

Die nächste zu prüfende These lautet: Eine Abgabe zollgleicher Wirkung liegt vor, wenn die Abgabe als Entgelt für eine Tätigkeit erhoben wird, die *auch* im Interesse der Allgemeinheit erfolgt.

Hier werden lediglich die rein privaten Interessen ausgeschieden. Auch diese These ist aber zu weitreichend. Aus ihr ergäbe sich nämlich die Konsequenz, daß praktisch keine Fälle mehr denkbar wären, in denen eine obligatorische Gebühr als zulässig anerkannt werden könnte. Es leuchtet ein, daß das Vorliegen eines bewertbaren individuellen Vorteils, der durch eine tatsächlich erbrachte Dienstleistung verursacht ist, ein daneben vorhandenes Allgemeininteresse an derselben Handlung nicht ausschließt[120].

Die Erkenntnis, daß sich hinter nahezu allen Regelungen ein zumindest mittelbares öffentliches Interesse verbirgt, erfordert eine weitere Differenzierung des bisher gewonnenen Ergebnisses.

cc) „Überwiegendes" Interesse

Der Vorschlag, sich am „überwiegenden Interesse" zu orientieren, scheint von einem vernünftigeren Ansatz auszugehen. Danach bildet das geringer wiegende Interesse lediglich den „Annex", das Anhängsel zum überwiegenden Interesse. Damit eine Gegenleistung in Form der Gebühr gerechtfertigt sein kann, muß das private Interesse an der Dienstleistung das allgemeine Interesse überwiegen.

---

119 So der EuGH bei der Beurteilung der italienischen Statistikgebühr, RS 24/68, Bd. XV, S. 202 (Entscheidungsgründe 16); vgl. ebenso RS 63/74, Bd. 1975, S. 291 (Entscheidungsgründe 8).

120 Es ist deshalb nicht richtig, als Rechtfertigung für eine Gegenleistung nur eine ausschließlich dem Im(Ex)porteur zugutekommende Dienstleistung anzuerkennen. (So aber die Klägerin in der RS 29/72, Bd. XVIII, S. 1312 und GA *Trabucchi* in der RS 63/74, Bd. 1975, S. 294.)

Soll die Abwägung jedoch nicht nach unüberprüfbaren subjektiven Kriterien vorgenommen werden, so muß die Suche nach dem gewichtigeren Interesse mittels konkreter Berechnungen erfolgen. Der individuelle Sondernutzen ist dem gesamtwirtschaftlichen Nutzen gegenüberzustellen. Dabei dürfte im Einzelfall die Entscheidung über die Bemessung des Vorteils für die Allgemeinheit sehr große Probleme mit sich bringen. Deshalb ist dieser Vorschlag abzulehnen.

b) Nachweis eines individuellen Vorteils entscheidend

Die eingehende Analyse der Wirkungen von Handlungen (Kontrollen, Dienstleistungen) und finanziellen Belastungen (Entgelt, Gebühren) führt zu der Einsicht, daß das *Kriterium des allgemeinen Interesses entbehrlich* ist.

Es kommt vielmehr allein auf den individuellen Vorteil an. Wenn ein solcher Vorteil, dessen einzelne Voraussetzungen noch untersucht werden müssen, gegeben ist, ist es möglich, eine diesen Vorteil abgeltende angemessene Gegenleistung zu erheben, ohne daß diese als Abgabe zollgleicher Wirkung zu qualifizieren ist. In den RS 29/72 und 39/73 war für die Unzulässigkeit der Gebühren deshalb weder die obligatorische Durchführung der Kontrolle noch das öffentliche Interesse an derartigen Kontrollen ausschlaggebend, sondern der Umstand, daß kein individueller, besonderer Vorteil nachgewiesen werden konnte.

Der Argumentation mit dem allgemeinen Interesse kommt damit lediglich eine unterstützende Funktion zu. Allgemeines Interesse kann ein Indiz gegen die Zulässigkeit einer Gebühr sein. Beim Nutzen für das gesamte Wirtschaftsleben[121] ist ein individueller Vorteil wohl kaum nachweisbar, aber doch nicht völlig ausgeschlossen. Gerade dieser individuelle Vorteil durch besondere Leistung ist letztlich für die Beantwortung der Frage, ob eine Gebühr eine Abgabe zollgleicher Wirkung ist oder nicht, entscheidend.

aa) Genehmigungen

Die Kontrolle der Einfuhr durch Einfuhrgenehmigungen und der Ausfuhr durch Ausfuhrgenehmigungen liegt im Interesse der Allgemeinheit. Sie muß mit dem Gemeinschaftsrecht in Einklang stehen.

Die mit dieser Kontrolle für die Im- und Exporteure verbundene Notwendigkeit, sich vor jeder Ein- oder Ausfuhr eine Genehmigung erteilen zu lassen, begründet keinen Vorteil. Es handelt sich um keine besondere Leistung der Verwaltung, die eine Gebühr als Gegenleistung

---

[121] Beispiel: Statistikgebühr EuGH in der RS 24/68, Bd. XV, S. 202 (Entscheidungsgründe 16); siehe auch GA *Roemer* in diesem Verfahren, Bd. XV, S. 208.

zulässig macht. Wenn die Voraussetzungen für die Erteilung der Genehmigung erfüllt sind, besteht ein rechtlicher Anspruch auf die Genehmigung. Eine besondere vorteilsbegründende Dienstleistung ist damit nicht verbunden. Solche Genehmigungen müssen unentgeltlich ausgestellt werden. Diese Auffassung wird durch die Rechtsprechung bestätigt.

α) *Beispiel RS 10/65*

Als der Gerichtshof, in der RS 10/65[122] erstmalig mit der Problematik der Zulässigkeit von Gebühren, die von Verwaltungsbehörden als Gegenleistung für geleistete Dienste gefordert werden, befaßt wurde, ließ er erkennen, daß die Gebühren für die Erteilung der Genehmigung für die Einfuhr bestimmter Agrarerzeugnisse als Abgaben zollgleicher Wirkung anzusehen seien[123].

Im Ergebnis folgte er damit GA *Gand*, nach dessen Schlußanträgen[124] zwar eine Abgabe, die ein Importeur für eine zu seinem persönlichen Vorteil erbrachte Leistung entrichtet, keine dem Vertrag zuwiderlaufende Belastung darstellt, die Erteilung einer Einfuhrgenehmigung jedoch nicht als eine solche Leistung anzusehen ist.

β) *Beispiel RS 52 und 55/65*

In den RS 52 und 55/65[125] (Bundesrepublik Deutschland gegen die Kommission der EWG) verdeutlichte der EuGH seine Auffassung.

In diesem verbundenen Verfahren wandte sich die Klägerin, gegen zwei Richtlinien der Kommission gem. Art. 13 II EWGV[126], mit denen die Kommission die Zeitfolge für die Aufhebung von Abgaben bei der Einfuhr von Schlachthammeln und Hammelfleisch bzw. einfuhrgenehmigungspflichtigen Agrarerzeugnissen und Nahrungsmitteln aus den übrigen Mitgliedstaaten in die Bundesrepublik Deutschland festgelegt hatte.

Mit der Erteilung der Einfuhrgenehmigungen wurden von der „Einfuhr- und Vorratsstelle für Schlachtvieh, Fleisch und Fleischerzeugnisse" bei der Einfuhr von Schlachtschafen und Schaffleisch, sowie vom „Bundesamt für Ernährung und Forstwirtschaft" bei der Einfuhr einer Anzahl nicht „liberalisierter" Erzeugnisse zur Deckung der Verwaltungskosten Gebühren erhoben.

Die Verwaltungsleistung bestand aus verschiedenen Prüfungen und Maßnahmen, die erforderlich waren, um die von der Bundesrepublik Deutschland — vor der Errichtung gemeinsamer Marktorganisationen — im Rahmen ihrer

---

[122] RS 10/65, Bd. XI, S. 635; siehe dazu *Ehle*, AWD 1965, S. 281.

[123] Bd. XI, S. 641; vgl. *Matthies*, S. 18

[124] Bd. XI, S. 647/648.

[125] Bd. XII, S. 219 = AWD 1966, S. 263; vgl. auch die Anm. von *Frowein*, CahDrEur 1967, S. 301. Sehr aufschlußreich aber vor allem die Anm. von *Ipsen*, EuR 1966, S. 352 ff.

[126] Richtlinie vom 16. 6. 65, ABl. 1965, S. 2074; Richtlinie v. 28. 7. 65, ABl. 1965, S. 2437.

Zuständigkeit angeordneten mengenmäßigen Beschränkungen der freien Einfuhr der betreffenden Waren zu mildern[127].

Die Klägerin hatte geltend gemacht, die erhobenen Verwaltungsgebühren stellten die Gegenleistung für im Interesse und auf Antrag einzelner ausgeübte Verwaltungsleistungen dar[128]. Die Gebühr werde als Gegenleistung für den sich durch den Antrag auf Erteilung der Einfuhrgenehmigung ergebenen Arbeitsaufwand der Verwaltung erhoben[129]. Das Interesse des einzelnen Importeurs persönlich bestehe darin, daß durch die Tätigkeit der Verwaltung das Einfuhrhindernis beseitigt werde[130].

Diese Argumentation wurde vom Gerichtshof wie auch von der Kommission[131] zurückgewiesen. Der *Gerichtshof* stellte dazu fest:

> „Der Vorteil, den der Importeur aus der Verwaltungstätigkeit zieht, für welche die streitigen Abgaben erhoben werden, besteht in der Erlaubnis, die fraglichen Erzeugnisse in der Bundesrepublik Deutschland in den Verkehr zu bringen. Den eingeführten Erzeugnissen selbst bringt diese Verwaltungstätigkeit weder unmittelbare noch mittelbare Vorteile auf dem deutschen Markt. Daher üben die streitigen Abgaben eine, wenn auch geringfügige zollgleiche, diskriminierende Wirkung aus[132].“

bb) Warenbezogenheit des Vorteils

Damit steht fest, daß die Genehmigung zur Ein- oder Ausfuhr kein Vorteil sein kann, der die Erhebung einer Gebühr rechtfertigt. Die Rechtsprechung läßt allerdings in diesem wie auch in späteren Urteilen nicht eindeutig erkennen, ob durch einen Vorteil die Ware begünstigt sein muß — diese Annahme wird durch die Formulierung in den RS 52 und 55/65 gestützt — oder ob es ausreicht, daß ein persönlicher Vorteil für die Importeure bzw. Exporteure einer Ware nachgewiesen wird. Hierfür spricht die Formulierung in den RS 24/68 und 39/73[133].

Der scheinbare Widerspruch läßt sich aber auflösen. Genau genommen wird nämlich die finanzielle *Be*lastung einer Ware nicht von der Ware selbst, sondern vom Importeur (Exporteur) getragen. Die Berechnung der Belastung erfolgt warenbezogen. Umgekehrt kommt die *Ent*lastung durch einen wie auch immer beschaffenen Vorteil den Personen zugute, die mit den Waren Handel treiben. Eine Ware bekommt ihren Wert erst in bezug auf ihre „Wert*schätzung*“ durch die Menschen, die mit der

---

127 Vgl. Bd. XII, S. 236. Wegen der Einzelheiten, die hier nicht interessieren, wird auf den Tatbestand des Urteils verwiesen.

128 Siehe auch GA *Roemer* in derselben RS, Bd. XII, S. 242, wo er der Ansicht der deutschen Bundesregierung folgt.

129 RS 52 und 55/65, Bd. XII, S. 227.

130 Bd. XII, S. 228.

131 Bd. XII, S. 235/236.

132 Bd. XII, S. 236.

133 Bd. XV, S. 202 u. Bd. 1973, S. 1044.

Ware zu tun haben. Deshalb wäre es falsch, einen Gegensatz zwischen Vorteilen für die Im- und Exporteure und Vorteilen für die ein- und ausgeführten Waren selbst zu konstruieren[134].

Den richtigen Ansatz für eine Unterscheidung bildet vielmehr das Merkmal der „Warenbezogenheit". Bezugsobjekt des Vorteils muß die Ware sein. Der durch eine Dienstleistung der Verwaltung entstehende Vorteil darf dem Importeur (Exporteur) nur *in Beziehung zur Ware* zugute kommen. Vorteile, die nicht im Zusammenhang mit der Ware stehen, können nicht durch eine auf die Waren erhobene Gebühr abgegolten werden. Es ist erforderlich, daß der Vorteil seine *Inzidenz* auf die Ware erkennen läßt. Sonst käme es dazu, daß für die Belastung eine andere Bemessungsgrundlage als für die Entlastung dienen würde.

cc) Berechenbarkeit der Inzidenz des Vorteils pro Wareneinheit

Die Inzidenz der Abgabenbelastung wird pro Wareneinheit festgestellt[135]. Konsequenterweise muß auch die Inzidenz des Vorteils — als Äquivalent zur Belastung — pro Wareneinheit feststellbar sein, wenn eine Gebühr als Gegenleistung vertragsgerecht sein soll. Falls dies nicht möglich sein sollte, ist die Gebühr als eine gegen den EWGV verstoßende Abgabe zollgleicher Wirkung zu qualifizieren. Demnach kommt es darauf an, daß ein individueller Vorteil, der durch eine besondere Dienstleistung der Verwaltung geboten wird, berechnet werden kann. Dann erfolgt die Spezifizierung, d. h. die Umrechnung auf die Waren, auf welche der Vorteil bezogen ist.

dd) Vorteil: „Wert" der Dienstleistung für die Ware

Die Inzidenz des Vorteils auf jede belastete Wareneinheit ist mit einem konkreten Rechnungsbetrag anzugeben. Auf diesen Betrag beläuft sich der Wert der Dienstleistung pro Wareneinheit. Die der Verwaltung durch die Dienstleistung entstehenden Kosten müssen hierbei unberücksichtigt bleiben[136].

Dieses strenge Spezifizierungsverfahren dient der Einhaltung des Prinzips, wonach Leistung und Gegenleistung sich in jedem Einzelfall ausgleichen müssen, damit eine Behinderung des Warenverkehrs durch die finanzielle Belastung der ein- oder ausgeführten Waren entfällt. Es geht um die Aufhebung des Belastungseffekts für jede belastete Wareneinheit durch den entlastenden Vorteil und den Wegfall des Begriffsmerkmals „Kostensteigerung". Wo eine dementsprechende „Wertäquivalenz" besteht, fehlt es an einer effektiven Kostensteigerung.

---

134 Mißverständlich GA *Roemer* in der RS 24/68, Bd. XV, S. 207.

135 Siehe zum Begriffsmerkmal „Kostensteigerung", welches hier angesprochen ist, Kap. 2, A, VIII, 3.

136 Hier kein Raum für die Anwendung des „Kostendeckungsprinzips". — Dazu noch Kapitel 2, A, X, 5.

Als Berechnungsgrundlage eignet sich vor allem die Wertsteigerung. Diese kann sich unmittelbar auswirken. Hat die Wertsteigerung preisbildende Relevanz, so wird ein Preisvorteil erkennbar und berechenbar sein. Mittelbare Auswirkungen sind Wettbewerbsvorteile, wie z. B. erhöhte Absatzchancen im Ein- oder Ausfuhrland. Auch eine erhöhte Wertschätzung durch die Verbraucher müßte gegebenenfalls durch Marktanalysen berechenbar werden.

Somit bleibt offen, ob im Einzelfall die Berechtigung einer Gegenleistung bewiesen werden kann. An der Feststellung des Wertes der Dienstleistung für die Ware und deren Importeure oder Exporteure scheitern jedoch die meisten Versuche, das Verbot, Abgaben zollgleicher Wirkung zu erheben, zu durchbrechen.

ee) Beispiele

α) *Statistikgebühr*

In der *RS 24/68*[137], in der die italienische Statistikgebühr den Gegenstand des Verfahrens bildet, konnte kein konkreter Vorteil berechnet werden, der durch eine angemessene Gegenleistung hätte abgegolten werden dürfen.

Nach Auffassung der italienischen Regierung[138] entspricht die Statistikgebühr dem Dienst, der den Marktteilnehmern geleistet wird. Diese hätten den Vorteil, die Warenbewegungen und damit die Änderungen der Marktlage mit absoluter Genauigkeit zu erfahren. Zum Ausgleich der Kosten dieser Genauigkeit, die größer sei als die nachträglicher Erhebungen der statistischen Ämter und den Marktteilnehmern eine bessere Stellung im Wettbewerb verschaffe, müßten die Marktteilnehmer die streitige Gebühr entrichten. Dies sei durch die ihnen erwachsenden Vorteile gerechtfertigt.

Der Gerichtshof antwortete, die fraglichen statistischen Erhebungen seien für das gesamte Wirtschaftsleben und unter anderem auch für die zuständigen Verwaltungen von Nutzen[139]:

„Auch wenn sie besonders die Stellung der Importeure und Exporteure im Wettbewerb verbessern sollten, handelt es sich doch um einen so allgemeinen und so schwer zu bewertenden Vorteil, daß die streitige Abgabe nicht als ein Entgelt angesehen werden kann, das den Gegenwert für einen bestimmten tatsächlich gewährten Vorteil darstellt.“

Die italienische Statistikgebühr mußte demnach abgeschafft werden, weil sie als Abgabe zollgleicher Wirkung gemeinschaftsrechtlich verboten war[140].

β) *Abladesteuer*

In der *RS 34/73*[141] war die italienische Abladesteuer Anlaß für eine Vorlage zum *Gerichtshof*. Dieser stellte fest:

---

[137] Bd. XV, S. 193 ff.; als Klägerin trat die Kommission auf; vgl. bereits ihre Antwort auf die schriftliche Anfrage Nr. 70/68 von *Vredeling*, ABl. 1968, Nr. C 60, S. 5.

[138] Vgl. Bd. XV, S. 197.

[139] RS 24/68, Bd. XV, S. 202 (Entscheidungsgründe 16).

[140] Siehe auch RS 8/70; RS 30/70; RS 43/71; RS 84/71 — Statistik- und Verwaltungsgebühren.

„Eine Abgabe, die lediglich auf eingeführte Waren und nur deshalb erhoben wird, weil diese Waren in nationalen Häfen abgeladen werden, stellt eine Abgabe zollgleicher Wirkung dar und ist verboten[142]."

Mit dem Ertrag der streitigen Abgabe[143] wurden Unterhaltungsarbeiten an den Hafeneinrichtungen und Umschlagarbeiten finanziert[144]. Den Importeuren ist natürlich an der Instandhaltung der Häfen gelegen, doch teilen sie dieses Interesse mit dem gesamten Handel unter Einschluß auch derjenigen, die mit inländischen Erzeugnissen handeln. Die Abgabe stellt nicht die Gegenleistung für einen bestimmten Vorteil dar. Der Vorteil für die Importeure war nicht konkret meßbar.

γ) *Gesundheitskontrollgebühr*

Die finanziellen Belastungen, die aus Gründen der tierärztlichen, gesundheitspolizeilichen und phytosanitären Untersuchung der Waren wegen deren Grenzübertritt erhoben wurden, konnten ebenfalls nicht als Gegenleistung Anerkennung finden.

Hier handelt es sich nicht um Fälle allgemeiner Verwaltungstätigkeit, sondern um eine spezifische Tätigkeit in Form von Prüfungen und Untersuchungen an den Waren selbst, die nur von Sachverständigen mit Hilfe spezieller technischer Mittel zu bewerkstelligen ist. Die in früheren Entscheidungen des Gerichts entwickelten Grundsätze konnten deshalb in den *RS 29/72*[145] *und 39/73*[146] nicht ohne weiteres analog herangezogen werden[147].

Die Untersuchungen sind im allgemeinen Interesse vorgeschrieben. Sofern überhaupt ein individuelles Interesse geltend gemacht wurde, konnte der besondere Vorteil nicht konkret bemessen werden. So war es der in der RS 29/72 beklagten italienischen Regierung nicht möglich, ihre Behauptung, die gesundheitspolizeiliche Untersuchung von Fleisch und Rindern diene auch den Sonderinteressen der Wareneigentümer, konkret zu belegen[148]. Die Eignung von Nahrungsmitteln zum Verzehr durch Menschen ist als natürliche, solchen Erzeugnissen immanente Eigenschaft kein werterhöhender Faktor[149]. Auch der Umstand, daß eine Untersuchung den Importeur unter Umständen vor Schadensersatzforderungen bewahren kann, reicht für einen Vorteil nicht aus[150]. Die für die Gesundheitskontrolle verlangte Gebühr war demnach als Abgabe zollgleicher Wirkung zu qualifizieren.

Auch die phytosanitäre Kontrolle zählt zu den Gesundheitskontrollen. Deshalb wurden die meisten Auslegungsfragen in der RS 39/73 vom EuGH bereits in der RS 29/72 beantwortet.

---

141 Bd. 1973, S. 981 ff.; AWD 1974, S. 217.

142 Bd. 1973, S. 981 (Leitsatz 2).

143 Rechtsgrundlage: Art. 27 des italienischen Gesetzes Nr. 82 vom 9. 2. 1963 über Steuern und sonstige Abgaben im Bereich des Seehandels — zitiert nach AWD 1974, S. 218.

144 Insoweit ist also die Abgabe eine „Löschungsgebühr".

145 Bd. XVIII, S. 1309 ff.

146 Bd. 1973, S. 1039 ff.

147 Vgl. *Blümel*, S. 8.

148 Vgl. Bd. XVIII, S. 1312.

149 Kommission in der RS 29/72, Bd. XVIII, S. 1314.

150 Siehe dazu BVerwG NJW 1974, S. 196 (dabei handelt es sich um das nationale Ausgangsverfahren der RS 39/73).

Der Streit ging um die Gebühr, die für die Untersuchung bei der Verbringung von Pflanzen und Pflanzenfrüchten aus einem Mitgliedstaat in einen anderen erhoben wurde[151].

Es handelt sich um keine individuell erbrachte Dienstleistung, da die behördlich angeordnete Kontrolle sich in keinem wirtschaftlich meßbaren Vorteil für den einzelnen Importeur niederschlägt, so daß die zu zahlende Gebühr kein Entgelt für eine besondere Leistung darstellt. Da die Abgabe also nicht Gegenleistungscharakter hat, ist sie als Abgabe zollgleicher Wirkung vertragswidrig[152].

In seinen Schlußanträgen zur RS 39/73 wies Generalanwalt Trabucchi darauf hin, daß die Anwendung dieser Grundsätze beim gegenwärtigen Stand der einzelstaatlichen Gesetzgebung in bestimmten Fällen zu einer Bevorzugung der Importwaren gegenüber inländischen Waren führen könne[153]. Zu Recht stellte er aber auch fest, daß daraus keine Rechtfertigung für eine weniger strenge Anwendung des Verbots der Erhebung von Abgaben zollgleicher Wirkung hergeleitet werden dürfe. Jeder Mitgliedstaat kann nämlich in einer solchen Lage Abhilfe schaffen, indem er die Einfuhrbelastungen und die inländischen Belastungen für bestimmte im öffentlichen Interesse durchgeführte Kontrollen in ein einziges System integriert[154]. Außerdem besteht auf Gemeinschaftsebene die Möglichkeit, Verzerrungen durch den Erlaß von Richtlinien zur Harmonisierung der innerstaatlichen Rechtsvorschriften über den sanitären Schutz zu beseitigen[155].

δ) *Qualitätskontrollgebühr*

Das letzte zu diesen Fragen ergangene Urteil des Gerichtshofes befaßte sich mit der Zulässigkeit von Gebühren für Qualitätskontrollen. Die Kommission hat mehrere Verfahren nach Art. 169 EWGV eingeleitet. Es besteht Aussicht, daß die noch strittigen Fälle, nachdem der EuGH sein Urteil in der RS 63/74[156] gesprochen hat, ohne Klageerhebung bereinigt werden können. Im Vergleich zu den Sanitätskontrollen schien bei der Qualitätsuntersuchung die Möglichkeit eines zählbaren individuellen Vorteils eher gegeben zu sein. Außerdem war es ein Fall, der im Gegensatz zu den RS 29/72 und 39/73 die Ausfuhr betraf. Bei Qualitätskontrollen ist das öffentliche Interesse — es dürfte vor allem handelspolitischer Art sein — weniger stark ausgeprägt als bei gesundheitspolizeilichen Kontrollen. Deshalb war es notwendig, besonders eingehend zu analysieren, ob die Voraussetzung zur Forderung eines Entgelts für bestimmte Vorteile *auch hier* fehlten.

Die Grundlage für das Auslegungsersuchen an den EuGH in der *RS 63/74* bildete die Abgabe, welche das italienische Instituto nazionale per il Commercio Estero (ICE) für die Ausstellung der nach der italienischen Gesetz-

---

[151] In der RS 39/73 — Pflanzenbeschau bei aus Italien in die Bundesrepublik Deutschland eingeführten Äpfeln.

[152] In der Bundesrepublik Deutschland wird die Pflanzenschutzgebühr, soweit sie als zollgleiche Abgabe verboten ist, seit 1. 11. 1973 nicht mehr erhoben. — Vgl. die Antwort der Kommission auf die schriftliche Anfrage Nr. 676/72 von *Jahn*, ABl. 1974, Nr. C 8.

[153] Bd. 1973, S. 1047.

[154] Hierzu näher Kapitel 2, B, II, 3, b, aa, α.

[155] Vgl. Kapitel 2, A, V, 2; siehe auch die Antwort der Kommission auf die schriftliche Anfrage Nr. 137/68 von *Behrendt*, ABl. 1968, Nr. C 109, S. 1.

[156] Bd. 1975, S. 281 ff.

gebung für die Ausfuhr bestimmter Gemüse- und Obstbauerzeugnisse erforderlichen Kontrollbescheinigung erhebt. Es wird kontrolliert, ob die zur Ausfuhr bestimmten Erzeugnisse den gemeinschaftliche Qualitätsanforderungen genügen. Als amtlichen Kontrollstempel erhalten die untersuchten Waren das nationale Warenzeichen.

Nach Auffassung der italienischen und der niederländischen Regierung fallen die Belastungen, die mit einer den Exporthändlern nützlichen Tätigkeit zusammenhängen, nicht unter das allgemeine Verbot, Abgaben zollgleicher Wirkung zu erheben[157]. Die Verleihung des nationalen Warenzeichens als Qualitätsgarantie sei eine speziell dem Exporteur zugute kommende Dienstleistung; der Exporteur könne auf das Ansehen und den wirtschaftlichen Wert einer eingehenden fachmännischen Prüfung zählen, die das Qualitätsniveau seiner Ware gewährleiste. Die Kontrolle und die Bescheinigung könne den Exporteuren Vorteile bringen. Die Gewähr für bestimmte Eigenschaften der Ware — die Freiheit von Qualitätsmängeln — bringe Erleichterungen bei der Einfuhr in andere Mitgliedstaaten.

Die Kommission wies zunächst darauf hin, daß sich die Frage der Dienstleistungen und des individuellen Vorteils bei Obst und Gemüse, das nicht den nationalen Ausfuhrwarenzeichen, aber dennoch der Abgabe unterliegt, überhaupt nicht stelle[158].

Aber auch für die anderen Waren könne kein Vorteil bestehen. Die Kontrolle führe nämlich lediglich dazu, die Ausfuhr dieser Erzeugnisse zu erlauben, wenn sie die vorgeschriebenen Bedingungen erfüllen, und bringe den exportierten Produkten weder einen direkten noch einen indirekten Vorteil. Und selbst wenn sie ihn brächten, müßte man ihn erst noch bewerten können.

Der *Gerichtshof* lehnte die Rechtfertigung der an eine zwingend vorgeschriebene Qualitätskontrolle geknüpften Abgabe ebenfalls ab[159]. Er stellte fest:

„Unterwirft ein Mitgliedstaat nur ausgeführte Erzeugnisse einer Qualitätskontrolle, verbunden mit einem Ausfuhrverbot für diejenigen Erzeugnisse, die den von der innerstaatlichen Rechtsordnung aufgestellten Qualitätsnormen nicht entsprechen, so kann — unterstellt, daß eine solche Behinderung bei Fehlen einer gemeinschaftsrechtlichen Qualitätsregelung als rechtmäßig anzusehen ist — in dieser Kontrolle als solcher keine dem Exporthändler gegenüber erbrachte Dienstleistung gesehen werden."

Zu der Frage des individuellen, spezifizierbaren Vorteils führt der EuGH wieder das Allgemeininteresse als Indiz gegen den Nachweis eines besonderen warenbezogenen Nutzens ins Feld.

„Mag auch der Schutz des guten Rufes der Gemüse- und Obstbauerzeugnisse eines Mitgliedstaates mit Hilfe einer Kontrollbescheinigung und der Anbringung eines nationalen Ausfuhrwarenzeichens dazu angetan sein, die Ausfuhr der inländischen Erzeugnisse zu fördern, so dient dieser Vorteil dem allgemeinen Interesse der Gesamtheit aller Exporteure; das persönliche Interesse jedes einzelnen von ihnen ist daher so wenig meßbar, daß die für diese Kontrolle erhobene Belastung nicht als Entgelt für einen bestimmten, tatsächlich und individuell geleisteten Vorteil angesehen werden kann[160]."

157 Bd. 1975, S. 285 ff. — vgl. daneben die übersichtliche Darstellung des GA *Trabucchi* in seinen Schlußanträgen zu 63/74, Bd. 1975, S. 295.

158 RS 63/74, Bd. 1975, S. 286.

159 Siehe RS 63/74, Bd. 1975, S. 290 (Entscheidungsgründe 6/8).

Grundsätzlich bleibt denkbar, daß Qualitätskontrollen den Waren Vorteile bringen können, z. B. bei der Kontrolle nur bestimmter Güteklassen (A, B, C). Die Einordnung in eine bestimmte Gütekategorie bringt einen berechenbaren Wertzuwachs der qualitätsgeprüften Ware. Es ist aber zu bedenken, ob in diesem Fall nicht das fakultative Anbieten der Untersuchung eine klarere, nicht im Konflikt mit dem Verbot der Erhebung zollgleicher Abgaben stehende Lösung brächte.

5. Angemessenheit der Gegenleistung

Die Skala der Möglichkeiten, Abgaben als Entgelt für einen Vorteil im Einklang mit gemeinschaftsrechtlichen Verboten zu erheben, mag sich zwar nach dem negativen Urteil in der RS 63/74 entscheidend verkleinert haben[161]. Dennoch ist für den denkbaren Fall, daß eine Gebühr die dargestellten Voraussetzungen einer Gegenleistung erfüllt, zu klären, was unter der „angemessenen" Gegenleistung zu verstehen ist.

a) Proportionalitätsgrundsatz

aa) Wert und Kosten

Von der „angemessenen Gegenleistung" sprach der Gerichtshof erstmals in der RS 24/68[162]. Laut Urteil zur RS 39/73[163] darf das Entgelt nicht höher sein als der Wert der Gegenleistung und die dafür aufgewandten Kosten. Bezüglich der zulässigen Höhe gilt demnach der Proportionalitätsgrundsatz[164]. Die Feststellung, ob eine Gebühr dem Vorteil proportional ist, richtig sich *primär* nach dem Ergebnis der Wertberechnung[165]. Die Wertberechnung als Teil der Spezifizierung und Konkretisierung des Vorteils wurde im Zusammenhang mit der Inzidenz des Vorteils pro Wareneinheit beschrieben[166].

Der EuGH ging aber auch auf das in den meisten Fällen vorgetragene Kostenargument ein. Seine Formulierung „Wert und Kosten" schließt die Möglichkeit nicht aus, daß die Mitgliedstaaten die beiden Komponenten nebeneinander stellen und im innerstaatlich üblichen Rahmen Kostendeckung durch Gebührenerhebung entsprechend dem Verwal-

160 RS 63/74, Bd. 1975, S. 291 (Entscheidungsgründe 6/8).

161 Obwohl der EuGH auch in diesem Fall wieder betonte, daß dies unter bestimmten Umständen nicht ausgeschlossen sei; vgl. Bd. 1975, S. 290 (Entscheidungsgründe 6/8).

162 Bd. XV, S. 201 (Entscheidungsgründe 11); ebenso zuletzt in der RS 63/74, Bd. 1975, S. 290 (Entscheidungsgründe 6/8).

163 Bd. 1973, S. 1043 (Entscheidungsgründe 4).

164 So die Kommission in der RS 29/72, Bd. XVIII, S. 1313.

165 Hier findet das „Äquivalenzprinzip" Anwendung.

166 Kapitel 2, A, X, 4, b.

tungsaufwand anstreben[167]. Durch die Abwälzung der Kosten auf die Importeure (Exporteure) der Waren würde eine Belastung der öffentlichen Haushalte verringert oder ganz vermieden.

Nach der Definition des Begriffes „Abgaben zollgleicher Wirkung" kommt es aber auf den Verwendungszweck der durch eine Abgabe (Gebühr) bewirkten Einnahmen nicht an, so daß die Verwendung zur Kostendeckung eine unzulässige Abgabe nicht zu rechtfertigen vermag[168].

bb) Stufenverhältnis

Mehrere sich aus den bisherigen Untersuchungen ergebende Überlegungen sprechen dafür, den Wert des Vorteils und die aufgewandten Kosten in ein Stufenverhältnis zu bringen:

1. Allen Ausnahmen vom allgemeinen Verbot „grenzkausaler" finanzieller Belastung sind enge Grenzen gesetzt.
2. Eine Annexkompetenz für die Abwälzung der durch zulässige staatliche Maßnahmen im grenzüberschreitenden Verkehr entstehenden Kosten wird nicht anerkannt.
3. Kontrollen, welche mit sehr kostenintensiven Methoden — z. B. Laboruntersuchungen mit einem erhöhten Personal- und Sachaufwand — durchgeführt werden, dienen auch den Interessen der Mitgliedstaaten; keine Abwälzung der Infrastrukturkosten!
4. Die Anerkennung einer Abgabe als Gegenleistung ist von strengen Voraussetzungen abhängig.

Daraus ist das Fazit zu ziehen, daß die Höhe der Kosten, welche der Verwaltung entstanden sind, als Maßstab für die Zulässigkeit einer als Entgelt erhobenen Abgabe nicht in Betracht kommen kann.

b) Wertsteigerung als Belastungsgrenze

Die geforderte Gegenleistung darf also niemals höher als die Wertsteigerung sein, auch wenn die aufgewendeten Kosten höher sein sollten („Wertsteigerung pro Wareneinheit als Obergrenze für die zulässige Belastung")[169].

Andererseits werden bei niedrigeren Kosten Gebühren durch die tatsächlich angefallenen Kosten und nicht durch die in diesem Fall höhere Wertsteigerung begrenzt. Ein Mißverhältnis zwischen der Gebührenhöhe und den (geringeren) Kosten der Dienstleistung wäre mit den

[167] Nach Art. VIII des GATT sind die Gebühren dem Betrag nach ungefähr auf die Kosten der erbrachten Dienstleistungen zu beschränken. — „Kostendeckungsprinzip."

[168] RS 7/68, Bd. XIV, S. 643; RS 24/68, Bd. XV, S. 200; RS 2 u. 3/69, Bd. XV, S. 221. — Siehe dazu Kapitel 2, A, VI, 3.

[169] So die niederländische Regierung in der RS 29/72, Bd. XVIII, S. 1313.

Auslegungsprinzipien für Ausnahmen von vertraglichen Verboten unvereinbar.

Dieses Ergebnis folgt aus dem gemeinschaftsrechtlichen Grundsatz, daß zulässige Belastungen im Hinblick auf die Vertragsziele, vor allem unter Berücksichtigung der Gewährleistung des freien innergemeinschaftlichen Warenverkehrs, so gering wie möglich zu halten sind. Es gelten strengere Regeln als im innerstaatlichen Gebührenrecht, wo man ein derartiges Stufenverhältnis nicht kennt. Die Staaten sollen aus einstweilig noch zulässigen Behinderungen des freien Warenverkehrs kein Geschäft machen. Infolgedessen ist die zu einem Stufenverhältnis gelangende Auslegung gemeinschaftsrechtlich zwingend.

Die Erlaubnis, Kontrollen vornehmen zu dürfen, bringt eben auf ihrer Kehrseite die Pflicht zur Übernahme des die Wertsteigerung übersteigenden Kostenanteils ins allgemeine Budget mit sich. Im übrigen bestätigt der Umstand, daß eine Reihe von Mitgliedstaaten keine Abgaben für Untersuchungen der beschriebenen Art erhebt, daß ein Verzicht der übrigen Mitgliedstaaten auf derartige Gebühren keine unüberwindlichen fiskalischen Probleme bringen dürfte.

B. Abgrenzungen und Konkurrenzen

I. Abgrenzung der Abgaben mit zollgleicher Wirkung von den Maßnahmen mit gleicher Wirkung wie mengenmäßige Beschränkungen

Regelungen über Zölle und Abgaben zollgleicher Wirkung sind im EWGV vor allem im zweiten Teil, Titel I, Kapitel 1 (Die Zollunion) enthalten, während die mengenmäßigen Beschränkungen und Maßnahmen gleicher Wirkung im Kapitel 2 desselben Titels behandelt werden. Die Frage nach dem Verhältnis der abzugrenzenden Begriffe zueinander darf nicht unbeantwortet bleiben.

Parallelen in der Regelung sind unverkennbar. Art. 3 a) EWGV könnte ein gleichrangiges Nebeneinander nahelegen. Diese Annahme vermag einer genaueren Analyse indes nicht standzuhalten.

Bei Zöllen und mengenmäßigen Beschränkungen (Kontingentierungen) stellt der negative Ausschluß der Zölle anhand formaler Kriterien einen praktikablen Weg dar, der auch von der Kommission[170] und der

[170] Antwort der Kommission auf die schriftliche Anfrage Nr. 118 von *Deringer*, ABl. v. 29. 3. 1967, S. 901.

Literatur[171] eingeschlagen wurde. Da die Maßnahmen mit gleicher Wirkung wie Zölle durch ihren *Abgabencharakter* gekennzeichnet sind[172], kann anhand dieses Umstandes die Formalabgrenzung erfolgen. Falls die zollgleichen Abgaben nicht formal, sondern materiell, d. h. nach der Wirkung der Zölle zu bestimmen wären, könnten sich Abgrenzungsschwierigkeiten ergeben.

Eine Abgabe zollgleicher Wirkung kann wie ein Zoll zur Verringerung der eingeführten bzw. ausgeführten *Menge* führen. Wird der Ware eine finanzielle Belastung auferlegt, so steigen die Kosten, welche die Ware zu tragen hat. Die Erhöhung der Kosten ist ein für die zollgleiche Abgabe wesentliches Merkmal. Ob sich durch diese Kostensteigerung die Menge der ein- bzw. ausgeführten Waren verringert — eine Wirkung, die bei der Kontingentierung feststeht — kann nicht mit Sicherheit gesagt werden; denn es bleibt der unternehmerischen Entscheidung überlassen, ob die Kostenerhöhung sich in einer Preiserhöhung niederschlägt oder nicht.

Ist die Nachfrage auf dem Markt, auf welchem die Ware angeboten werden soll, so elastisch, daß eine Preiserhöhung die Verkaufschancen mindert, so kann die Abgabenbelastung nicht ohne Einbußen bei der Verkaufsmenge abgewälzt werden. Wenn infolge dieser Tatsache der Verkaufspreis unverändert bleibt, wird die Warenmenge durch die zollgleiche Abgabe nicht beeinflußt. Zieht sich der Produzent aufgrund der Gewinnschmälerung jedoch von dem bestimmten Markt, von dem er durch die Grenzabgabe getrennt ist, zurück, so wirkt die Abgabenbelastung als Maßnahme mit gleicher Wirkung wie eine mengenmäßige Beschränkung. Eine Abwälzung der Kosten über den Preis der Ware wirkt sich in gleicher Weise aus, denn die Preiserhöhung schränkt die Menge der absetzbaren Ware ein.

Es steht demnach außer Frage, daß eine Abgabe zollgleicher Wirkung die gleiche Wirkung wie eine mengenmäßige Beschränkung haben *kann*. Infolgedessen ist eine materielle, d. h. an der Wirkung orientierte Abgrenzung unmöglich[173].

Beim Verbot zollgleicher Abgaben handelt es sich um die speziellere Regelung (Sonderregelung)[174]. Die Art. 9, 12 ff. EWGV sind demzufolge leges speciales gegenüber den Art. 30 ff. EWGV, welche die Maßnahmen gleicher Wirkung wie mengenmäßige Beschränkungen betreffen. Wenn also die Möglichkeit einer mengenmäßigen Beschränkung des grenz-

---

171 *Graf*, S. 66; *Seidel*, NJW 1967, S. 2086; *Ehle*, AWD 1967, S. 456; *Tessin*, AWD 1967, S. 310, 311; *Béraud*, RTDE 1968, S. 287; *Ehlermann*, in: Handbuch, Bd. 3, Vorbemerkung 4, Ba, cc, ggg zu Art. 30 - 37.

172 Vgl. *Graf*, S. 40, unter Berufung auf die Rechtsprechung des EuGH.

173 So auch *Graf*, S. 67.

174 Vgl. *Ehle*, AWD 1967, S. 456.

überschreitenden Warenverkehrs durch eine Abgabe zu bejahen ist, so handelt es sich, da es auf den Abgabencharakter entscheidend ankommt, um den Anwendungsbereich des Art. 12 ff. EWGV und nicht mehr um den der Art. 30 ff. EWGV[175]. Auf diese Vorschriften kann dann nicht mehr zurückgegriffen werden[176].

Der *Gerichtshof* stellte in der RS 7/68[177] folgende Überlegungen an:

„Gegenstand des Kapitels über die Beseitigung der mengenmäßigen Beschränkungen zwischen den Mitgliedstaaten sind Eingriffe der Mitgliedstaaten in den innergemeinschaftlichen Handel durch Maßnahmen, die je nach Lage des Falles vollständige oder teilweise Einfuhr-, Ausfuhr- oder Durchfuhrverbote darstellen. Diese Verbote und Beschränkungen unterscheiden sich ihrem Wesen nach deutlich von den Zöllen und diesen gleichgestellten Abgaben, die sich auf die wirtschaftlichen Bedingungen der Ein- und Ausfuhr auswirken, ohne insoweit mit zwingenden Eingriffen in die Entscheidungsfreiheit der Marktteilnehmer verbunden zu sein."

Die Abgrenzung nach dem „Wesen" der Maßnahme ist unscharf[178] und beispielsweise für die Beurteilung der von Italien zeitweise ausgeübten „Importbeschränkung durch Kautionspflicht" ebensowenig praktikabel wie das Abgrenzungskriterium „Zweck"[179]. Die für Abgaben typische kostensteigernde Wirkung kann durchaus für eine mittelbare Beeinflussung der Warenmenge ausgenutzt werden.

Eine Abgabe, die anstelle einer nach Art. 36 EWGV zulässigen Einfuhr- oder Ausfuhrbeschränkung eingeführt wurde, weil die Abgabe angeblich das mildere, den freien Warenverkehr weniger beeinträchtigende Mittel darstellt[180], muß für vertragswidrig erklärt werden. GA *Gand* bezeichnete es als Wortmißbrauch, wenn eine Abgabenerhebung als mengenmäßige Beschränkung tituliert wird, nur um auf diese Weise in den Anwendungsbereich des Art. 36 EWGV zu gelangen[181]. Eine mengenmäßige Beschränkung kann nicht mit der Verpflichtung zur Zahlung einer Abgabe verbunden werden, ohne daß damit

---

175 Dies ist z. B. bei der (im Mai 1974 geschaffenen) Bardepotpflicht für Einfuhren nach Italien wesentlich. Trotz Qualifizierung als Abgabe zollgleicher Wirkung wurde meistens die Anwendbarkeit der Art. 30 ff. EWGV bejaht; vgl. *Meier*, AWD 1974, S. 293. — Nach der hier vertretenen Ansicht ist dies jedoch falsch (vgl. Kapitel 2, A, VIII, 3).

176 Vgl. *Graf*, S. 140: „Wenn eine Materie besonders geregelt ist, kann für den Fall einer Lücke nicht mehr auf das Verbot der Maßnahmen gleicher Wirkung wie mengenmäßige Beschränkungen zurückgegriffen werden."

177 Bd. 1967, S. 644.

178 Kritisch auch *Graf*, S. 68.

179 Welches der EuGH bei der Abgrenzung zur inländischen Abgabe nach Art. 95 in der RS 27/67, Bd. XIV, S. 345 gebraucht hat; vgl. *Graf*, S. 37.

180 So verteidigte die ital. Regierung in der RS 7/68, Bd. XIV, S. 640 ihre auf Kunstschätze erhobene Belastung.

181 RS 7/68, Bd. XIV, S. 651.

der Geltungsbereich des Art. 36 EWGV und des ganzen Kapitels 2 verlassen wird.

Zusammenfassend ist deshalb festzustellen, daß Abgaben mit gleicher Wirkung wie mengenmäßige Beschränkungen niemals unter die Art. 30 ff. EWGV fallen können, wenn sie als Abgaben zollgleicher Wirkung dem Anwendungsbereich der Art. 9, 12 ff. EWGV zuzuordnen sind.

II. Abgrenzung der Abgaben mit zollgleicher Wirkung im Sinne der Art. 12 ff. EWGV von den inländischen Abgaben im Sinne der Art. 95 ff. EWGV

1. Art. 95 EWGV; Inhalt und Zielsetzung

a) Steuerhoheit

Während Art. 12 EWGV jegliche Einführung neuer Einfuhr- und Ausfuhrzölle oder Abgaben gleicher Wirkung zwischen den Mitgliedstaaten verbietet, beschränkt sich Art. 95 EWGV auf das Verbot, Waren aus anderen Mitgliedstaaten mittels inländischer Abgaben schlechter zu stellen[182]. Dies ist die Konsequenz der weiterhin fortbestehenden einzelstaatlichen Steuerhoheit[183]. Die Mitgliedstaaten sind demnach unter Beachtung einschlägiger steuerlicher Vorschriften des Gemeinschaftsrechts befugt, innerstaatliche finanzielle Belastungen bestimmter Waren auf gleichartige eingeführte Waren zu erstrecken, soweit dies nicht in diskriminierender Weise geschieht[184].

b) Bestimmungslandprinzip

Bezüglich der indirekten Steuern folgt der EWGV dem Bestimmungslandprinzip[185]. Es besagt, daß Waren nur mit den indirekten Steuern des Landes belastet werden sollen, in welchem sie verbraucht werden. Dementsprechend können die Waren bei der Ausfuhr nach Maßgabe des Art. 96 EWGV von den indirekten Steuern des Ursprungslandes entlastet werden[186].

Bei diesem Besteuerungsprinzip des Bestimmungslandes geht es darum, daß die Ware im grenzüberschreitenden Verkehr durch einen

---

182 EuGH in der RS 27/74, Bd. 1974, S. 1046 (Entscheidungsgründe Nr. 7).

183 Vgl. GA *Gand* in der RS 28/67, Bd. XIV, S. 237 (248); *Debatin*, in: Groeben / Boeckh / Thiesing, Bd. I, Vorbemerkung III vor Art. 95, S. 1237. Siehe außerdem *Ipsen*, 40/2, S. 705, sowie *Runge*, AWD 1963, S. 225.

184 Kommission in der RS 39/73, Bd. 1973, S. 1042.

185 Siehe dazu *Ulmer*, AWD 1966, S. 277; vgl. auch Art. 99 EWGV bezüglich der Harmonisierung der indirekten Steuern.

186 *Wägenbaur*, EuR 1969, S. 22 m. w. N.

steuerlichen Ausgleichsmechanismus von den Kostensteuern des Ursprunglandes entlastet und mit den Kostensteuern des Bestimmungslandes belastet wird[187]. Die Steuervorschriften des EWGV befassen sich nur mit den sog. indirekten Abgaben (z. B. Umsatzsteuern, Verbrauchsteuern u. a. — diese stellen im Preis überwälzbare Kostensteuern dar und ermöglichen die warenbezogene Feststellung der Belastungsinzidenz).

c) Diskriminierungsverbot

Das Diskriminierungsverbot des Art. 95 Abs. I EWGV ist dem Grundsatz der Inländerbehandlung nach Art. III Abs. II des GATT[188] nachgebildet und lautet:

> „Die Mitgliedstaaten erheben auf Waren aus anderen Mitgliedstaaten weder unmittelbar noch mittelbar höhere inländische Abgaben gleich welcher Art, als gleichartige inländische Waren unmittelbar oder mittelbar zu tragen haben.“

Die Belastung von Importen aus anderen Mitgliedstaaten ist folglich insoweit zulässig, als die eingeführten Waren nicht höher belastet werden als gleichartige inländische Erzeugnisse[189].

d) Protektionsverbot

Für nicht gleichartige Waren, die aber als Substitutionsgüter anzusehen sind, spricht Art. 95 Abs. II EWGV ein Protektionsverbot aus:

> „Die Mitgliedstaaten erheben auf Waren aus anderen Mitgliedstaaten keine inländischen Abgaben, die geeignet sind, andere Produktionen mittelbar zu schützen.“

Damit ist gemeint, daß die steuerliche Vorbelastung der auf dem Inlandsmarkt konkurrierenden inländischen Waren nicht überschritten werden darf. In den Grenzen des in Art. 95 Abs. I EWGV definierten Vergleichs zur Belastung inländischer Waren bleiben Eingangsabgaben zulässig[190].

Art. 95 EWGV beschränkt sich in seinen Regelungen also auf Behinderungen, die geeignet sind, inländische Erzeugnisse zu *begünstigen*. Demgegenüber geht Art. 12 EWGV viel weiter und erfaßt *sämtliche* Beeinträchtigungen des innergemeinschaftlichen Warenverkehrs[191].

---

[187] *Debatin*, in: Groeben / Boeckh / Thiesing, Bd. I, Vorbemerkung IV, 3 vor Art. 95, S. 1242.

[188] Dazu *Liebich*, S. 31.

[189] Siehe *Matthies*, S. 52.

[190] *Debatin*, in: Groeben / Boeckh / Thiesing, Bd. I, Anm. III, 1 zu Art. 95, S. 1262.

[191] Vgl. EuGH in der RS 27/74, Bd. 1974, S. 1046 (Entscheidungsgründe 7).

2. Regelungsbereiche der Art. 12 ff. und 95 ff. EWGV

Die Frage nach dem Verhältnis zwischen den Art. 12 ff. EWGV und den Art. 95 ff. EWGV birgt insofern Probleme, als es darum geht, die Erfordernisse der Zollunion mit den Auswirkungen der mitgliedstaatlichen Kompetenz für steuerliche Vorschriften in Einklang zu bringen. Es ist erkennbar, daß sich erst aus dem *Zusammenwirken* der Verbote nach Art. 9, 12 ff. EWGV einerseits und Art. 95 EWGV andererseits der vom EWGV gewollte lückenlose Schutz vor Diskriminierungen durch Abgaben jeglicher Art ergibt.

a) Lückenschließungsfunktion

Art. 95 EWGV soll die Lücken schließen, die durch steuerliche Maßnahmen in die Verbotsvorschriften der Art. 9 und 12 EWGV geschlagen werden könnten, denn die Errichtung der Zollunion darf nicht durch steuerliche Diskriminierungen behindert werden[192]. Indem Art. 95 EWGV dazu bestimmt ist, „die Einbrüche in den Geltungsbereich der Verbote in den Art. 9, 12 ff. EWGV abzuriegeln, die durch fiskalische Maßnahmen erzielt werden könnten“[193], stellt er nicht die Ausnahme, sondern die Ergänzung der Art. 9, 12 ff. EWGV dar[194].

Wenn daraus zu folgern wäre, daß die Anwendungsbereiche sich überschneiden[195], würden die Verbote der Art. 9, 12 ff. EWGV auch für inländische Abgaben im Sinne des Art. 95 EWGV gelten und inländische Abgaben könnten zugleich zollgleiche Abgaben sein. Hier regen sich rechtssystematische Bedenken.

Nach der allgemeinen Auslegungsanmerkung zu Art. III des GATT verändert eine innere Steuer ihren Rechtscharakter nicht dadurch, daß sie anläßlich der Einfuhr erhoben wird[196].

Ablehnend äußerten sich vor allem die Verfechter der Auffassung, Art. 95 sei als Sondervorschrift lex specialis zu Art. 9 EWGV[197].

Nach *Zuleeg*[198] ist ein Rückgriff auf das Verbot zollgleicher Abgaben ausgeschlossen, wenn das Gemeinschaftsrecht für einen bestimmten Kompetenzbereich, wie z. B. das Steuerrecht, besondere Bestimmungen enthält, die ihrem Sinn nach das gesamte Sachgebiet abdecken.

---

192 Siehe RS 24/68, Bd. XV, S. 200 (Entscheidungsgründe 4/5).

193 So der EuGH in den Entscheidungsgründen der RS 2 u. 3/62, Bd. VIII, S. 881.

194 Vgl. RS 24/68, Bd. XV, S. 200 u. RS 2 u. 3/69, Bd. XV, S. 221.

195 Wie dies „*Wt*“ in AWD 1963, S. 91 tut; siehe auch *Ulmer*, AWD 1966, S. 280.

196 Vgl. *Regul*, Bd. 1, I D.

197 Vgl. *Runge*, AWD 1963, S. 226; *Ehle*, AWD 1967, S. 456.

198 Rechtsgutachten, S. 17.

b) Alternativität

Der *Gerichtshof* vertritt das Prinzip der Alternativität[199]:

„Die Art. 12 und 13 EWGV einerseits und Art. 95 EWGV andererseits können nicht auf ein und denselben Sachverhalt angewandt werden, denn die Abgaben zollgleicher Wirkung einerseits und die inländischen Abgaben andererseits unterliegen ganz verschiedenartigen Regelungen und Vorschriften[200]."

Ein und dieselbe Abgabe kann nach dem System des Vertrages nicht gleichzeitig zu den beiden erwähnten Kategorien gehören, weil die Abgaben im Sinne des Art. 13 Abs. II ohne weiteres aufgehoben werden müssen, während Art. 95 für die Anwendung inländischer Abgaben lediglich die Beseitigung jeder Form von mittelbarer oder unmittelbarer Diskriminierung bei der Behandlung der inländischen Erzeugnisse eines Mitgliedstaates und der Erzeugnisse aus anderen Mitgliedstaaten vorsieht[201].

Der Gerichtshof beruft sich also auf die Vertragssystematik. Die unterschiedlichen Regelungs- und Anwendungsbereiche führen zur Ausschließlichkeit der Normanwendung (Alternativität: „Entweder-oder-Prinzip"). *Debatin*[202] verweist zur Begründung auf Art. 112 Abs. II EWGV, wo die Zölle und Abgaben gleicher Wirkung *neben* die indirekten Abgaben gestellt werden. Aus dem Umstand, daß beide Regelungen sich auch begrifflich ausschließen, ist die Konsequenz zu ziehen, daß eine dem Anwendungsbereich der Art. 95 ff. EWGV als inländische Abgabe zugeordnete finanzielle Belastung der Ein- oder Ausfuhr nicht mehr als Abgabe zollgleicher Wirkung nach Art. 12 ff. EWGV qualifiziert werden kann.

Eine auf ein eingeführtes Erzeugnis erhobene inländische Abgabe, welche die Summe der Abgaben übersteigt, die gleichartige inländische Waren unmittelbar oder mittelbar zu tragen haben, verstößt gegen die Art. 95 und 97 EWGV, ohne jedoch — soweit sie überhöht ist — den Charakter einer zollgleichen Abgabe anzunehmen[203]. Der Gerichtshof ist allen Theorien, die eine unter rechtlichen Gesichtspunkten gespaltene Abgabe — das hieße ihre Qualifizierung als innere Abgabe *und* als zollgeiche Abgabe — annehmen wollen, entgegengetreten[204]. Die Höhe einer Belastung ist kein taugliches Abgrenzungskriterium, wenn der Rechtscharakter einer Maßnahme zu beurteilen ist. Es gibt keinen zulässigen Bestandteil „Steuer" und einen unzulässigen Bestandteil „Abgabe zollgleicher Wirkung".

---

[199] Siehe RS 57/65, Bd. XII, S. 267; RS 25/67, Bd. XIV, S. 330.

[200] RS 27/74, Bd. 1975, S. 1046 (Entscheidungsgründe 6).

[201] RS 77/76, Bd. 1977, S. 1006 (Entscheidungsgründe 14) und RS 105/76, Bd. 1977, S. 1042 (Entscheidungsgründe 9).

[202] *Debatin*, in: Groeben / Boeckh / Thiesing, Bd. I, Anm. II, 2 zu Art. 95, S. 1259.

[203] *Matthies*, S. 60; *Debatin*, S. 1259; EuGH in der RS 25/67, Bd. XIV, S. 330.

[204] Vgl. *Wägenbaur*, EuR 1969, S. 35.

c) Keine Beschränkung auf fiskalische Abgaben

Aus der in Art. 95 EWGV gewählten Formulierung „inländische Abgaben *gleich welcher Art*" ist zu schließen, daß entgegen einer Vermutung, die sich aus der über dem entsprechenden Vertragskapital stehenden Überschrift „Steuerliche Vorschriften" ergeben könnte, auch Abgaben nichtsteuerlicher Natur unter die Bestimmung des Art. 95 EWGV subsumierbar sind. Es kommt weder auf die Bezeichnung noch auf die Art der Erhebung noch auf den von der öffentlichen Gewalt verfolgten Zweck an[205].

Art. 95 EWGV ist nicht restriktiv zu interpretieren. Er greift nicht lediglich bei rein fiskalischen Vorschriften ein, sondern auch bei spezifischen, von inländischen und eingeführten Produkten gleichermaßen zu tragenden Abgaben, die anderen, beispielsweise wirtschafts-, währungs- und konjunkturpolitischen Zielen dienen[206]. Infolgedessen ist Art. 95 EWGV grundsätzlich auch bei der Beurteilung von Gebühren und parafiskalischen Abgaben (zweckgebundenen Beiträgen) zu beachten, denn auch bei diesen handelt es sich um indirekte Abgaben. Folglich ist das Alternativitätsprinzip in diesen Fällen ebenfalls anzuwenden, so daß sich der Anwendungsbereich des Verbotes der Abgaben zollgleicher Wirkung dadurch verengt.

3. Abgrenzungskriterien

Die Prüfung der Zulässigkeit einer Abgabe beginnt man zweckmäßigerweise mit der Frage, ob die Abgabe eine in den Anwendungsbereich der Art. 95 ff. EWGV fallende Abgabe darstellt; wenn dies bejaht werden kann, darf eine Prüfung an Hand der Art. 9, 12 ff. EWGV gar nicht mehr erfolgen.

Die Einordnung der Abgabe in den richtigen Regelungsbereich erfolgt nach den in Art. 95 EWGV aufgestellten Kriterien. Diese bezeichnete der Gerichtshof in den RS 2 und 3/62[207] in folgender Weise:

„Art. 95 Abs. I EWGV läßt ‚Abgaben' auf eingeführte Waren nur insoweit implicite zu, als die gleichen Abgaben in gleicher Weise auch auf gleichartige inländische Abgaben erhoben werden."

a) Gleichartigkeit und Vergleichbarkeit

Der EuGH[208] hat die Gleichartigkeit im Sinne des Art. 95 Abs. I EWGV formal bestimmt. Sie besteht, wenn Waren normalerweise steuerrecht-

---

205 GA *Gand* in den RS 2 u. 3/69, Bd. XV, S. 228.

206 Es ist zulässig, diese Ziele mit den Mitteln des Steuerrechts durchzusetzen. Vgl. *Zuleeg*, S. 41 m. w. N.

207 Bd. VIII, S. 872 (Leitsatz 5).

208 RS 27/67, Bd. XIV, S. 347.

lich, zollrechtlich oder statistisch — je nach Lage des Falles — unter die gleiche Bezeichnung einzuordnen sind. Falls keine Gleichartigkeit in diesem Sinne gegeben ist, greift Art. 95 Abs. II EWGV ein. Dieser Absatz betrifft die Vergleichbarkeit und setzt ein Substitutionsverhältnis voraus. Ein solches besteht, wenn die eingeführte Ware im Wettbewerb mit einer inländischen Ware steht oder doch zumindest ein wirtschaftlicher Zusammenhang vorhanden ist, der es ermöglicht, daß die Belastung der Einfuhrware eine Schutzwirkung zugunsten einer Inlandsware haben kann[209].

Aus den Merkmalen Gleichartigkeit und Vergleichbarkeit folgt das Gebot der *Gleichbehandlung;* fehlt es an dieser, so handelt es sich um Diskriminierung bzw. Protektion.

b) Gleichbehandlung inländischer und eingeführter Waren: Korrespondenz

Wenn Einfuhrwaren einer bestimmten Belastung unterliegen, ist zu untersuchen, ob gleichartige oder vergleichbare Inlandswaren mit derselben Abgabe belastet werden.

aa) Belastung ohne Rücksicht auf die Herkunft der Ware: gleiche Abgabe

Die Gleichbehandlung und infolgedessen die Einordnung unter Art. 95 EWGV ist unproblematisch, wenn eine finanzielle Belastung ohne Rücksicht auf die Herkunft der Ware erfolgt. In diesem Fall werden ausländische und inländische Erzeugnisse, sobald sie sich auf dem inländischen Markt befinden, unterschiedslos zur Zahlung der Abgabe herangezogen und somit unmittelbar in gleicher Weise belastet. Sollte dabei die Belastung der Einfuhr diskriminierend wirken, so kommt allenfalls ein Verstoß gegen Art. 95 EWGV in Betracht. Dagegen kann es sich niemals um einen Verstoß gegen das Verbot der Abgaben zollgleicher Wirkung handeln, da das Erfordernis der Korrespondenz grundsätzlich erfüllt ist[210].

Der Begriff „Abgabe zollgleicher Wirkung“ umfaßt also nicht solche Abgaben, die innerhalb des Staates gleichartige oder vergleichbare Erzeugnisse in der gleichen Weise treffen. Dabei ist immer vorauszusetzen, daß die Abgabe nach *vergleichbaren Kriterien* bestimmt und erhoben wird. Hierbei können Fälle problematisch werden, in denen unterschiedliche Bemessungsgrundlagen gewählt werden (z. B. Wert, Menge, Gewicht, Stückzahl der belasteten Waren).

---

[209] Wie Fußnote 208; davon zum Teil abweichend *Ehring*, S. 136.

[210] Vgl. RS 25/67, Bd. XIV, S. 330.

α) Grenzkontrollgebühren als inländische Abgaben nach Art. 95 EWGV

Eine für Grenzkontrollen erhobene Gebühr fällt aus dem Anwendungsbereich des Verbotes, Abgaben mit zollgleicher Wirkung zu erheben, heraus, wenn sie als inländische Abgabe nach Art. 95 EWGV zu beurteilen ist[211].

In diesem Fall ist die Zulässigkeit der Gebühr nicht von der Qualifizierung als Gegenleistung für einen Vorteil abhängig. Es geht um den Einfluß der Tatsache, daß eine Grenzkontrollgebühr im Rahmen eines Systems innerstaatlicher Rechtsvorschriften erhoben wird. Allerdings ist in jedem Einzelfall zu prüfen, ob eine Entsprechung wirklich gegeben ist.

αα) Korrespondenz der Kontrollen

Die erste Voraussetzung ist, daß für die *einheimische* Erzeugung gleichartige, ebenfalls gebührenpflichtige Kontrollen vorgesehen sind. Dabei muß nach Auffassung von Kommission und GA *Roemer* in der RS 29/72[212] eine präzise Übereinstimmung zwischen dem Anlaß und dem spezifischen Ziel der auf eingeführte und gleichartige einheimische Erzeugnisse angewandten Kontrollen bestehen. Die Kontrollen für die Importware und die inländische Erzeugung müssen sich in Anlaß, Zweck und Struktur entsprechen[213]. Andernfalls ist die im Rahmen des Art. 95 EWGV erforderliche Diskriminierungsprüfung — d. h. der Vergleich der Belastungshöhe beider Warenkategorien — unmöglich.

Es ist fraglich, ob diese geforderte Gleichartigkeit der Kontrollen noch bejaht werden kann, wenn die Grenzkontrolle systematisch *alle* Waren erfaßt, während die Inlandskontrolle auf *Stichproben* beschränkt ist. Keine Korrespondenz liegt vor, wenn die Inlandskontrolle lediglich in einer Überwachung der Herstellungsbetriebe mit *seltenen Untersuchungen* besteht, während die Grenzkontrolle die *regelmäßig* vorgenommene Untersuchung der Ware selbst vorsieht. Auch die inländische Ware muß durch die Abgabe unmittelbar betroffen sein.

Der *Gerichtshof* hat in zwei Urteilen indirekt anerkannt, daß Gebühren, welche für sanitäre Grenzkontrollen verlangt werden, im Rahmen des Art. 95 EWGV zulässig sein können. In der RS 29/72[214] hat er sich folgendermaßen geäußert:

---

[211] Vgl. Kapitel 2, A, X.

[212] RS 29/72, Bd. XVIII, S. 1314 und 1326.

[213] Klägerin in der RS 39/73, Bd. 1973, S. 1041; Kommission in der RS 39/73, Bd. 1973, S. 1043.

[214] RS 29/72, Bd. XVIII, S. 1320 (Tenor).

„Finanzielle Belastungen, die aus Gründen der gesundheitspolizeilichen Kontrolle der Waren beim Grenzübertritt erhoben werden und sich nach eigenen Kriterien bestimmen, die mit denjenigen für die Bemessung der von gleichartigen inländischen Erzeugnissen zu tragenden Belastungen nicht vergleichbar sind, sind als Abgaben zollgleicher Wirkung anzusehen."

Ähnlich lautet die Formulierung im Urteil RS 39/73[215]. Ihr ist zuzustimmen, da in solcher Weise zu charakterisierende Belastungen die Wirkung einer spezifischen Abgabe auf Einfuhrwaren haben.

ββ) Grenzkontrollgebühren als Teil einer allgemeinen inländischen Gebührenregelung

In den Entscheidungsgründen seines Urteils in der RS 39/73[216] weist der EuGH deutlich darauf hin, daß es anders wäre, wenn diese Belastungen „Teil einer allgemeinen inländischen Gebührenregelung wären, die systematisch sämtliche inländischen und eingeführten Waren nach gleichen Kriterien erfaßt"[217].

Es reicht somit für die Zulässigkeit einer aus Gründen gesundheitspolizeilicher Kontrolle erhobenen Einfuhrabgabe nicht aus, daß die betreffende Ware *aus den gleichen Gründen* mit Abgaben belastet würde, wenn sie ein inländisches Erzeugnis wäre. Vielmehr ist erforderlich, daß die Belastungen sowohl der inländischen als auch der eingeführten Waren Teil ein und desselben Systems sind und nach gleichen Kriterien bestimmt und erhoben werden. Denn nur so ist eindeutig zu sehen, ob ihre Inzidenz auf die eingeführten und auf die inländischen Erzeugnisse die gleiche ist[218].

Der EuGH gab bisher keine deutliche Antwort auf die Frage, ob bei den Belastungskriterien eine genaue, d. h. vollkommene Entsprechung erforderlich ist oder ob schon eine strukturelle Kongruenz genügt. In der RS 29/72[219] hieß es „vergleichbare Kriterien", während in der RS 39/73[220] von „gleichen Kriterien" die Rede war.

Aus der Logik des Art. 95 EWGV ergibt sich, daß eine allgemeine strukturelle Beziehung nicht ausreichen kann. Art. 95 EWGV verbietet die Diskriminierung importierter Waren; diese läßt sich jedoch nur feststellen, wenn die in Betracht kommenden Belastungen deutlich miteinander verglichen werden können. Wo nicht die gleichen Berechnungsgrundlagen Anwendung finden, ist dies nicht möglich. Art. 95 EWGV

---

215 RS 39/73, Bd. 1973, S. 1045 (Tenor).

216 RS 39/73, Bd. 1973, S. 1043 (Entscheidungsgründe 3).

217 Die phytosanitäre Untersuchung *einheimischer* Früchte hatte keine finanziellen Lasten zur Folge!

218 So auch GA *Trabucchi* in der RS 39/73, Bd. 1973, S. 1046.

219 Bd. XVIII, S. 1320.

220 Bd. 1973, S. 1043.

ist demzufolge auf die fraglichen Gebühren nur dann anwendbar, wenn sich die Abgaben auf die eingeführten und die gleichartigen einheimischen Erzeugnisse so entsprechen, daß eine zuverlässige Prüfung der Frage möglich ist, ob und in welcher Höhe das jeweilige eingeführte Erzeugnis diskriminiert wird. Läßt sich eine solche Prüfung wegen der Unterschiede in den Kontrollmodalitäten bzw. in den Bemessungskriterien der für die Kontrolluntersuchungen erhobenen Gebühren nicht mit der erforderlichen Genauigkeit durchführen, so fallen die Abgaben, welche auf den eingeführten Erzeugnissen lasten, unter das Verbot zollgleicher Abgaben. Wenn keine Korrespondenz nachweisbar ist, müssen die Kontrollkosten vom Staatsbudget getragen werden. Dies entspricht dem Vertragsprinzip, daß der Grenzübertritt nicht die causa für kostensteigernde[221] finanzielle Belastungen sein darf.

γγ) Potentielle Korrespondenz

Eine besondere Streitfrage betrifft die Konstellation, daß eine gesetzlich vorgesehene Maßnahme im Inland zeitweilig nicht angewandt wird, während sie beim Grenzübertritt von Waren regelmäßig angewandt wird. Man spricht dabei von „potentieller Korrespondenz" im Gegensatz zur „de-facto-Korrespondenz" bei tatsächlicher Anwendung der entsprechenden Regelung im Inland.

Den Anlaß für die Auseinandersetzung bildete die auslegungsfähige Formulierung des EuGH im Urteil in der RS 39/73[222]. Dort wurde als Kriterium für die Qualifizierung einer beim Grenzübertritt erhobenen Kontrollgebühr die Entsprechung mit Belastungen, die von gleichartigen inländischen Erzeugnissen *möglicherweise* zu tragen sind, erwähnt. Das Wort möglicherweise fehlt in dem ansonsten gleichlautenden Satz des Urteils in der RS 29/72[223].

Aus der Rechtsprechung des Gerichtshofes wird somit nicht klar, ob die Entsprechung auf einen Kriterienvergleich im konkreten Augenblick der Kontrolle eingeführter Waren abzielt. Fordert man „de-facto-Korrespondenz", so müssen die entsprechenden Abgaben im Innern im Zeitpunkt der Entstehung der Belastung für eingeführte Waren tatsächlich erhoben werden. Andernfalls handelt es sich um Abgaben zollgleicher Wirkung. Die potentielle Korrespondenz ist dagegen nur theoretisch feststellbar. Eine ausreichende Übereinstimmung zwischen Grenzkontrollgebühren und Inlandskontrollgebühren ist danach schon dann gegeben, wenn gleiche Kriterien für die Abgabenerhebung bestehen, die praktische Anwendung aber von der objektiven Kontrollbedürftigkeit, die sich gerade im Bereich der Sanitärverhältnisse rasch ändern kann, abhängig gemacht wird.

Im Beispielsfall der deutschen Pflanzenbeschaugebühren (RS 39/73) würde nach dieser Auffassung die rechtliche Möglichkeit, gebührenpflichtige Unter-

---

[221] Es ist zu beachten, daß unabhängig von der Frage einer bestehenden Korrespondenz stets geprüft werden muß, ob die Gebühr als Gegenleistung für einen warenbezogenen, die Kostenbelastung ausgleichenden Vorteil anzusehen ist.

[222] RS 39/73, Bd. 1973, S. 1044 (Entscheidungsgründe 5).

[223] RS 29/72, Bd. XVIII, S. 1319 (Entscheidungsgründe 8).

suchungen einheimischer Pflanzen und Pflanzenerzeugnisse vorzunehmen — die sich auf § 3 Pflanzenschutzgesetz[224] ergibt — ausreichen, um eine Gebührenpflicht auch für eingeführte Waren, die anläßlich ihres Grenzübertrittes untersucht werden, zu rechtfertigen.

Eine im Inland wegen günstiger sanitärer Verhältnisse überflüssige Kontrolle müßte dann nicht aus dem einzigen Grund beibehalten werden, eine auf kontrollbedürftige Importware erhobene Kontrollgebühr durch die Erfüllung der strengen Korrespondenzkriterien zu legalisieren.

Wenn man sich mit der potentiellen Korrespondenz begnügt, bekommen die Mitgliedstaaten einen größeren Spielraum, der ihnen die Umwandlung eventuell gemeinschaftsrechtswidriger Grenzkontrollabgaben in zulässige, als Teil eines inländischen Abgabensystems erhobene Abgaben erleichtert.

Das *Bundesverwaltungsgericht* hat diese Auslegungsmöglichkeit allerdings verworfen[225].

Danach wollte der EuGH nicht zum Ausdruck bringen, daß ein Ausgleich für nur möglicherweise zu erhebende Gebühren nach Art. 9 und 12 EWGV zulässig sein könne.

Das BVerwG meint, von einem mittels der Einfuhrkontrollgebühren vorgenommenen Ausgleich inländischer Abgaben könne nur die Rede sein, wenn die Abgabe auf inländische Waren auch wirklich erhoben werde. Als Begründung wird die Gefahr angegeben, eingeführte Waren könnten gegenüber einheimischen Waren benachteiligt werden, wenn Grenzabgaben allein durch den Erlaß nicht ausgenutzter Ermächtigungen der Mitgliedstaaten den Rechtscharakter einer Abgabe zollgleicher Wirkung verlören. Die rechtliche Möglichkeit, an einheimischen Waren gebührenpflichtige Untersuchungen vorzunehmen, reicht demnach nicht aus, um die gebührenpflichtige Prüfung bei der Einfuhr zu rechtfertigen.

Es spricht einiges für die Auffassung des BVerwG, daß die Formulierung „möglicherweise“ im EuGH-Urteil RS 39/73[226] lediglich dahingestellt lassen wollte, ob inländische Erzeugnisse tatsächlich irgendwelchen Belastungen unterworfen sind, weil solche jedenfalls[227] mit den erhobenen Einfuhrabgaben nicht vergleichbar sind. Dennoch bleibt zu hoffen, daß der EuGH noch einmal Gelegenheit zur Stellungnahme bekommt, da es von erheblicher praktischer Bedeutung ist, ob den Mitgliedstaaten der Weg über die potentielle Korrespondenz offenstehen soll oder nicht.

Der BVerwG hat entschieden, daß § 1 Abs. I Nr. 2 des deutschen Pflanzenschutzkostengesetzes[228], der die Gebührenpflicht für Untersuchungen nach § 3 des deutschen Pflanzenschutzgesetzes vorsieht, gegen das Verbot zollgleicher Abgaben nach Art. 9 und 13 EWGV verstößt, solange nicht für inländische Erzeugnisse eine vergleichbare Abgabe *tatsächlich* erbracht werden muß. Einen *Ausweg* stellt die *Angleichung* der betreffenden einzelstaatlichen Gesetze dar; eine einheitliche Untersuchung schon im Herkunftsland würde Grenzkontrollen überflüssig machen.

---

224 BGBl. 1968 I, S. 352.

225 BVerwG, Urteil v. 8. 3. 1974, NJW 1974, S. 2196.

226 Bd. 1973, S. 1044, ebenso S. 1039 (Leitsatz 1).

227 Im konkret zugrundeliegenden Fall aus ganz anderen Gründen.

228 Vom 26. 8. 1969 (BGBl. 1969 I, S. 1406).

β) *Parafiskalische Abgabe — im Rahmen eines inländischen Beihilfesystems erhobener Beitrag — als inländische Abgabe nach Art. 95 EWGV*

Da Art. 95 EWGV nicht nur für steuerliche Belastungen gilt, sind auch parafiskalische Abgaben seinen Regelungen unterworfen. Folglich gilt auch für solche — meist als Beiträge bezeichnete — Abgaben das Alternativitätsprinzip. Wenn also der gleiche Beitrag nach gleichen Kriterien gleichmäßig auf einheimische wie auf eingeführte Waren erhoben wird, fällt er in den Anwendungsbereich des Art. 95 EWGV. Eine Qualifizierung als Abgabe zollgleicher Wirkung im Sinne der Art. 9, 12 ff. EWGV ist dann nicht mehr möglich.

Die besonderen Probleme, welche sich aus der Verwendung des Beitragsaufkommens zur Gewährung von Beihilfen an die inländische Erzeugung ergeben, werden ausführlich in Kapitel 2, B, III erörtert. An dieser Stelle ist deshalb lediglich anzudeuten, daß in besonders gelagerten Einzelfällen Art. 95 EWGV durch den Wegfall der Belastung für die Inlandserzeugung unanwendbar werden kann und infolgedessen die Belastung grenzüberschreitender Waren wieder nach Art. 9, 12 ff. EWGV zu beurteilen ist.

bb) Belastung zum Zweck der Gleichstellung: Ausgleichsabgabe

Gleichbehandlung mit nur mittelbarem Charakter findet statt, wenn die Belastung eingeführter Waren Ausgleichsfunktion hat. Bei einer Ausgleichsabgabe wird die Gleichbehandlung erst mit dem Ausgleich bewirkt; es wird eine *Gleichstellung* vorgenommen.

Hier kommt es entscheidend darauf an, zulässige Ausgleichszwecke von vertragswidrigen, im Widerspruch zu den Zielen und Zwecken des EWGV stehenden Ausgleichszwecken zu unterscheiden.

α) *Belastungsausgleich*

αα) Steuerlicher Grenzausgleich

Da der EWGV für indirekte Abgaben dem Bestimmungslandprinzip folgt, muß bis zu einer Harmonisierung dieser Abgaben das System des steuerlichen Grenzausgleichs in Kauf genommen werden. Solange die Steuerbelastung der Waren in den einzelnen Mitgliedstaaten nicht gleich groß ist, hat die Grenzüberschreitung im Rahmen des Steuerrechts Bedeutung. Der steuerliche Grenzausgleich funktioniert folgendermaßen[229]:

---

[229] Nach der präzisen Beschreibung *Debatins*, in: Groeben / Boeckh / Thiesing, Bd. I, Vorbemerkung IV, 3 vor Art. 95, S. 1242.

Bei der Ausfuhr werden Waren, da sie nicht im Inland zum Verbrauch kamen, von der im Inland erhobenen Umsatz- oder Verbrauchsteuer entlastet, um sie insoweit der steuerlichen Preisinzidenz im importierenden Verbrauchsland zu unterstellen. Dementsprechend erhebt dieser Staat bei der Einfuhr eine Abgabe, die darauf gerichtet ist, diese Waren der gleichen Steuerbelastung zu unterwerfen, wie sie vergleichbare Inlandsware trifft.

ββ) Qualifizierung dieser steuerlichen Einfuhrabgaben (Umsatzausgleichsteuer)

Es ist zwar unbestreitbar, daß die Umsatzausgleichsteuer (jetzt Einfuhrumsatzsteuer) als solche nur das eingeführte, nicht aber das einheimische Erzeugnis trifft; die einheimischen Waren sind mit der Umsatzsteuer, nicht jedoch mit der Umsatzausgleichsteuer belastet. Hinsichtlich des Preises des eingeführten Produktes hat die grenzkausal erhobene Umsatzausgleichsteuer die gleiche Wirkung wie ein Zoll[230].

Trotz der Verknüpfung ihrer Erhebung mit dem Grenzübertritt stellt eine solche steuerliche Einfuhrabgabe aber eine „inländische Abgabe" dar, da für sie der Charakter der auszugleichenden Steuer maßgeblich ist[231].

Die Verhinderung steuerlicher Warendiskriminierung im EWG-Binnenhandel ist ein Vertragsziel, welches konkret gebietet, die eingeführten Erzeugnisse ebenso wie die einheimischen Waren mit inneren Abgaben, z. B. mit Steuern, zu belasten. Würde man dies nicht annehmen, könnten eingeführte Waren billiger als inländische angeboten werden, weil sie nicht mit der Umsatzsteuer belastet sind. Dieser Wettbewerbsvorteil wird durch die Umsatzausgleichsteuer (Einfuhrumsatzsteuer) verhindert[232].

Die Umsatzausgleichsteuer soll die Belastung der eingeführten Waren an die Belastung der inländischen Waren anpassen. Durch diese Zweckbestimmung — „Herstellung einer vergleichbaren abgabenmäßigen Belastung" — nimmt die Abgabe den Inlandscharakter der Abgabe an, deren Wirkung sie ausgleichen soll[233]. Es wird besonders deutlich, daß die Umsatzausgleichsteuer eine inländische Abgabe im Sinne des Art. 95 EWGV ist, wenn man sie als die „an die Einfuhr geknüpfte" Umsatzsteuer auf eingeführte Waren versteht.

---

230 *Meier,* AWD 1967, S. 142.

231 Vgl. *Debatin,* in: Groeben / Boeckh / Thiesing, Bd. I, Anm. II zu Art. 95, S. 1259.

232 Dazu *Schwarz,* ZfZ 1966, S. 225.

233 RS 57/65, Bd. XII, S. 267; vgl. auch die Anmerkung von *Waelbroeck* zu diesem Urteil in CahDrEur 1967, S. 180. Außerdem *Everling,* NJW 1967, S. 465 ff.

In den sog. Aprilurteilen 1968 hat der *Gerichtshof* zur gemeinschaftsrechtlichen Beurteilung der Umsatzausgleichsteuer Stellung genommen und damit eine jahrelange Diskussion beendet[234].

Im Urteil in der RS 25/67[235] heißt es:

„Eine im Rahmen der Umsatzsteuergesetzgebung erhobene Abgabe, die alle im Hoheitsgebiet eines Staates auf den Markt gelangenden inländischen und eingeführten Waren in eine steuerlich vergleichbare Lage bringen soll, ist eine „inländische Abgabe“ im Sinne von Art. 95 EWGV.

Wegen des Alternativitätsprinzips verdient auch die Formulierung in der RS 31/67[236] Beachtung:

„Abgaben, die im Rahmen einer Umsatzsteuergesetzgebung erhoben werden, welche unterschiedslos alle Arten inländischer und eingeführter Waren umfaßt, sind keine spezifischen Abgaben auf eingeführte Waren. Dies gilt auch dann, wenn diese Abgaben bei der Einfuhr erhoben werden[237].“

Als *Ergebnis* kann festgehalten werden, daß derartige Ausgleichsabgaben nicht im Anwendungsbereich des Verbotes zollgleicher Abgaben (Art. 9, 12 ff. EWGV) liegen. Oder, allgemeiner formuliert:

„Abgaben, die Teil eines inländischen Abgabensystems sind, das unterschiedslos alle Arten inländischer und eingeführter Waren umfaßt, sind innere Abgaben im Sinne des Art. 95 EWGV, also keine Abgaben mit zollgeicher Wirkung[238].“

Eine willkürliche Ausweitung der nicht unter Art. 9, 12 ff. EWGV fallenden Ausgleichsabgaben wird verhindert, indem der Nachweis erbracht werden muß, daß die Einfuhrbelastung durch die Ausgleichsabgabe in sachlichem Zusammenhang[239] mit einer inländischen Belastung steht. Mit anderen Worten: Die Einfuhrabgabe muß *im Rahmen eines inländischen Abgabensystems* erhoben werden.

β) *Preisausgleich*

αα) Gegengewicht

In den RS 2 und 3/62 verteidigten die beklagten Länder Belgien und Luxemburg ihre lediglich auf Einfuhrwaren erhobene Lebkuchen-Son-

[234] Die hier nicht mehr im einzelnen ausgebreitet werden soll. Vgl. aber als Auswahl aus den zahlreichen Veröffentlichungen (m. w. N.): *Meier*, AWD 1967, S. 140; 1967, S. 210; 1968, S. 167; 1969, S. 300; *Wägenbaur*, EuR 1969, S. 20; *Ulmer*, AWD 1966, S. 277; außerdem BVerfG, Urteil v. 9. 6. 1971, BVerfGE 31, S. 145 ff.

[235] Bd. XIV, S. 312 (Leitsatz 4).

[236] Bd. XIV, S. 352 (Leitsatz 1).

[237] Vgl. auch RS 27/67, Bd. XIV, S. 345. Ebenso *Bail*, ZfZ 1967, S. 9.

[238] Vgl. EuGH in RS 7/67, Bd. XIV, S. 278; RS 24/68, Bd. XV, S. 193; RS 2 u. 3/69, Bd. XV, S. 211.

[239] *Ulmer* nennt in AWD 1966, S. 280 dieses Kriterium.

derabgabe mit dem Argument, Art. 95 Abs. I EWGV lasse die Einführung einer solchen Abgabe dann zu, wenn sie das *Gegengewicht* zu inländischen Belastungen bilde, die aus Gründen einer unabhängigen Marktpolitik auf der einheimischen Erzeugung lägen[240]. In dem Urteil, welches hierzu ergangen ist, stellt der EuGH aber eindeutig fest, daß die Anwendung des Art. 95 EWGV sich nicht auf alle Arten von Belastungen ausdehnen läßt[241].

ββ) Nur Ausgleich von Abgabenbelastungen

Der EuGH führte aus, der Anwendungsbereich des Art. 95 EWGV lasse sich nicht derart erweitern, daß jeder beliebige Ausgleich zwischen einer für eingeführte Waren geschaffenen steuerlichen Belastung und einer andersartigen, zum Beispiel wirtschaftlichen Belastung ähnlicher einheimischer Waren möglich würde[242].

Wäre ein solcher Ausgleich zulässig, so könnte jeder Staat aufgrund seiner internen Souveränität auf diese Weise die mannigfaltigsten, auf irgendwelchen Waren liegenden Lasten ausgleichen, was zu einem nicht wiedergutzumachenden Einbruch in die Grundsätze des Vertrages führen würde. GA *Roemer* wies in den RS 2 und 3/62[243] zu Recht darauf hin, daß es leicht möglich wäre, die Wirkung der Zollschrankenaufhebung weitgehend rückgängig zu machen, wenn man gestatten würde, über Art. 95 EWGV allgemein einen Ausgleich für innerstaatliche Lasten jeder Art (Soziallasten, Lohnkosten, Energiekosten, Kreditkosten, Preise für Investitionsgüter u. a.) einzuführen.

Die Einfuhrsonderabgabe auf Lebkuchen konnte weder ihrer Form noch ihrem Zweck nach als abgabenrechtliche Vorschrift unter Art. 95 EWGV gebracht werden. Es wurde nämlich nicht bezweckt, die Abgaben, welche auf einheimischen und eingeführten Waren ungleich lasteten, untereinander auszugleichen, sondern es sollten die Preise dieser Waren selbst ausgeglichen werden („Preisausgleich statt Abgabenausgleich“).

Dieser Zweck wäre dem Vertragsgrundsatz, wonach die Tätigkeit der Gemeinschaft die Errichtung eines Systems umfaßt, das den Wettbewerb innerhalb des Gemeinsamen Marktes vor Verfälschungen schützt (Art. 3 Ziffer f des EWGV), genau entgegengesetzt.

γγ) Beispiel: Französische Weinausgleichsabgabe

Seit dem 20. 9. 1975 erhebt Frankreich eine Ausgleichsabgabe auf die Einfuhr italienischen Weines. Die Abgabe entspricht einer Einfuhrbelastung

---

[240] Bd. VIII, S. 867 ff.

[241] Bd. VIII, S. 883.

[242] RS 2 u. 3/62, Bd. VIII, S. 884, auch S. 872 (Leitsatz 5).

[243] GA *Roemer*, Bd. VIII, S. 905.

von 18 - 20 % des Warenwertes. Der Grund für die Einführung dieser Abgabe war die Tatsache, daß infolge der Abwertung der Lira gegenüber dem französischen Franc der in riesigen Überschüssen produzierte italienische Tafelwein in Frankreich im Vergleich zum Vorjahr um 34 % billiger angeboten wurde. Es kam zu gewalttätigen Protesten der französischen Winzer[244].

Die Weinausgleichsabgabe erfüllt die Merkmale einer Abgabe zollgleicher Wirkung. Französische Weine werden nicht mit dieser spezifischen Abgabe belastet. Da sie keine inländische Abgabenbelastung ausgleichen soll, sondern einen Preisausgleich bezweckt, ist sie nach Art. 12 EWGV zu beurteilen[245].

Weil keine rechtfertigenden Normen anwendbar sind[246], ist festzustellen, daß die Abgabe vertragswidrig ist. Darum hat auch die Kommission ihre Beseitigung gefordert und mit Klage beim EuGH gedroht. Italien kündigte Gegenmaßnahmen an (sog. „Weinkrieg").

Es ist allerdings nicht zu leugnen, daß die divergierende Entwicklung der Währungsparitäten im Bereich des gemeinsamen Agrarmarktes — dessen Rechnungseinheit schwankende Wechselkurse unberücksichtigt läßt — zu großen Spannungen geführt hat, die nur durch kooperatives, gemeinschaftliches Handeln — eventuell auf der Grundlage des Art. 107 Abs. II EWGV — abgebaut werden können[247].

Ein Versuch in dieser Richtung ist der *Währungsgrenzausgleich*[248]. Durch ihn wird — gerade in Übereinstimmung mit den Vertragszielen — der Gemeinsame Markt vor Wettbewerbsverfälschungen bewahrt, obwohl einzuräumen ist, daß schwankende Wechselkurse die Gemeinschaft vom Ideal des Gemeinsamen Marktes entfernen[249]. Die Voraussetzungen für die Erhebung einer Währungsausgleichsabgabe nach der Verordnung Nr. 974/71[250] lagen im Beispielsfall allerdings nicht vor.

c) Fehlen gleichartiger oder vergleichbarer Erzeugnisse im Inland

Da in diesem Fall eine Entsprechung in der Belastung (Korrespondenz) schon begrifflich unmöglich ist, muß die Frage aufgeworfen werden, wann eine Abgabe auf eine eingeführte, im Inland nicht hergestellte Ware, die mit inländischen Erzeugnissen auch nicht in Wettbewerb steht, eine Abgabe mit zollgleicher Wirkung im Sinne der Art. 9, 12 ff. EWGV sein kann.

---

244 Vgl. *Meier*, AWD 1975, S. 564.

245 Entsprechend dem in den RS 2 u. 3/62 entschiedenen Präzedenzfall (Lebkuchenabgabe).

246 Die Berufung auf Art. 31 der Weinmarktordnung (vgl. ABl. 1970, Nr. L 99) und Art. 224 EWGV war nicht gerechtfertigt; dazu *Meier*, AWD 1975, S. 564.

247 Siehe zu der Möglichkeit, durch Schutzklauseln legitimiert Abgaben zollgleicher Wirkung erheben zu können, Kapitel 3, C, II.

248 Hierzu bereits Kapitel 2, A, V, 3.

249 Vgl. *Deringer / Sedemund*, NJW 1969, S. 2079.

250 ABl. 1971, Nr. L 106.

aa) Art. 95 EWGV nicht anwendbar

Die Diskriminierung eingeführter Waren im Sinne des Art. 95 Abs. I EWGV setzt voraus, daß es gleichartige inländische Waren gibt. Andernfalls fehlt es an einem Bezugsobjekt, an dem die Diskriminierung der Importware gemessen werden kann.

Die Protektion inländischer Erzeugnisse im Sinne des Art. 95 Abs. II EWGV setzt voraus, daß durch die Erhebung inländischer Abgaben auf Waren aus anderen Mitgliedstaaten andere inländische Produktionen mittelbar geschützt werden können. Dabei handelt es sich um *die* Fälle, in denen der ausländischen Ware auf dem inländischen Markt zwar keine gleichartige inländische Ware gegenübersteht, aber doch eine Warenproduktion besteht, die die Möglichkeit der Warensubstitution eröffnet. Wann in diesem Sinne ein *Substitutionswettbewerb* zu bejahen ist, hängt davon ab, ob nach einem objektiven Eignungstest, der die technischen Substitutionsmöglichkeiten und die Verbrauchspraxis berücksichtigt[251], festgestellt werden kann, daß zwischen den Waren ein in der Substituierbarkeit begründeter Wettbewerb besteht oder bestehen würde.

Der EuGH stellt auf die wirtschaftliche Austauschfähigkeit ab. Auch ein weites Substitutionsverhältnis, d. h. entfernter Wettbewerb, kann ausreichen, um eine Schutzwirkung im Sinne des Art. 95 Abs. II EWGV anzunehmen. Bei dem ausgedehnten Anwendungsbereich des Art. 95 Abs. II EWGV sind die noch verbleibenden Fälle überschaubar, gleichwohl aber von nicht unerheblichem rechtssystematischen Interesse[252].

Wenn Substituierbarkeit feststellbar ist, handelt es sich um den Anwendungsbereich des Art. 95 Abs. II EWGV; nach der Vertragssystematik scheidet dann die Möglichkeit, daß eine Abgabe zollgleicher Wirkung gegeben ist, aus. Wenn dagegen im Inland weder gleichartige Waren nach Substitutionsgüter hergestellt werden, ist eine Konstellation, auf die Art. 95 EWGV zutreffen könnte, überhaupt nicht gegeben[253]. Bei einer auf eingeführte Waren erhobenen inländischen Abgabe ist in diesem Fall der „Nichtkonkurrenz“ weder Abs. I noch Abs. II des Art. 95 EWGV betroffen[254].

In diesem Sinne ist auch der EuGH in den RS 2 und 3/62 zu verstehen, wo er für die Anwendbarkeit des Art. 95 EWGV das Vorhandensein gleichartiger oder substituierbarer Erzeugnisse fordert[255]. Fehlt es

---

[251] So *Debatin*, in: Groeben / Boeckh / Thiesing, Bd. I, Anm. III zu Art. 95, S. 1262.

[252] Dies betont auch *Wägenbaur*, EuR 1969, S. 33.

[253] So auch GA *Gand* in der RS 27/67, Bd. XIV, S. 257.

[254] Vgl. *Debatin*, in: Groeben / Boeckh / Thiesing, Bd. I, Anm. II, 2 zu Art. 95, S. 1260.

[255] Dies ergibt sich indirekt aus den Äußerungen in Bd. VIII, S. 884.

daran, so hat die Einfuhrbesteuerung keine handelspolitische Schutzfunktion, womit die Gefahr konkreter Wettbewerbsverfälschung entfällt[256].

Art. 95 EWGV setzt für diesen Fall keine Schranken. Da er nur die Wettbewerbsgleichheit gewährleisten soll, kann aus ihm kein Verbot abgeleitet werden. Dies betont auch der *Gerichtshof*[257]:

„Art. 95 EWGV untersagt den Mitgliedstaaten nicht, aus anderen Mitgliedstaaten eingeführte Waren mit inländischen Abgaben zu belasten, wenn keine gleichartigen inländischen Waren oder anderen schutzfähigen Produktionen vorhanden sind[258]."

bb) Kein Belastungsverbot

Aus Art. 95 EWGV läßt sich also kein das Besteuerungsrecht der Mitgliedstaaten beschränkender Rechtssatz ableiten[259]. Es ist deshalb von der grundsätzlichen Zulässigkeit der Erhebung allgemeiner inländischer Abgaben auf Waren ohne Inlandskonkurrenz auszugehen.

Diese Auffassung kann im Hinblick auf die Regelung, wie sie der EWGV selbst in Art. 17 Abs. III vorsieht, als unbestreitbar angesehen werden. Nach Art. 17 Abs. III EWGV sind die Mitgliedstaaten weiterhin berechtigt, ihre Finanzzölle (welche sie gem. Art. 17 Abs. II EWGV vor Ende des ersten Jahres nach Inkrafttreten des Vertrages mitgeteilt haben) durch eine inländische Abgabe zu ersetzen, die den Bestimmungen des Art. 95 EWGV entspricht. Formell muß also Inlandsgleichbehandlung gewährleistet sein. Da Finanzzölle im wesentlichen auf Waren erhoben werden, die im Inland nicht erzeugt werden, liegt darin die Anerkennung, daß Art. 95 EWGV der Erhebung inländischer Abgaben bei Fehlen einer inländischen Produktion nicht entgegensteht und daß eine derartige Abgabe auch keine zollgleiche Wirkung hat[260]. Eine andere Auslegung würde Art. 17 Abs. III EWGV eines großen Teils seines Inhalts berauben.

Im übrigen schließen auch die Richtlinien des Rates vom 11. 4. 1967[261] die Erhebung von Mehrwertsteuer bei der Einfuhr derartiger Waren nicht aus[262]. Es ist gerechtfertigt, daß eingeführte Erzeugnisse aus ande-

---

256 Vgl. *Debatin*, in: Groeben / Boeckh / Thiesing, Bd. I, Anm. II, 2 zu Art. 95, S. 1260.

257 In der RS 27/67, Bd. XIV, S. 334 (Leitsatz 1).

258 Ebenso GA *Gand*, Bd. XIV, S. 248.

259 So äußerte sich auch die deutsche Bundesregierung und die Kommission; eine *analoge* Ausdehnung der Einschränkung einzelstaatlicher Befugnisse wurde abgelehnt. Mit den Art. 95 ff. EWGV ist die Herstellung vollkommener Binnenmarktverhältnisse nicht möglich! (Kommission in der RS 31/67, Bd. XIV, S. 358.)

260 *Wägenbaur*, EuR 1969, S. 32; vgl. RS 31/67, Bd. XIV, S. 357.

261 ABl. 1967, S. 1303.

262 Vgl. GA *Gand* in der RS 28/67, Bd. XIV, S. 249.

ren Mitgliedstaaten, auch wenn sie nicht mit gleichartigen oder substituierbaren inländischen Erzeugnissen im Wettbewerb stehen, mit inländischen Abgaben belastet werden, die im Rahmen der Umsatzsteuergesetzgebung (Mehrwertsteuer, Einfuhrumsatzsteuer) erhoben werden. Dabei handelt es sich um eine allgemeine Abgabe, die inländische und eingeführte Waren aller Art, also sämtlicher Warenkategorien, unterschiedslos belastet[263]. Wenn eine solche Abgabe bei der Einfuhr erhoben wird, ist sie dazu bestimmt, alle Gruppen von Erzeugnissen, gleich welcher Herkunft, in eine vergleichbare steuerliche Lage zu bringen (Ausgleichsfunktion)[264]. Es besteht kein Grund, einzelnen eingeführten Waren deshalb eine Vorzugsbehandlung angedeihen zu lassen, weil sie zufällig nicht auf schutzfähige heimische Erzeugnisse treffen[265].

cc) Grenzen zulässiger Belastung

Der *Gerichtshof* hat aber, da die Begrenzung des Art. 95 EWGV hierbei nicht gilt, selbst Schranken für das Besteuerungsrecht angedeutet, ohne dafür aber eine Rechtsgrundlage nach dem EWGV zu benennen[266].

Im Urteil in der RS 31/67[267] heißt es:

„Indessen steht es den Staaten auch nicht frei, jene Waren so hoch zu belasten, daß der freie Warenverkehr innerhalb des Gemeinsamen Marktes insoweit in Frage gestellt wird.“

In dieser Formulierung kann der Versuch des Gerichtshofes erblickt werden, die Erfordernisse der Zollunion mit dem Prinzip der staatlichen Abgabenhoheit in Einklang zu bringen. Wo die Zollunion betroffen ist, wird das Verbot zollgleicher Abgaben virulent. Hier geschieht das mit folgender Konsequenz:

Wenn eine Ware nicht mit inländischen Waren im Wettbewerb steht und deshalb Art. 95 EWGV der Abgabenerhebung keine Schranke setzt, kann die finanzielle Belastung, welche die Ware aufgrund ihres Grenzübertrittes zu tragen hat, eine Abgabe mit zollgleicher Wirkung im Sinne der Art. 9, 12 ff. EWGV darstellen. Die auf die Verwirklichung freien Warenverkehrs ausgerichteten Regeln der Art. 9 ff. EWGV gelten für Abgaben, auf die Art. 95 nicht anwendbar ist[268]. Sie führen zur

---

263 In der RS 31/67, Bd. XIV, S. 352 (Leitsatz 1).

264 Vgl. RS 20/67, Bd. XIV, S. 300 (Leitsatz 2).

265 Vgl. RS 31/67, Bd. XIV, S. 360; zusammenfassend GA *Gand* in den RS 2 u. 3/69, Bd. XV, S. 231.

266 In der Literatur wurde z. T. vertreten, die Umsatzausgleichsteuer auf Waren, denen im Inland weder gleichartige noch konkurrierende Waren gegenüberstehen, allgemein und unabhängig von ihrer Höhe als *zollgleiche Abgabe* anzusehen; vgl. die Nachweise bei *Wägenbaur*, EuR 1969, S. 32.

267 Bd. XIV, S. 352 (Leitsatz 2).

268 Interessanterweise sind nach Art. II und III des GATT inländische Steuern dann wie Zölle zu behandeln, wenn die belastete Einfuhrware auf keine konkurrierenden inländischen Erzeugnisse stößt.

Unzulässigkeit der den freien Binnenhandel beeinträchtigenden Abgaben[269].

Der EuGH war jedoch der Meinung, daß „eine solche Beeinträchtigung des freien Warenverkehrs nicht anzunehmen ist, wenn sich der Abgabensatz im allgemeinen Rahmen des nationalen Abgabensystems hält, dessen Bestandteil die streitige Abgabe ist“[270].

Hier wird also die Erweiterung der Anwendungsmöglichkeiten zugelassen, wobei allerdings immanente Schranken des Rechts auf Abgabenerhebung beachtet werden müssen. In Anwendung allgemeiner Rechtsgrundsätze soll mit der gewählten Formulierung insbesondere das Verbot des Rechtsmißbrauchs verdeutlicht werden.

Der Begriff „Abgaben zollgleicher Wirkung“ umfaßt laut EuGH[271] nicht solche Abgaben, die, falls den eingeführten Waren vergleichbare einheimische Erzeugnisse fehlen, in den vom Vertrag gesetzten Grenzen in den Rahmen einer Abgabe fallen, die innerhalb des Staates eingeführte und gleichartige einheimischer Erzeugnisse in der gleichen Weise trifft.

Bei einer Erfassung aller im Inland befindlichen Waren ohne Rücksicht auf die Herkunft und nach gleichen Kriterien erfolgt die Belastung der eingeführten Waren im Prinzip aus den gleichen Gründen, die zur Einführung der fraglichen Belastung auch für inländische Waren innerhalb des jeweiligen Mitgliedstaates geführt haben. Von einer spezifischen Belastung der Einfuhr kann man dabei nicht sprechen. Damit scheidet der Anwendungsbereich der Art. 9, 12 ff. EWGV aus und die Anwendungsmöglichkeiten für das Verbot zollgleicher Abgaben schränken sich ein.

dd) Spezielle inländische Abgaben

Eine Ausdehnung dieser Grundsätze, die für ein *allgemeines* inländisches Abgabensystem wie die Umsatzsteuergesetzgebung gelten, könnte zweifelhaft sein, soweit *spezielle* inländische Abgaben in Frage stehen.

Spezielle Abgaben treten zu der Belastung mit allgemeinen indirekten Abgaben (wie der Mehrwertsteuer) hinzu. Sie betreffen in spezifischer Weise — beispielsweise als Verbrauchsteuern, Sondersteuern oder Sonderabgaben — bestimmte Warengruppen. Art. 95 EWGV, der für in-

---

[269] Derselben Auffassung *Wägenbaur*, EuR 1969, S. 33, unter Hinweis auf die übereinstimmende Ansicht der Kommission.

[270] RS 31/67, Bd. XIV, S. 352 (Leitsatz 2).

[271] RS 24/68, Bd. XV, S. 201 (Entscheidungsgründe 11), ähnlich in den RS 2 u. 3/69, Bd. XV, S. 222 (Entscheidungsgründe 20).

direkte Abgaben „gleich welcher Art“ gilt, verbietet den Mitgliedstaaten nicht, spezielle inländische Abgaben zu erheben[272].

α) *Beschränkung*

Es ist aber zu fragen, ob man den Mitgliedstaaten verwehren kann, für Waren, denen keine heimische Erzeugung entspricht[273], spezielle inländische Abgaben einzuführen.

Die Äußerungen des EuGH betreffen den allgemeinen Rahmen des Abgabensystems und ergeben zu diesem Problem keine zwingende Antwort[274]. Freilich ist durch seine Urteile in den RS 27/67 und 31/67 ein Mittelweg vorgezeichnet, der extreme Auslegungen (einerseits völlig freie Hand der Mitgliedstaaten, konkurrenzlose Einfuhrwaren mit speziellen inländischen Abgaben nach Belieben zu belasten — andererseits absolutes Verbot) vermeidet. Eine Verbrauchsteuer auf konkurrenzlose Einfuhrerzeugnisse ist nicht in unbeschränktem Maße zulässig[275]. Die Freiheit der Mitgliedstaaten, in beliebiger Höhe Abgabensätze festzulegen, ist begrenzt[276].

β) *Kriterium*

Aus den erarbeiteten Grundsätzen folgt, daß der EWGV den Mitgliedstaaten die Belastung einer eingeführten, im Lande selbst nicht hergestellten Ware gestattet, wenn dabei das *allgemeine Niveau der indirekten Besteuerung* in diesem Lande nicht überschritten wird. Ist diese Bedingung nicht erfüllt, so ist der Abgabe einfuhrzollgleiche Wirkung — zumindest im überschießenden Teil — zu bestätigen.

Man muß also feststellen, wie hoch die Belastung der eingeführten Ware im Vergleich zum Belastungsniveau durch indirekte Inlandsabgaben ist. Wenn dieses Niveau überschritten wird, steht unwiderleglich fest, daß der mit der speziellen indirekten Abgabe angestrebte Zweck nicht die Einordnung in das nationale Abgabensystem und die Gleichstellung mit inländischen Waren ist, sondern die Kostensteigerung anläßlich des Grenzübertrittes aus Gründen der Einnahmebeschaffung oder der Mengensteuerung.

---

272 Vgl. Kommission in den RS 2 u. 3/69, Bd. XV, S. 219.

273 Von Interesse sind Verbrauchsteuern auf nicht substituierbare tropische Produkte (z. B. Kaffee, Tee, Bananen, tropische Gewürze, Naturkautschuk), auch auf Mineralöl.

274 RS 31/67, Bd. XIV, S. 360. Vgl. Kommission in den RS 2 u. 3/69, Bd. XV, S. 219; auch GA *Gand* in den RS 2 u. 3/69, Bd. XV, S. 231.

275 Anders die Bundesregierung in der RS 28/67; vgl. Bd. XIV, S. 249.

276 Dies hat für die Bundesrepublik Deutschland geringere Relevanz als z. B. für Italien oder Frankreich, wo indirekte Abgaben traditionell eine größere Rolle spielen.

Eine solche überhöhte spezifische Belastung der eingeführten Waren hat die gleiche Wirkung wie ein Zoll, der zur normalen indirekten Belastung hinzutritt. Die zuvor gemeinschaftsrechtlich nicht zu erfassende Abgabe hat die Rechtsnatur einer zollgleichen Abgabe bekommen[277]. Deshalb greift bei Vorliegen der Voraussetzungen das Verbot nach Art. 9, 12 ff. EWGV ein, was die Unzulässigkeit der gesamten Abgabe zur Folge hat. Die Mitgliedstaaten müssen ihre Regelungen den gemeinschaftsrechtlichen Erfordernissen *anpassen* und die Abgaben auf das zulässige Niveau senken.

Die Formel „Überschreiten des allgemeinen Niveaus indirekter Besteuerung" ist allerdings recht unbestimmt und muß im Wege der Auslegung konkretisiert werden. Auch Beschreibungen wie „Belastung in exorbitanter Weise"[278] oder „Belastung, die prohibitiv den Handel mit dem belasteten Erzeugnis zum Erliegen bringt"[279], lassen schwerlich genauere Urteile zu.

αα) Man könnte versuchen, den *Rahmen aller indirekten Abgaben* innerhalb eines Mitgliedstaates abzustecken[280]. GA *Gand* spricht in den RS 2 und 3/69[281] von der *Summe* der inländischen Abgaben, mit denen diese und andere Waren belastet sind. Dabei würden jedoch die Verschiedenartigkeit der Abgaben, ihre unterschiedliche Höhe, sowie die unterschiedliche Belastung verschiedener Warengruppen unberücksichtigt bleiben und ein zu undifferenziertes Ergebnis wäre die Folge. Im übrigen wäre ein solches unter großen praktischen Schwierigkeiten zu errechnende Durchschnittsniveau verhältnismäßig niedrig und würde den speziellen Gegebenheiten bei konkurrenzlosen Einfuhrerzeugnissen nicht gerecht werden. Die Besonderheit des Art. 17 Abs. III EWGV, seine Fiskalfunktion, darf nicht unberücksichtigt bleiben. Für Erzeugnisse, die unter Art. 17 EWGV fallen, war der Abgabensatz immer hoch.

ββ) Eine andere Auslegungsmöglichkeit besteht in der Feststellung eines *nationalen Systems spezieller Abgaben* als Zulässigkeitsrahmen. Dabei könnte beispielsweise bei einer Verbrauchsteuer auf eingeführte, konkurrenzlose Waren das System aller inländischen Verbrauchsteuern den Rahmen bilden. Aber auch hier bestehen große Unterschiede im Belastungsgrad. Es wäre unklar, ob sich die Einfuhrbelastung am Durchschnittswert aller Verbrauchsteuern oder am Höchstwert zu orientieren hätte. Letzteres böte Manipulationsmöglichkeiten; man könnte irgendein inländisches Erzeugnis sehr hoch belasten und dann diesen

---

277 Hier ist die Höhe der Belastung ausnahmsweise ein konstitutives Merkmal der „Abgabe zollgleicher Wirkung". Vgl. Kapitel 2, A, VII, 3.

278 Kommission in der RS 31/67, vgl. Bd. XIV, S. 359.

279 Bundesregierung in der RS 31/67, Bd. XIV, S. 357.

280 Vgl. Kommission in den RS 2 u. 3/69, Bd. XV, S. 219.

281 Bd. XV, S. 231.

exorbitanten Satz als Maßstab für die Belastung eines anderen konkurrenzlosen Einfuhrerzeugnisses heranziehen.

γγ) Da weder ungerechtfertigte Bevorzugung, noch ungerechtfertigte Benachteiligung die Belastung der im Inland konkurrenzlosen Einfuhrwaren kennzeichnen soll, ist das gerechteste Resultat durch eine weitere Differenzierung zu erzielen.

Dies ist möglich, indem man eine *„strukturelle Kongruenz“* mit Waren, die einen mit der Einfuhrware gemeinsamen Anknüpfungspunkt haben, sucht, und dann den zulässigen Abgabensatz aus dem Vergleich mit der *Belastung einer* solchen *„verwandten“ Ware* gewinnt. Hierbei handelt es sich im Grunde um die Fortentwicklung des Begriffes „Substitutionsverhältnis“, der hier noch erweitert wird. Dort werden ähnliche Überlegungen wie hier angestellt, jedoch kommt es hier auf die Wettbewerbssituation und damit die Protektionsgefahr *nicht* an. Anhaltspunkte können der Luxuscharakter einer Ware, Ähnlichkeit in den Verbrauchsgewohnheiten, physikalische Ähnlichkeit sowie die Ähnlichkeit in weiteren für die Differenzierung der Steuersätze relevanten Punkten sein. Auch an die Bildung verwandter Warengruppen (Genußmittel, Luxuswaren u. a.) ist zu denken. Es ist durchaus möglich, daß erst die Gesamtschau aller dieser Aspekte ein plausibles Ergebnis finden läßt. Selbstverständlich muß bei diesem Verfahren pragmatischen Gesichtspunkten viel Raum gegeben, sowie bei der Feststellung des zulässigen Höchstsatzes ein Ermessen eingeräumt werden. Die Begründung muß sich aber in jedem Fall an den vorgenannten Überlegungen orientieren und muß nachvollziehbar sein.

Der erste Anhaltspunkt für einen bestimmten Abgabensatz dürfte sich meist aus folgender Frage ergeben: Wie würde das fragliche Erzeugnis nach dem nationalen Abgabensystem belastet werden, wenn es im Inland hergestellt würde[282]?

Die Antwort geht dann hypothetisch von einer gleichmäßigen Belastung unabhängig von der Herkunft aus. Die Abgabe hat zollgleiche Wirkung, wenn sie im Vergleich zu den auf strukturell kongruenten („verwandten“) Waren lastenden direkten Abgaben eine *zusätzliche* indirekte Belastung darstellt. Dies wird dem mit einer Belastungsbegrenzung angestrebten Zweck — keine unüblichen Abgabensätze — gerecht[283].

---

[282] Vgl. hierzu GA *Gand* in der RS 28/67, Bd. XIV, S. 250.

[283] Die dänischen Stabilitätsmaßnahmen vom 15. 5. 1974, die eine drastische Erhöhung der Verbrauchsteuern zum Inhalt hatten, waren nicht zu beanstanden, da sich der Steuersatz auch für konkurrenzlose Importwaren im allgemeinen Rahmen des dänischen Verbrauchsteuersystems für Güter des gehobenen Bedarfs hielt. Es handelte sich um keine Abgaben mit einfuhrzollgleicher Wirkung. — Im einzelnen dazu *Bramkamp*, EuR 1974, S. 321.

Mit der vorgeschlagenen differenzierenden Auslegung wird eine unkontrollierbare Beliebigkeit bei Abgrenzungen und Abgabenfestsetzungen nach Möglichkeit vermieden[284].

4. Inländische Abgaben und ausfuhrzollgleiche Wirkung

Das Alternativitätsprinzip gilt für die Art. 95 ff. EWGV, also nicht nur für den die Einfuhr betreffenden Art. 95 EWGV, sondern auch für Art. 96 EWGV und diesbezügliche Verordnungen oder Richtlinien.

a) Gleichbehandlung

Eine Abgabe, die Waren, welche zur Ausfuhr bestimmt sind, nicht anders behandelt als für den Inlandsmarkt bestimmte Waren, kann niemals eine Abgabe mit gleicher Wirkung wie ein Ausfuhrzoll im Sinne der Art. 12, 16 EWGV sein.

Die *Versagung voller Entlastung* von indirekten Abgaben bei der Ausfuhr kann *im Ergebnis* dieselbe Wirkung wie ein nach Art. 16 EWGV verbotener Ausfuhrzoll haben. Die *Abgabe selbst* hat diese Wirkung jedoch nicht, so daß sich an der Zuordnung zum Anwendungsbereich der Art. 95 ff. EWGV nichts ändert.

Ein Beispiel aus der Rechtsprechung des EuGH bildet der Fall der italienischen Vertragsabgabe bei Reis (RS 2/73)[285].

Der *Gerichtshof* stellte fest[286]:

„Eine innerstaatliche Abgabe, die allein auf inländische Erzeugnisse für den Fall erhoben wird, daß diese den Gegenstand eines Vertrages bilden, und die dazu bestimmt ist, einen Hilfsfonds für die heimische Industrie zu speisen, stellt keine Abgabe mit gleicher Wirkung wie ein Ausfuhrzoll dar."

Die Klägerin hatte eine Benachteiligung gegenüber ausländischen Konkurrenten, die eine solche Abgabe nicht zu zahlen hätten, geltend gemacht. Die Vertragsabgabe wird auf den in Italien erzeugten Reis unabhängig davon angewandt, ob dieser ausgeführt oder im Inland verbraucht wird. Der Entstehungsgrund für diese Belastung ist gegeben, wenn Reis italienischer Herkunft den Gegenstand eines Eigentumswechsels oder einer industriellen Verarbeitung bildet, nicht jedoch, wenn er die Grenze des Staates überschreitet[287]. Da es an der Kausalität des Grenzübertrittes für die Belastung mangelt, kann es sich nicht um eine zollgleiche Abgabe handeln. Die Problematik bei der Verbindung der Abgabe mit einer Beihilferegelung wird in Kapitel 2, B, III noch im einzelnen erörtert[288].

---

[284] Abwegig erscheint dagegen die Anregung *Meiers* in AWD 1975, S. 565, die Rechtsprechung des EuGH zu Abgaben- u. Subventionssystemen (RS 77/72 u. RS 94/74) für die hier behandelte Konstellation heranzuziehen.

[285] „Geddo" gegen „Ente Risi Nationale", Bd. 1973, S. 865 ff.

[286] Bd. 1973, S. 880 (Tenor).

[287] Vgl. GA *Trabucchi*, in RS 2/73, S. 893.

[288] Vgl. zum Urteil des EuGH in der RS 2/73 die Anm. von *Verloren van Themaat*, SEW 1974, S. 133; außerdem *Rahn*, ZfZ 1974, S. 67.

Es muß in diesem Zusammenhang darauf hingewiesen werden, daß der EWGV für die Mitgliedstaaten keine allgemeine Verpflichtung begründet, innerstaatliche Steuern und Abgaben bei der Ausfuhr der dadurch betroffenen Erzeugnisse zu erstatten[289].

Art. 96 EWGV verbietet lediglich die Ausfuhr*subventionierung:* „Werden Waren in das Hoheitsgebiet eines Mitgliedstaates ausgeführt, so darf nach dieser Bestimmung die Rückvergütung für inländische Abgaben nicht höher sein als die auf die ausgeführten Waren mittelbar oder unmittelbar erhobenen inländischen Abgaben."

Art. 96 EWGV gestattet den Mitgliedstaaten, den Rückvergütungsbetrag niedriger — bis auf „Null" — festzusetzen[290]. Eine solche Maßnahme kann durchaus zu Beeinträchtigungen des innergemeinschaftlichen Handelsverkehrs führen, bestätigt indes die eingeschränkte Zielsetzung der Art. 95 ff. EWGV. Möglicherweise sind jedoch gemeinschaftsrechtliche Vorschriften über die Rückvergütung bei der Ausfuhr verletzt. Die Vertragsabgabe in der RS 2/73 läuft den Bestimmungen der Verordnung Nr. 359/67[291] über die gemeinsame Marktorganisation für Reis, welche die Ausfuhrerstattungen betreffen, zuwider, falls sie bewirkt, daß sich dadurch der Erstattungsbetrag verringert[292].

Eine geringere Rückerstattung bei der Ausfuhr ist aber ebensowenig ein Anwendungsfall der Art. 12, 16 EWGV wie eine Befreiung inländischer Waren von Belastungen, weil beide Male keine zollgleiche Abgabe, welche die Ware aufgrund ihres Grenzübertritts zu tragen hat, vorliegt.

b) Ausfuhrabgabe im Rahmen eines inländischen Abgabensystems (Beispiel: Sonderumsatzsteuer; RS 27/74)

Bei einer im Rahmen eines inländischen Abgabensystems erhobenen Abgabe auf grenzüberschreitende Waren handelt es sich nicht um Gleichbehandlung, sondern um eine zusätzliche Abgabenbelastung. Zum Teil sind Parallelen zum steuerlichen Grenzausgleich bei der Einfuhr vorhanden. Dies wird anhand des vom EuGH entschiedenen Falles der *Sonderumsatzsteuer* nach dem deutschen Absicherungsgesetz[293] (RS 27/74)[294] deutlich.

---

[289] So auch GA *Trabucchi* in der RS 2/73, Bd. 1973, S. 893.

[290] Vgl. Kommission in der RS 2/73, Bd. 1973, S. 875.

[291] Verordnung des Rates vom 25. 7. 1967, ABl. vom 31. 7. 1967, Nr. 174.

[292] Vgl. RS 2/73, Bd. 1973, S. 880, auch S. 866 (Leitsatz 3).

[293] „Gesetz über Maßnahmen zur außenwirtschaftlichen Absicherung gemäß § 4 des Gesetzes zur Förderung der Stabilität und des Wachstums der Wirtschaft."

[294] Bd. 1974, S. 1037.

In der RS 27/74, einem Vorlageverfahren nach Art. 177 EWGV, hatte der Gerichtshof folgende Auslegungsfrage zu beantworten:

Ist eine Abgabe, wie sie das sog. Absicherungsgesetz vom 29. 11. 1968[295] vorsieht, der Gruppe der Abgaben zollgleicher Wirkung im Sinne von Art. 12 EWGV zuzuordnen oder ist sie mit Rücksicht darauf, daß sie mit dem nationalen Umsatzsteuerrecht verzahnt ist, den inländischen Abgaben im Sinne des Art. 95 ff. EWGV zuzurechnen[296]?

Aufgrund des Absicherungsgesetzes, das zu dem Zweck erlassen wurde, die Ausfuhr zu bremsen und die Einfuhr zu fördern, um auf diese Weise die Zahlungsbilanzüberschüsse abzubauen und Störungen des binnenwirtschaftlichen Gleichgewichtes abzuwehren, wurden Ausfuhren, die in der Zeit vom 29. 11. 1968 bis 31. 3. 1970 bewirkt wurden, einer Sonderumsatzsteuer unterworfen, die in der Regel 4 % betrug.

Der Streit ging darum, ob die Sonderumsatzsteuer mit Ausgleichsfunktion — nicht zur Ausfuhr bestimmte inländische Waren wurden nicht belastet — in zulässiger Weise im Rahmen eines inländischen Abgabensystems erhoben wurde. Wenn man die Einbettung der Sonderumsatzsteuer ins nationale Steuerrecht bejaht, kommt das Verbot zollgleicher Abgaben nicht zum Zuge.

aa) Verstoß gegen Art. 12, 16 EWGV

Die Vertreter der Meinung, in der Sonderumsatzsteuer sei ein Verstoß gegen Art. 12, 16 EWGV zu sehen[297], weil die Tatbestandsmerkmale einer Abgabe zollgleicher Wirkung erfüllt seien, wollten aus dem Alternativitätsprinzip nicht folgern, das Absicherungsgesetz begründe eine inländische Abgabe im Sinne des Art. 95 EWGV[298].

Sie argumentieren, das Problem der Alternativität stelle sich nur bei Einfuhrbelastungen, mit denen *bezweckt* werde, für Waren aller Art ohne Rücksicht auf deren Herkunft vergleichbare Verhältnisse zu schaffen.

Weder durch die systematische Verknüpfung des Absicherungsgesetzes mit dem Umsatzsteuergesetz noch durch die Modalitäten der Erhebung der streitigen Abgabe lasse sich jedoch verschleiern, daß die Ausfuhrsteuer nach dem Absicherungsgesetz eine durch Art. 95 - 97 EWGV nicht gedeckte außenwirtschaftliche Maßnahme darstelle, die die deutschen Ausfuhrerzeugnisse gegenüber vergleichbaren ausländischen Produkten verteuere und eine Verfälschung des Wettbewerbes zum Nachteil der deutschen Erzeuger nach sich ziehe[299].

bb) Art. 12 ff. EWGV nicht anwendbar

Die Gegenseite[300] war indes der Auffassung, das Absicherungsgesetz sei gar nicht an Art. 12 EWGV zu messen, da der Begriff der Abgabe zollgleicher Wirkung in der Weise eingegrenzt sei, daß Abgaben im Rahmen der inländischen Umsatzsteuer davon ausgenommen seien.

---

[295] BGBl. 1968 I, S. 1255.

[296] Siehe Bd. 1974, S. 1046 (Entscheidungsgründe 5).

[297] Vgl. *Meier*, AWD 1969, S. 6.

[298] So *Heldrich / Zweigert* im Gutachten für die Klägerin in der RS 27/74; zitiert nach Bd. 1974, S. 1039.

[299] Vgl. den Vortrag der Klägerin, Bd. 1974, S. 1040.

[300] Bundesregierung, gestützt auf ein Rechtsgutachten von *Zuleeg*.

Der deutsche Gesetzgeber habe mit dem Absicherungsgesetz zwar nicht fiskalische, sondern wirtschafts- und währungspolitische Zwecke verfolgt, jedoch sei die fragliche Regelung ein unlösbarer Bestandteil der allgemeinen Umsatzsteuerregelung. Die Tatsache, daß dem Absicherungsgesetz kein fiskalisches Motiv zugrunde lag, bedeute nicht, daß dieses Gesetz nicht dem Bereich der Art. 95 - 97 EWGV zugeordnet werden könne[301]. Bei wirtschaftlicher Betrachtungsweise werde deutlich, daß das Absicherungsgesetz die aufgrund des Umsatzsteuergesetzes bestehende *Entlastung* der Exporte von der Umsatzsteuer in einer bestimmten Höhe *ausgesetzt* habe.

Durch die Ausfuhrbelastung verringerte sich lediglich der Erstattungsbetrag. Art. 96 EWGV kann zur Untermauerung des Anspruches auf volle Entlastung nicht herangezogen werden. Die Entlastung von der gewöhnlichen Umsatzsteuer bei der Ausfuhr geschieht im Interesse einer angeglichenen Besteuerung im Gemeinsamen Markt und nicht etwa, weil eine Ausfuhrbesteuerung überhaupt nicht in das Umsatzsteuersystem passen würde[302].

Zwar sieht Art. 10 Abs. I Ziffer a) der Richtlinie Nr. 228/67[303] vor, daß Lieferungen von Gegenständen, die nach Orten außerhalb des Anwendungsgebietes der Mehrwertsteuer des betreffenden Mitgliedstaates versandt oder verbraucht würden, von der Mehrwertsteuer befreit seien, doch begründete diese auf die Art. 99 und 100 EWGV gestützte Bestimmung erst ab 1. 1. 1972 wirksame Verpflichtungen für die Mitgliedstaaten. Zu diesem Zeitpunkt wurde die Sonderumsatzsteuer bereits nicht mehr erhoben[304].

cc) EuGH

In dem konkreten Fall der RS 27/74 entschied der *Gerichtshof*, daß es zulässig war, durch eine als „Sonderumsatzsteuer“ bezeichnete innerstaatliche Maßnahme, „die an Systembegriffe des inländischen Umsatzsteuerrechts anknüpft“, die gewerblichen Ausfuhren in andere Mitgliedstaaten einer finanziellen Belastung zu unterwerfen[305].

Laut EuGH gilt dies namentlich für den Fall, daß es sich um eine *allgemeine* Maßnahme handelt, die unterschiedslos auf sämtliche ausgeführten Erzeugnisse anwendbar ist, und daß die in Frage stehende Belastung zur praktisch einzigen Folge hat, die Entlastung der ausgeführten Erzeugnisse von der Umsatzsteuer zu vermindern.

Nicht allein die Umsatzsteuer und vergleichbare Steuern sind als inländische Abgaben anzusehen, sondern auch die steuerlichen und sonstigen Maßnahmen, die dazu bestimmt sind, die Folgen dieser Abgaben bei der Wareneinfuhr und -ausfuhr auszugleichen[306]. Eine Be-

---

301 So Kommission in der RS 27/74, Bd. 1974, S. 1043.

302 Vgl. *Zuleeg*, im Rechtsgutachten zur RS 27/74, S. 38; siehe auch EuGH, Bd. 1974, S. 1047 (Entscheidungsgründe 7).

303 ABl. 1967, S. 1303.

304 Da die Aufwertung der DM an ihre Stelle trat; vgl. Verordnung vom 28. 10. 1969, BGBl. 1969 I, S. 2045. Zur Beurteilung von Wechselkursänderungen siehe Kapitel 2, A, III.

305 RS 27/74, Bd. 1974, S. 1047 (Entscheidungsgründe 9).

306 RS 27/74, Bd. 1974, S. 1046 (Entscheidungsgründe 6).

stätigung hierfür kann in Art. 96 EWGV gesehen werden. Das *Ergebnis*[307] lautet also:

„Eine Abgabe, die gewerbliche Ausfuhren in andere Mitgliedstaaten unterschiedslos dadurch einer finanziellen Belastung unterwirft, daß die Entlastung von inländischen Abgaben teilweise aufgehoben wird, und die daher eng mit dem inländischen Umsatzsteuerrecht verzahnt ist, weist die Merkmale einer inländischen Abgabe im Sinne der Art. 95 ff. EWGV auf und stellt folglich keine Abgabe zollgleicher Wirkung im Sinne von Art. 12 EWGV dar."

III. Abgrenzung des Verbotes zollgleicher Abgaben vom Beihilfeverbot[308]

1. Art. 92 EWGV

Der Grundsatz über die Behandlung nationaler staatlicher Beihilfen wird in Art. 92 Abs. I EWGV formuliert. Danach sind, soweit im EWGV nicht etwas anderes bestimmt ist, staatliche oder aus staatlichen Mitteln gewährte Beihilfen gleich welcher Art, die durch die Begünstigung bestimmter Unternehmen oder Produktionszweige den Wettbewerb verfälschen oder zu verfälschen drohen, mit dem Gemeinsamen Markt unvereinbar, soweit sie den Handel zwischen Mitgliedstaaten beeinträchtigen.

In Art. 92 Abs. II EWGV werden bestimmte Beihilfen aufgezählt, die mit dem Gemeinsamen Markt vereinbar sind. Nach Art. 92 Abs. III EWGV können weitere Beihilfen als mit dem Gemeinsamen Markt vereinbar angesehen werden, sofern die aufgeführten Voraussetzungen erfüllt sind bzw. ein in Art. 93 EWGV näher bestimmtes Verfahren eingehalten wird. Von besonderem praktischen Interesse ist dabei Art. 92 Abs. III Ziffer c): Beihilfen zur Förderung der Entwicklung gewisser Wirtschaftszweige, soweit sie die Handelsbedingungen nicht in einer Weise verändern, die dem gemeinsamen Interesse zuwiderläuft[309].

Wie hieraus ersichtlich wird, gilt das Beihilfeverbot im EWGV nicht absolut. Darin unterscheidet es sich vom Verbot, Abgaben mit zollgleicher Wirkung zu erheben und vom strikten Subventionsverbot des EGKS-Vertrages. Während es in einem Binnenmarkt keine Zölle und Abgaben gleicher Wirkung geben darf, sind Beihilfen grundsätzlich nicht wegzudenken.

---

307 Tenor des Urteils in der RS 27/74, Bd. 1974, S. 1049.

308 Hierzu gedankenreich, aber eigenwillig *Ehring*, EuR 1974, S. 108 ff.

309 Vgl. *Roth*, S. 141; *Wohlfahrt* u. a., Anm. 5 zu Art. 92, S. 275: Je mehr der Gemeinsame Markt fortschreitet, um so mehr steigt auch die beeinträchtigende Wirkung der Beihilfen.

Jedoch kann insbesondere die Finanzierungsweise einer Beihilfe deren Unzulässigkeit begründen[310]. Dieser Umstand führt zu dem Problem, welches im folgenden beleuchtet werden soll.

2. Zollgleiche Wirkung einer zur Finanzierung einer inländischen Beihilferegelung dienenden parafiskalischen Abgabe

Hier muß zur Vereinbarkeit parafiskalischer Abgaben mit dem EWGV und zur Frage ihrer Beurteilung als vertragswidrige Abgaben zollgleicher Wirkung Stellung genommen werden.

Es ist möglich, daß Waren bei der Einfuhr in einen bestimmten Mitgliedstaat mit einer inländischen Sonderabgabe belastet werden. Die Belastung erfolgt häufig in der Form eines Beitrages für eine Körperschaft des öffentlichen Rechts (z. B. Fonds), dessen Aufkommen zur Sicherung von Ausgaben (Subventionen) für bestimmte Begünstigte dient[311]. Diese Abgaben (Beiträge) sind also zweckgebunden.

Dieses Merkmal der Zweckgebundenheit unterscheidet sie von rein fiskalischen Abgaben, die zur allgemeinen Finanzierung der Staatsausgaben dienen. Es handelt sich also nicht um eine allgemeine indirekte Abgabe, die auf allen Waren liegt, sondern um eine spezifische Abgabe, die auf bestimmten Warengruppen lastet. Es ist eine in den Mitgliedstaaten häufig geübte Praxis, eine Beihilfe nicht direkt aus allgemeinen Haushaltsmitteln zu finanzieren, sondern aus den Einkünften durch eine zweckgebundene interne Abgabe. Aufgrund ihres steuerähnlichen Charakters werden solche finanziellen Lasten „parafiskalische Abgaben" genannt.

a) Zollgleiche Abgabe oder inländische Abgabe

Wenn ein importiertes Erzeugnis zur Zahlung eines derartigen Beitrages herangezogen wird, ist die Abgabe auf ihre Vereinbarkeit mit den Bestimmungen des EWGV zu überprüfen. Stellt man dabei fest, daß gleichartige inländische Waren in gleicher Weise wie die eingeführten Erzeugnisse die parafiskalischen Abgaben zu tragen haben, so liegt der Fall im Anwendungsbereich des Art. 95 EWGV, da in der Belastung nicht zwischen eingeführten und einheimischen Waren unterschieden wird.

---

310 Beihilfen, die gegen andere Vorschriften des Vertrages verstoßen, sind mit dem Gemeinsamen Markt nicht vereinbar. — Vgl. *Thiesing*, in: Groeben / Boeckh / Thiesing, Bd. I, Vorbemerkung 31 vor Art. 92, S. 1166.

311 In den RS 77/76 und 105/76 handelte es sich beispielsweise um Anpassungsbeihilfen für die ital. Zuckerindustrie: Die Ausgaben erfolgten aus einer Zuckerausgleichskasse, die durch einen *Aufpreis* auf inländischen und importierten Weißzucker gespeist wurde.

aa) Alternativität

Es wurde bereits an anderer Stelle[312] dargelegt, daß eine finanzielle Belastung auf Importwaren nicht als zollgleiche Abgabe im Sinne des Art. 12 EWGV angesehen werden kann, wenn sie als inländische Abgabe im Sinne des Art. 95 EWGV zu qualifizieren ist[313].

Die Folge ist, daß die parafiskalische Abgabe im Falle der Anwendbarkeit des Art. 95 EWGV grundsätzlich keine Abgabe zollgleicher Wirkung im Sinne der Art. 12, 13 Abs. II EWGV sein kann. Dasselbe gilt für Art. 16 EWGV bei Gleichbehandlung inländischer Waren, die für den Verbrauch im Inland bestimmt sind, und inländischer Waren, die zur Ausfuhr bestimmt sind. In beiden Fällen ist die Grenzüberschreitung nicht die causa für die Belastung[314].

bb) Vertragsumgehung

Die Feststellung, dies sei „grundsätzlich" so, deutet an, daß es ein Fehler wäre, die Prüfung, ob ein parafiskalischer Beitrag als Abgabe zollgleicher Wirkung qualifiziert werden kann, schon hier durch den definitiven Ausschluß dieser Möglichkeit zu beenden.

Eine solche Haltung wäre zu vordergründig und böte leichtes Spiel bei der Umgehung der im EWGV ausgesprochenen Verbote. Eine Prüfung muß immer so weit gehen, daß auch verschleierte Vertragsverstöße aufgedeckt werden und die ihnen angemessene gemeinschaftsrechtliche Beurteilung erfahren. Hier wäre zu untersuchen, ob nicht die inländischen Waren von ihrer vorherigen Belastung durch den Beitrag wieder entlastet werden, indem ihnen Subventionsleistungen zugute kommen, mit denen die eingeführten Erzeugnisse nicht rechnen können.

Bei einer lediglich teilweisen Entlastung wäre demnach Artikel 95 EWGV, bei *vollständiger Entlastung* Artikel 13 EWGV verletzt, da ein verkappter Vertragsverstoß darin liegt, durch Beihilfen, die der einheimischen Industrie gewährt werden, die Abgabenbelastung der inländischen Waren ganz oder teilweise auszugleichen[315].

---

312 Im Kapitel 2, B, II, 3.

313 Sog. „Alternativitätsprinzip", vom EuGH erneut bestätigt in der RS 94/74, Bd. 1975, S. 710 (Entscheidungsgründe 10/13): Entweder Art. 13 Abs. II oder Art. 95! Ein und dieselbe Abgabe kann nach dem System des Vertrages nicht gleichzeitig zu den beiden erwähnten Kategorien gehören. — Desgleichen RS 77/76, Bd. 1977, S. 1006 (Entscheidungsgründe 14/15) und RS 105/76, Bd. 1977, S. 1042 (Entscheidungsgründe 9).

314 Allerdings können Bestimmungen über Ausfuhrerstattungen verletzt sein; vgl. RS 2/73 (Hilfsfonds für die Reiserzeugung), Bd. 1973, S. 865 ff.

315 Vgl. dazu *Sacle*, RevMC 1965, S. 139.

cc) Kombination von Abgabe und Beihilfe

Es ist somit zu klären, ob das Verbot zollgleicher Abgaben nach Art. 9, 12 ff. EWGV bei folgender Sachlage Anwendung finden kann:

Eine auf die eingeführten und die inländischen Waren *unterschiedslos* erhobene Abgabe wird mit einer Beihilfe kombiniert, die lediglich den inländischen Waren zugute kommt und für diese den Belastungseffekt der Abgabe gänzlich aufhebt. Die vertragswidrige Umgehung bestünde dabei in der *Kombination* der beiden Maßnahmen — Abgabenerhebung und Beihilfegewährung —, die isoliert betrachtet beide vertragsmäßig sind[316].

dd) EuGH

Der Gerichtshof, der erst in den letzten Jahren mit dieser Problemstellung befaßt wurde, scheint in die angedeutete Richtung vorstoßen zu wollen. Den Anlaß, sich dazu zu äußern, gaben die Vorlageverfahren in den *RS* 77/72[317] *und 94/74*[318], denen folgender Sachverhalt zugrunde lag:

In Italien wurde auf Papier und verwandte Erzeugnisse wie Zellulose und Karton eine hoheitliche parafiskalische Abgabe an den Ente Nazionale per la Cellulosa e per la Carta (ENCC), eine Körperschaft des Öffentlichen Rechts, erhoben. Der Beitrag in Höhe von 1,75 % des Wertes der Verpackungsmaterialien war gleichermaßen für eingeführte Erzeugnisse wie für einheimische Produkte zu bezahlen. Das Aufkommen aus diesem Betrag diente teils zur Finanzierung bestimmter Tätigkeiten der Forschung und Entwicklung auf dem Gebiet der Papier- und Zellstoffherstellung in Italien, zum größten Teil jedoch der Subventionierung von Zeitungspapier, welches auch vom Beitrag befreit ist.

Im Urteil in der RS 77/72 stellte der *Gerichtshof* fest, daß „ein Beitrag, auch wenn er Bestandteil einer allgemeinen inländischen Abgabenregelung ist, die einheimische und eingeführte Erzeugnisse nach denselben Merkmalen erfaßt, *trotzdem* eine Abgabe mit gleicher Wirkung wie ein Einfuhrzoll sein *kann*, sofern er dazu bestimmt ist, Tätigkeiten zu fördern, die allein den erfaßten einheimischen Erzeugnissen zugute kommen“[319].

---

316 Vgl. *Ehring*, EuR 1974, S. 111.

317 RS 77/72, Bd. 1973, S. 611 ff. = AWD 1974, S. 44 ff.

318 RS 94/74, Bd. 1975, S. 699 ff. = AWD 1975, S. 574 ff. — In diesem Verfahren wollte der vorlegende Richter vom EuGH eine Präzisierung der in der RS 77/72 verwendeten Definition des Begriffes „Abgaben zollgleicher Wirkung“.

319 Bd. 1973, S. 625 (Tenor), AWD 1974, S. 44.

b) Berücksichtigung des Bestimmungszwecks

Es ist also erforderlich, bei der Beurteilung der Frage, ob eine Abgabe zollgleiche Wirkung hat, die Verwendung der mit der Abgabe erzielten Einnahmen zu berücksichtigen[320].

Falls es möglich ist, den Bestimmungszweck (bzw. — in synonymer Verwendung — die Zweckbestimmung) in die Prüfung der gemeinschaftsrechtlichen Zulässigkeit einzubeziehen, müssen die Kriterien dafür im einzelnen herausgearbeitet werden[321].

aa) Gemeinschaftsfreundliche Auslegung

Die Rechtsprechung des Gerichtshofes läßt keinen Zweifel daran, daß die Zweckbestimmung einer Abgabe nicht zur Aufweichung des EWGV, insbesondere seiner absoluten Verbote — zu denen das Verbot zollgleicher Abgaben zählt — führen darf[322]. Der Verwendungszweck des Abgabenaufkommens ist kein konstitutives Merkmal der Abgabe mit zollgleicher Wirkung.

Falls also die Kriterien für die Beurteilung einer finanziellen Belastung als Abgabe zollgleicher Wirkung erfüllt sind, kann der Zweck der Abgabe niemals als rechtfertigender Grund dienen und die Vertragskonformität der Abgabe herbeiführen.

Der Umstand der Zweckbestimmung spielt dagegen im umgekehrten Fall, in dem eine formell als zulässig erscheinende Abgabe näher untersucht wird, eine ganz andere Rolle. Die Heranziehung des Bestimmungszwecks erfolgt dabei nämlich zur Verwirklichung der Vertragsziele[323]. Mit der Erweiterung des Prüfungsfeldes soll der „Anschein gemeinschaftsrechtlicher Zulässigkeit“ gegebenenfalls widerlegt werden können[324].

Eine derartige „dynamische“ Auslegung zugunsten der weitestgehenden Effektivität („effet utile“) ist im Gemeinschaftsrecht anerkannt und wünschenswert[325].

---

320 Vgl. RS 77/72, Bd. 1973, S. 624 (Entscheidungsgründe 13).

321 Nach den Vorstößen in dogmatisch noch nicht abgesicherte Anwendungsbereiche — in den Urteilen zu RS 77/72 und RS 94/74 — ist hierüber mittlerweile durch die Verfahren RS 77/76 und RS 105/76 größere Klarheit geschaffen worden.

322 Vgl. die Urteile in den RS 24/68, Bd. XV, S. 193 ff.; RS 2 u. 3/69, Bd. XV, S. 211 ff.; sowie RS 29/72, Bd. XVIII, S. 1319 ff.

323 Deshalb hat *Meier* Unrecht, wenn er in AWD 1974, S. 46, der Rechtsprechung Widersprüchlichkeit vorwirft.

324 Richtig auch *Deringer / Sedemund,* NJW 1974, S. 1600: Weniger der Zweck von Bedeutung als die Tatsache, daß Belastung entfällt.

325 *Runge,* S. 73/74.

Die Anwendung dieses Auslegungsprinzips ergibt die folgende Leitlinie:

Eine im Sinne der Art. 12, 13 Abs. II EWGV als Abgabe zollgleicher Wirkung zu qualifizierende finanzielle Belastung kann niemals *wegen* ihres Bestimmungszwecks vertragskonform sein, während eine grundsätzlich zulässige Abgabe durch ihre Zweckbestimmung in der Kombination mit einer Beihilfe unter bestimmten Voraussetzungen eine gegen Art. 12, 13 Abs. II EWGV verstoßende zollgleiche Abgabe sein kann.

bb) Belastungsausgleich durch Beihilfevorteile

Die Berücksichtigung des Bestimmungszwecks der auferlegten Geldlasten bei der Auslegung des Begriffes „Abgabe zollgleicher Wirkung" begründet der *Gerichtshof* wie folgt:

Wenn ein Beitrag oder eine sonstige finanzielle Belastung ausschließlich dazu bestimmt ist, Tätigkeiten zu fördern, die allein den belasteten einheimischen Erzeugnissen zugute kommen, kann sich daraus ergeben, daß der allgemeine Beitrag, der nach denselben Merkmalen auf eingeführte und einheimische Erzeugnisse erhoben wird, dennoch für die einen (importierten Waren) eine zusätzliche Nettobelastung bedeutet, während er für die anderen (inländischen Waren) in Wirklichkeit eine Gegenleistung für erhaltene Vorteile oder Beihilfen darstellt[326]. Ein solches Abgaben- und Subventionssystem wäre nur dem Anschein nach ein System inländischer Abgaben[327].

Damit entfällt die Voraussetzung für eine Zuordnung des Beitrages zum Anwendungsbereich des Art. 95 EWGV[328]. Die inländische Ware ist effektiv nicht belastet, wenn der Abgabe ein mittels einer Beihilfe gewährter Vorteil gegenübersteht, der die Belastung völlig ausgleicht. Wenn die aus dem Beitrag finanzierten Tätigkeiten ausschließlich den erfaßten einheimischen Erzeugnissen zugute kommen, ist die inländische Ware aufgrund der Kompensation der Abgabe durch die entsprechende Beihilfe in einem der Nichtbelastung gleichkommenden Zustand[329].

Der Saldo ergibt, daß die Abgabe bei der subventionierten Inlandsproduktion letztlich keine kostensteigernde Wirkung entfaltet. Infolgedessen kann von einer unterschiedslosen Belastung keine Rede mehr sein. Die Kausalität des Grenzübertrittes für die Belastung ist wieder

326 RS 77/72, Bd. 1973, S. 624 (Entscheidungsgründe 13).

327 RS 94/74, Bd. 1975, S. 711 (Entscheidungsgründe 16); RS 77/76, Bd. 1977, S. 1006 (Entscheidungsgründe 17).

328 Wenn die gesamte inländische Produktion einer bestimmten Warengruppe von einer inländischen Abgabe befreit ist, gilt das gleiche; vgl. *Ehring*, EuR 1974, S. 131.

329 Vgl. RS 94/74, Bd. 1975, S. 711 (Entscheidungsgründe 15).

zu bejahen und eröffnet den Weg zur Anwendung der Art. 9, 12 ff. EWGV. Der parafiskalische Beitrag hat dann die Wirkung einer einfuhrspezifischen Belastung und ist als Abgabe zollgleicher Wirkung verboten.

Zu ungenau ist jedoch die Begründung des EuGH[330], ein Abgaben- und Subventionssystem, welches nur dem Anschein nach ein System inländischer Abgaben sei, könnte wegen seines Schutzcharakters als Abgabe gleicher Wirkung wie Zölle qualifiziert werden. Wie an verschiedener Stelle bereits ausgeführt, kann der Schutzzweck allein eine Beurteilung der finanziellen Belastung als zollgleiche Abgabe nicht begründen; vielmehr ist entscheidend, daß eben die kostensteigernde Wirkung, ein wesentliches Kriterium des Begriffes, nicht mehr gegeben ist.

Die Qualifizierung als Abgabe zollgleicher Wirkung kann jedoch nur in Betracht kommen, wenn *alle* inländischen Erzeugnisse, die *be*lastet werden, vollständig *ent*lastet werden. Wenn zum Zweck der innerstaatlichen Umverteilung (im Rahmen struktureller oder regionaler Förderungsmaßnahmen) selektive Beihilfen gewährt werden, die nicht für die gesamte inländische Produktion einer bestimmten Warengruppe entlastend wirken, so sind Teile der inländischen Produktion ebensowenig begünstigt wie die eingeführten Erzeugnisse.

In diesem Fall werden die belasteten Einfuhrwaren gleich behandelt wie die nicht subventionierten Teile der Inlandsproduktion. Die Trennungslinie verläuft nicht zwischen importierten und inländischen Waren, sondern zwischen dem subventionierten Teil der inländischen Produktion auf der einen Seite und den nicht begünstigten eingeführten *und* inländischen Waren auf der anderen Seite. Die Belastung der Einfuhr erfolgt somit nicht „wegen der Grenzüberschreitung", sondern unterschiedslos wie bei der Inlandsproduktion. Mangels Kausalität des Grenzübertrittes kann hier nicht über die Art. 9, 12 ff. EWGV, sondern allenfalls über Art. 92 EWGV vorgegangen werden.

Mit der Feststellung, das Abgabenaufkommen komme ausschließlich der gesamten einheimischen Produktion zugute, ist noch nicht geklärt, unter welchen *Voraussetzungen* man von einer Kompensation der die inländische Erzeugung belastenden Abgabe durch die entsprechende Beihilfe sprechen kann. Nach der Formulierung des EuGH muß der Beitrag in Wirklichkeit eine Gegenleistung für erhaltene Vorteile oder Beihilfen darstellen. Hier besteht ein Auslegungsproblem, welches gelöst werden muß, da andernfalls die Grundlage für die Beurteilung eines in Frage stehenden Einzelfalles unklar bleibt.

---

330 RS 77/76, Bd. 1977, S. 1006 (Entscheidungsgründe 17).

α) *Restriktiv: warenbezogene Inzidenz*

Wenn man das Erfordernis der Kompensation (Gegenleistung für einen Vorteil) streng, d. h. restriktiv, auffaßt, so muß man neben der Identität des belasteten und subventionierten Erzeugnisses den Nachweis einer präzisen Inzidenz fordern. Der Einfluß der Beihilfe muß sich für jede Produktionseinheit bestimmen lassen.

Ein Rückgriff auf die Art. 9, 12 ff. EWGV kommt dabei nur in Betracht, wenn festzustellen ist, daß der Beitrag für die belastete inländische Wareneinheit effektiv keine kostensteigernde Wirkung hat, da die Wareneinheit durch gleichwertige Beihilfevorteile um die vollständige Belastungssumme entlastet ist[331].

β) *Extensiv: ökonomische Äquivalenz*

Die weniger strenge, d. h. einer extensiveren Auslegung zuneigende Auffassung begnügt sich mit einer *globalen* Vorteilsberechnung, die auf das gleiche wirtschaftliche Ergebnis achtet[332]. Um eine verbotene zollgleiche Abgabe annehmen zu können, genügt es, wenn die Äquivalenz des ökonomischen Effekts bejaht werden kann. Schon wenn der *Gesamtbetrag* der dem betroffenen Wirtschaftszweig zufließenden Beihilfen die Summe der von den inländischen Erzeugnissen erhobenen Beiträge erreicht oder übersteigt, ist die wirtschaftliche Belastung als für die einheimischen Erzeugnisse aufgehoben anzusehen.

γ) *Stellungnahme*

Die Vertreter der extensiven Auslegung sehen sich in Übereinstimmung mit dem Vertragsziel, jede mögliche Umgehung des Verbotes, Abgaben mit zollgleicher Wirkung zu erheben, auszuschließen. Auch bei nicht unmittelbarer Kompensation wäre die Berechnung einer globalen Proportion zwischen der auf die einheimische Produktion erhobenen Abgabe und der derselben Produktion zufließenden Beihilfe möglich.

Dem wird entgegengehalten, daß der EuGH bezüglich der Gegenleistung für erbrachte Dienstleistungen der Verwaltung sehr strenge Maßstäbe anlegt, wenn eine Abgabe als Gegenleistung qualifiziert werden soll[333]. Es wäre widersprüchlich, betreffend der Gegenleistung für erhaltene Beihilfen ein großzügigeres, globales Berechnungsverfahren zuzulassen. Nur die restriktive Interpretation ist praktikabel und mit dem Gebot der Rechtssicherheit vereinbar. Wenn man nämlich den

---

[331] Kommission und GA *Roemer* in der RS 77/72, Bd. 1973, S. 615 und S. 632; ebenso *Ehring,* EuR 1974, S. 115.

[332] In diesem Sinne *Matthies,* S. 20.

[333] Vgl. hierzu Kapitel 2, A, X, 4.

globalen Ausgleich für einen Industriezweig zuließe, müßte man jede innere Abgabe daraufhin überprüfen, ob irgendeine Beihilfe besteht.

Auch der Gerichtshof bezieht sich in seinen Formulierungen auf Erzeugnisse. Genauso wie die Abgabe das Erzeugnis *be*lastet, muß die Beihilfe oder der sonstige Vorteil das Erzeugnis in berechenbarer Weise *ent*lasten. In der RS 94/74 und in den RS 77/76 sowie 105/76[334] forderte der EuGH den Nachweis einer deutlichen Entsprechung zwischen dem auf die betreffenden einheimischen wie importierten Erzeugnisse gleichmäßig erhobenen fiskalischen Beitrag einerseits und andererseits dem ausschließlich den einheimischen Erzeugnissen zukommenden Vorteil, der mit Hilfe von aus eben diesem Beitrag gespeisten Mitteln gewährt wird. Darin steckt die Anerkennung des Inzidenzgedankens. Der Gerichtshof wies den Versuch zurück, auf das Kriterium der notwendigen *Identität* des belasteten inländischen Erzeugnisses mit demjenigen, dem der Beitrag zugute kommt, zu verzichten. Eine Ausdehnung würde die Geschlossenheit des Systems sprengen[335].

Ähnliche Überlegungen haben wohl auch den EuGH dazu geführt, in seinen Urteilen zu den RS 77/76 und 105/76 auszusprechen, daß eine Abgabe, welche Bestandteil einer allgemeinen inländischen Abgabenregelung ist, die sowohl einheimische als auch eingeführte Erzeugnisse nach denselben Merkmalen erfaßt, nur dann eine Abgabe mit der gleichen Wirkung wie ein Einfuhrzoll sein kann, wenn sie ausschließlich zur Finanzierung von Tätigkeiten bestimmt ist, die dem erfaßten einheimischen Erzeugnis in spezifischer Weise zugute kommen, wenn das belastete Erzeugnis identisch ist mit dem begünstigten einheimischen Erzeugnis und wenn die auf dem einheimischen Erzeugnis ruhenden Belastungen vollständig ausgeglichen werden[336].

Diese Formulierung folgt den Vorschlägen der Kommission und verdient als restriktive Interpretation den Vorzug. Eine derartige systemgerechte Auslegung hat freilich in der Praxis die Konsequenz, daß nur in seltenen Fällen eindeutiger Umgehung die Voraussetzungen der warenbezogenen Inzidenz erfüllt sein können[337]. Besonders schwer vorstellbar ist dies bei der Finanzierung von Forschungstätigkeiten und

---

[334] RS 94/74, Bd. 1975, S. 711 (Entscheidungsgründe 17); RS 77/76, Bd. 1977, S. 1006 (Entscheidungsgründe 17); RS 105/76, Bd. 1977, S. 1042 (Entscheidungsgründe 10).

[335] So GA *Trabucchi* in der RS 94/74, Bd. 1975, S. 719.

[336] RS 77/76, Bd. 1977, S. 1007 (Entscheidungsgründe 19) und RS 105/76, Bd. 1977, S. 1043 (Entscheidungsgründe 12).

[337] So war in den RS 77/76, Bd. 1977, S. 1007 (Entscheidungsgründe 18) und 105/76, Bd. 1977, S. 1043 (Entscheidungsgründe 11) bei der Prüfung der Entsprechung (Identität) zu berücksichtigen, daß die Einnahme aus der streitigen Abgabe (dem Aufpreis auf inländischen und importierten Weißzucker) den Zuckerrübenerzeugern und der zuckerrübenverarbeitenden Industrie zugute

Öffentlichkeitsarbeit. Das Bemühen um Kohärenz in der Vertragsdogmatik sollte indes nicht ohne Not aufgegeben werden. Auch der EuGH meinte lediglich Fälle erheblicher Verschleierung, in denen die materielle Betrachtungsweise deutlich ergibt, daß in Wirklichkeit keine Abgabenerhebung nach gleichen Merkmalen vorgenommen wird, sondern vielmehr eine *allein* auf den eingeführten Erzeugnissen lastende Abgabe zollgleicher Wirkung erhoben wird.

Denkbare Beispiele sind Direktzuschüsse an Unternehmen nach Maßgabe ihrer Produktion oder Rückvergütung bereits geleisteter Abgaben[338]. Als Beispiel für die Belastung *ausgeführter* Erzeugnisse durch eine innerstaatliche Abgabe ist auf den Fall der Überschußabgabe im Handel mit Blumenzwiebeln (RS 51/74)[339] zu verweisen.

Der *Gerichtshof* hat entschieden, daß eine inländische Abgabe, die den Inlandsverkauf und die Ausfuhr gleichmäßig belastet, dennoch die gleiche Wirkung wie ein Ausfuhrzoll haben kann; und zwar ist dies dann zu bejahen, wenn ihre Erhebung den Verkauf ins Ausland stärker belastet als den Verkauf im Inland oder wenn diese Abgabe zur Finanzierung von Tätigkeiten dienen soll, die darauf abzielen, den inländischen Verkauf gewinnbringender zu machen als die Ausfuhr oder sonst irgendwie das für den Inlandsverbrauch bestimmte Erzeugnis zu Lasten des zur Ausfuhr bestimmten zu begünstigen[340].

Ein ausgeklügeltes Rabattsystem, welches geschaffen wurde, um in der Wirkung an die Stelle der früheren Ausfuhrabgaben zu treten, kann wohl unter das Verbot der Erhebung zollgleicher Abgaben fallen. Dies setzt aber voraus, daß die vollständige Entlastung der mit dem Beitrag belasteten inlandsbestimmten Ware nachgewiesen wird[341]. Wenn sich die Belastung der im Inland verbleibenden Ware effektiv nicht kostensteigernd auswirkt, weil die mit der Abgabe finanzierten Beihilfen den Verkauf im Inland gewinnbringender machen, zeigt sich die Kausalität der Grenzüberschreitung für die Abgabenbelastung der zur Ausfuhr bestimmten Ware. Diese rechtsdogmatische Begründung vermißt man indes im Urteil des EuGH[342]. Es besteht die Gefahr, daß dieses Urteil mißverstanden wird und zu einer systematisch nicht abgesicherten Ausdehnung des Anwendungsbereiches der Art. 9 ff. EWGV führt[343].

Schließlich ist zu bedenken, daß der EWGV noch einen anderen Weg eröffnet, um Beitragsbelastungen, von denen grenzüberschreitende

---

kommen, so daß nur wenige als die Hälfte der vereinnahmten Mittel dem Zucker — als einem von Zuckerrüben verschiedenen Erzeugnis — zugute kommt.

338 Siehe die ausführliche Darstellung *Ehrings*, EuR 1974, S. 108 ff., hier insbesondere S. 115.

339 Bd. 1975, S. 79 ff.; siehe dazu die Anm. von *Verloren van Themaat*, SEW 1975, S. 251 ff.

340 RS 51/74, Bd. 1975, S. 92 (Entscheidungsgründe 16/17).

341 Vgl. GA *Trabucchi* in der RS 51/74, Bd. 1975, S. 101.

342 Dagegen überzeugend die Argumentation der Kommission in diesem Verfahren, vgl. Bd. 1975, S. 88/89.

343 Entgegen den Urteilen in den RS 77/72, 2/73, 27/74 und 94/74.

Waren betroffen sind, zu beseitigen oder gemeinschaftskonform auszugestalten[344].

3. Unzulässigkeit nach Beihilfevorschriften des EWGV

a) Konkreter Vorteil nicht nachweisbar

Falls ein konkreter, die Belastung der inländischen Waren aufhebender Vorteil, der den inländischen Erzeugnissen durch die Beihilfe zugewendet wird, nicht nachgewiesen werden kann[345], bietet die Anwendung der Beihilfevorschriften ausreichende Möglichkeiten, eine Beihilfe aufgrund ihrer *Finanzierungsweise* für vertragswidrig zu erklären. Ein etwaiger Entlastungseffekt zugunsten der einheimischen Industrie wird auf diese Weise neutralisiert und nicht mehr zu Lasten der Einfuhrerzeugnisse erzielt. Die Finanzierung von Subventionen mittels parafiskalischer Abgaben, die auch auf eingeführte Waren erhoben werden, ist dann nicht mehr möglich.

b) Beispiel: Textilsonderabgabe; RS 47/69

Der *Gerichtshof* hat in der RS 47/69 am Beispiel der französischen Sonderabgabe auf Textilwaren demonstriert, daß man eine parafiskalische Abgabe auf Einfuhrerzeugnisse, mit der eine inländische Beihilfe mitfinanziert wird, unter Anwendung der Beihilfevorschriften bekämpfen kann. Dem Urteil des EuGH[346] lag folgender Sachverhalt zugrunde:

In Frankreich verkaufte einheimische und eingeführte Textilerzeugnisse unterlagen einer steuerähnlichen Sonderabgabe, deren Höhe auf 0,2 % festgesetzt war. Das Aufkommen aus dieser Abgabe war zu 5/7 für die Union des industries textiles (UIT) zur Erneuerung der industriellen und kommerziellen Strukturen der Textilunternehmen und zu 2/7 für das Institut textile de France (ITF) zur teilweisen Deckung der Ausgaben für gemeinschaftliche Forschungsvorhaben bestimmt.

Die Kommission erkannte an, daß die Beihilfen geeignet waren, die Entwicklung der Textilindustrie zu fördern. Sie war jedoch der Auffassung, für diese Beihilfe komme wegen ihrer Finanzierungsweise die Ausnahme des Art. 92 Abs. III Ziffer c EWGV nicht in Betracht und eröffnete daher das in Art. 93 Abs. II des Vertrages vorgesehene Untersuchungsverfahren. Die Kritik der Kommission richtete sich dabei lediglich dagegen, auch die aus anderen Mitgliedstaaten eingeführten Textilwaren mit der zweckgebundenen Abgabe zu belasten[347]. Durch eine Entscheidung vom 18. 7. 1969[348]

---

[344] Anders *Weides*, AWD 1963, S. 298.

[345] Wohl meist bei Beiträgen zum Zwecke der Finanzierung übergeordneter Tätigkeiten eines Industriezweiges.

[346] Urteil vom 25. 6. 1970 in der RS 47/69, Bd. XVI, S. 487 ff.; außerdem in EuR 1971, S. 136 ff. mit einer Anmerkung von *Scheuing*, EuR 1971, S. 139.

[347] Vgl. die Antwort der Kommission auf die schriftliche Anfrage Nr. 229/67 von *Apel*, im ABl. vom 2. 3. 1968, Nr. C 16, S. 8.

stellte die Kommission fest, die aus dem Ertrag der parafiskalischen Abgaben finanzierten Beihilfen seien „wegen ihrer Finanzierungsweise“ gemäß Art. 92 EWGV mit dem Gemeinsamen Markt nicht vereinbar. Sie entschied, daß die Beihilferegelung nicht mehr angewandt werden dürfe, es sei denn, ihre Finanzierung werde dergestalt geändert, daß aus den Mitgliedstaaten eingeführte Erzeugnisse nicht mehr mit der steuerähnlichen Abgabe oder irgendwelchen anderen Sonderabgaben auf Textilerzeugnisse belastet werden.

Gegen die Entscheidung der Kommission hat die französische Regierung Klage erhoben.

Gemeinschaftsrechtlich war allein die Heranziehung auch der ausländischen Unternehmen zur Finanzierung von Beihilfen für deren inländische Konkurrenten entscheidend.

aa) Keine zollgleiche Abgabe

Als der EuGH die Abgabenregelung an den Art. 12 und 13 EWGV maß, konnte er eine zollgleiche Wirkung der auf den eingeführten Waren lastenden Abgabe im Sinne dieser Vorschriften nicht feststellen[349].

Da die Abgabe gleichmäßig auf eingeführte und einheimische Waren erhoben wurde, hätte Art. 12 EWGV nur eingreifen können, wenn die durch die Abgabe finanzierten Beihilfen als volle Rückerstattungen an die allein beihilfeberechtigten inländischen Unternehmer zu werten gewesen wären[350].

Bei der Beihilfevergabe galten andere als warenbezogene Maßstäbe, so daß keine konkret für jede Produktionseinheit der inländischen Erzeugung berechenbare Entlastung nachzuweisen war. Die warenbezogen inzidente Kompensation war nicht eindeutig erkennbar.

Auch die Kommission hat nicht feststellen können, daß Verbote im Sinne der Art. 12 und 95 EWGV anwendbar sind, da die auf die Textilerzeugnisse angewandten Maßnahmen insgesamt gesehen nicht zu den gleichen Ergebnissen führen, wie sie sich aus der Anwendung einer nach den Art. 12 oder 95 EWGV verbotenen Maßnahmen ergeben würden[351].

bb) Keine isolierte Prüfung

Der EuGH prüfte entgegen der Auffassung der Klägerin in der RS 47/69 die Auswirkungen der Finanzierungsweise auf ihre Verein-

---

[348] Entscheidung Nr. 266/69, ABl. vom 1. 9. 1969, Nr. L 220, S. 1.

[349] Vgl. *Scheuing*, EuR 1971, S. 140.

[350] Entsprechend wäre bei Teilrückerstattung wegen mittelbar höherer Abgabenbelastung auf ausländischen Waren Art. 95 EWGV anzuwenden gewesen; *Scheuing*, EuR 1971, S. 140.

[351] Antwort der Kommission auf die schriftliche Anfrage Nr. 229/67 von *Apel*, ABl. 1968, Nr. C 16, S. 8.

barkeit mit den Beihilfevorschriften des EWGV. Daß die Zulässigkeit inländischer Abgaben im Gemeinschaftsrecht nicht ausschließlich nach den Vorschriften des EWGV über Zölle und Steuern (Art. 12 ff. und 95 ff.) zu prüfen war, begründete der EuGH damit, daß diese Vorschriften und Art. 92, 93 EWGV verschiedenen Zielen dienen[352]. Daß eine staatliche Maßnahme den Anforderungen von Art. 95 (bzw. Art. 12, 13 EWGV) genüge, bedeute noch nicht, daß sie auch im Hinblick auf andere Vorschriften, wie Art. 92 und 93 EWGV, rechtmäßig sei[353]. Der *Gerichtshof* stellte fest:

„Wird eine Beihilfe durch eine von bestimmten Unternehmen oder Produktionszweigen zu tragende Abgabe finanziert, so hat die Kommission nicht nur zu prüfen, ob ihre Finanzierungsweise mit Art. 95 des Vertrages vereinbar ist, sondern auch, ob diese Art der Aufbringung finanzieller Mittel in Verbindung mit der aus der Abgabe gespeisten Beihilfe den Anforderungen der Art. 92 und 93 EWGV genügt[354]."

Was hier für Art. 95 EWGV festgestellt wurde, gilt a minore ad maius für die Art. 12, 13 EWGV, da diese Vorschriften über die teilweise Entlastung hinaus eine völlige Befreiung von effektiver Kostenbelastung betreffen und damit in ihrer Finanzierungsweise den Vertragszielen in noch stärkerem Ausmaß widersprechen.

cc) Finanzierungsweise als Bestandteil der Beihilferegelung

Der EuGH sah die Finanzierungsweise als integrierenden Bestandteil der Beihilferegelung an und stützte sich zur Begründung auf Art. 93 II EWGV[355].

α) *Weite Auslegung*

Die Beihilfevorschriften waren entsprechend dem weitgefaßten Wortlaut der Art. 92 f. EWGV extensiv auszulegen[356]. Dies bedeutet, daß bei der Beurteilung der Beihilferegelung alle den Wettbewerb und den Handel im Gemeinsamen Markt betreffenden rechtlichen und tatsächlichen Begleitumstände in Betracht zu ziehen waren[357]. Zum umfassenden Schutz des Gemeinsamen Marktes gegenüber allen schädigenden Verhaltensweisen der Mitgliedstaaten kommt Art. 92 EWGV eine

[352] EuGH, 47/69, Bd. XVI, S. 495.

[353] EuGH, 47/69, Bd. XVI, S. 487 (Leitsatz 2) und S. 495; so auch schon *Obernolte*, AWD 1961, S. 71.

[354] EuGH, 47/69, Bd. XVI, S. 487 (Leitsatz 2).

[355] EuGH, RS 47/69, Bd. XVI, S. 494 — vgl. auch die Antwort der Kommission auf die schriftliche Anfrage Nr. 227/67 von *Deringer*, ABl. 1968, Nr. C 20, S. 2.

[356] So auch die Auffassung der Kommission; vgl. schon ihre Antwort vom 30. 7. 1963 auf die schriftliche Anfrage Nr. 48/63 von *Burgbacher*, ABl. vom 17. 8. 1963, S. 2235. — *Scheuing*, Les aides ..., S. 268, schließt sich an.

[357] Vgl. EuGH 47/69, Bd. XVI, S. 487/488 (Leitsatz 3).

Lückenschließungsfunktion[358] zu. Andernfalls wäre der in der Belastung der ausländischen Konkurrenten liegenden, jedoch mit Art. 12, 13 und 95 EWGV zu vereinbarenden Wettbewerbsverfälschung nicht beizukommen[359].

β) *Parafiskalische Einfuhrbelastung als Verstoß gegen Art. 92 EWGV*

Insbesondere ist zu prüfen, ob nicht ein Ungleichgewicht zwischen den von den betroffenen Unternehmen oder Produktionszweigen zu tragenden Lasten einerseits und den aus der Beihilfe sich ergebenden Vorteilen andererseits besteht. Unter dem Aspekt der Nichtbegünstigung ausländischer belasteter Waren kommt es darauf an, zu verhindern, daß die Tatsache der Grenzüberschreitung einer Ware für eine Belastung mit Umverteilungsfunktion kausal ist.

Im Rahmen einer Prüfung nach Art. 92 EWGV ist im Gegensatz zur Prüfung nach Art. 12 EWGV die globale Betrachtungsweise, die nicht warenbezogen ist, sondern einen ganzen Produktionszweig im Auge hat, angebracht und systematisch korrekt.

Der EuGH bemerkte, es sei denkbar, daß eine Beihilfe im eigentlichen Sinne, obwohl sie vom Gemeinschaftsrecht abweicht, den Handel zwischen den Mitgliedstaaten nicht wesentlich verändert und daher als zulässig anerkannt werde; ihre störende Wirkung könne jedoch durch die Finanzierungsweise so verstärkt werden, daß die gesamte Regelung als mit einem einheitlichen Markt und dem gemeinsamen Interesse unvereinbar erscheine[360, 361]. Das bedeutet nicht, daß Beihilfen nur noch aus allgemeinen Haushaltsmitteln, nicht aber durch zweckgebundene Abgaben finanziert werden können[362].

Speziell für die Unzulässigkeit der über parafiskalische Abgaben in der oben dargestellten Weise finanzierte Beihilfen führte der EuGH noch folgende Gründe auf:

---

358 So auch *Scheuing* EuR 1971, S. 145.

359 Darauf weist GA *Roemer* in seinen Schlußanträgen zur RS 47/69, Bd. XVI, S. 498 hin.

360 EuGH 47/69, Bd. XVI, S. 488 (Leitsatz 3) u. S. 496 (Entscheidungsgründe).

361 Daher ist die Höhe der Abgabe unwesentlich; nach übereinstimmender Auffassung des EuGH, der Kommission und des Generalanwalts spielen quantitative Gesichtspunkte keine Rolle, da Art. 92 in einer Linie mit Art. 12, 30, 95 EWGV steht, nach denen strengere Maßstäbe angelegt werden als nach Art. 85 EWGV. — Vgl. allgemein zum Kriterium *Höhe* für die Frage der Zulässigkeit einer zollgleichen Abgabe Kapitel 2, A, VII.

362 Ebenso *Scheuing*, EuR 1971, S. 145. Vgl. auch das Beispiel der Beiträge auf eingeführte Fischkonserven: Die Werbung für den Absatz von Fischwaren umfaßt auch die ausländischen Verarbeitungserzeugnisse ohne Hinweis auf das Herstellungsland, und deshalb ist die Beitragsbelastung gemeinschaftskonform; siehe AWD 1974, S. 346.

Je mehr es insbesondere den Unternehmen der Gemeinschaft gelingt, durch Preissenkungen und Verkaufsbemühungen ihren Absatz in einem anderen Mitgliedstaat zu steigern, um so mehr zwingt sie das System der zweckgebundenen Abgaben, zu einer Beihilfe beizusteuern, die im wesentlichen für diejenigen ihrer Mitbewerber bestimmt ist, die solche Bemühungen nicht in gleichem Maße auf sich genommen haben[363].

Zu dem Einwand, ausländische Unternehmen hätten freien Zugang zu den in Frankreich durchgeführten Forschungsarbeiten, gilt parallel zum Urteil über die Italienische Statistikgebühr (RS 24/68), daß auch hier die den ausländischen Unternehmen möglicherweise zufließenden Vorteile jedenfalls nur sehr allgemeiner und unbestimmter Art sein könnten.

Dieses Urteil des EuGH in der RS 47/69, gab der Kommission die Handhabe für ihr Vorgehen gegen weitere ihr bekannte derartige Beihilferegelungen.

So griff die Kommission zum Beispiel den Fall der italienischen Forschungsfachzentren auf[364]. Diese Einrichtungen wurden ganz oder teilweise durch eine parafiskalische Abgabe auf eingeführte und einheimische Waren finanziert. Nach Meinung der Kommission ist die Beihilfefinanzierung nur dann mit dem Gemeinsamen Markt vereinbar, wenn die aus anderen Mitgliedstaaten eingeführten Waren nicht mit der Sonderabgabe belastet werden, denn nur dann liege ein zulässiger Ausnahmefall nach Art. 92 Abs. III Ziffer c) EWGV vor.

Allgemein kann folgende Feststellung getroffen werden:

Wo eine Beihilfe mit dem EWGV unvereinbar ist, muß in Anwendung der die Beihilfen betreffenden Vertragsnormen (Artikel 92 ff. EWGV) die Finanzierungsweise so geändert werden, daß eingeführte Erzeugnisse, denen die Beihilfe nicht zugute kommt, die Abgabe nicht zu leisten haben.

4. Verhältnis der Art. 9, 12 ff. EWGV zu Art. 92 EWGV

Die Vorschriften dienen verschiedenen Zielen und sind deshalb *nebeneinander* anwendbar[365].

Die Anwendbarkeit des Verbotes zollgleicher Abgaben hat für die einzelnen Betroffenen den Vorteil, sich vor nationalen Gerichten auf die unmittelbare Geltung[366] der Art. 9, 12 ff. EWGV berufen zu können. Demgegenüber können die Beihilfevorschriften des Vertrages erst nach der gemäß Art. 93 Abs. II EWGV durch die Kommission zu treffenden Konkretisierungsentscheidung Rechte für die einzelnen begründen[367].

---

363 *Scheuing*, EuR 1971, S. 142 zu EuGH, RS 47/69, Bd. XVI, S. 496.

364 Vgl. Bulletin der EG, Nr. 3/74, S. 49 ff.

365 EuGH in der RS 47/69, Bd. XVI, S. 495; anders *Ehle / Meier*, Tz. B 90, S. 147.

366 Siehe hierzu ausführlich Kapitel 4, B, II.

367 Vgl. *Matthies*, S. 49; zu den Rechtsschutzmöglichkeiten auch *Meier*, AWD 1974, S. 45.

Inhaltlich gehen sie jedoch weiter, da sie auch Wettbewerbsverfälschungen erfassen, die nicht gegen das Verbot der Erhebung zollgleicher Abgaben verstoßen.

IV. Abgrenzung der Abgaben zollgleicher Wirkung von Abgaben im Bereich staatlicher Handelsmonopole

1. Art. 37 EWGV

In Art. 37 EWGV ist die Behandlung staatlicher Handelsmonopole geregelt. Diese Norm gilt für alle Einrichtungen, durch die ein Mitgliedstaat unmittelbar oder mittelbar die Einfuhr oder Ausfuhr zwischen den Mitgliedstaaten rechtlich oder tatsächlich kontrolliert, lenkt oder merklich beeinflußt (Art. 37 Abs. I Unterabsatz 2 EWGV).

Durch die Umformungsverpflichtung des Art. 37 Abs. I Unterabsatz 1 EWGV sollte bis zum Ende der Übergangszeit jede Diskriminierung zwischen den Angehörigen der Mitgliedstaaten ausgeschlossen werden.

Art. 37 Abs. II EWGV bestimmt, daß die Mitgliedstaaten jede neue Maßnahme unterlassen, welche die Tragweite der Artikel über die Abschaffung der Zölle und mengenmäßigen Beschränkungen zwischen den Mitgliedstaaten einengt.

2. Monopolausgleich

Eine Einfuhrabgabe im Zusammenhang mit einem staatlichen Monopol stellt keine Verletzung von Art. 37 Abs. II EWGV dar, wenn inländische Erzeugnisse, die dem Monopol unterliegen, gleich behandelt werden. Das ist der Fall, wenn die Einfuhrabgabe auf Erzeugnisse aus anderen Mitgliedstaaten das eingeführte Erzeugnis lediglich in einer Höhe belastet, welche der Belastung der vom Monopol betroffenen inländischen Erzeugnisse entspricht[368].

Aufgrund dieser Gleichbehandlung kann es sich bei einem solchen Monopolausgleich nicht um eine Abgabe zollgleicher Wirkung im Sinne des Art. 12 EWGV handeln[369].

Der Bundesfinanzhof[370] stellte zum deutschen Branntweinmonopol fest, daß der Monopolausgleich kein Zoll sei und auch keine zollgleiche Wirkung im Sinne des Art. 13 EWGV habe.

---

[368] Vgl. RS 13/70, Bd. XVI, S. 1098 (Tenor).

[369] Dies hatte aber die Klägerin in der RS 13/70 behauptet, vgl. Bd. XVI, S. 1093.

[370] Urteil vom 12. 11. 1974, siehe AWD 1975, S. 160 ff.

Der EuGH hat in der RS 91/75 entschieden, daß wegen des engen systematischen Zusammenhanges mit der Regelung des deutschen Branntweinmonopols die Ausgleichsabgabe ausschließlich an Art. 37 EWGV zu messen sei[371].

3. Preisausgleich

Die Erhebung einer Grenzausgleichsabgabe auf Monopolwaren, die anderen Zwecken dient als dem nichtdiskrimierenden Ausgleich der innerstaatlichen Steuerbelastung der innerstaatlichen Erzeugnisse, verstößt gegen das Verbot innergemeinschaftlicher Abgaben zollgleicher Wirkung[372].

Es erscheint schon fraglich, ob die sog. Monopolausgleichsspitze, die preisabhängige Komponente des Monopolausgleichs, mit dem EWGV vereinbar ist. Ihr steht keine gleiche Abgabe gegenüber, die auf gleichartige inländische Erzeugnisse in gleicher Weise erhoben wird[373].

Die gemeinschaftsrechtliche Zulässigkeit richtet sich in erster Linie nach Art. 37 EWGV. Daneben kann aber in der Monopolausgleichsspitze eine Abgabe zollgleicher Wirkung gesehen werden, falls nicht die gesamte Regelung dem Art. 95 EWGV unterworfen ist und damit die Alternativitätswirkung eintritt[374]. Anders als beim einfachen Monopolausgleich könnte es auch bei der Erhebung einer besonderen Ausgleichsabgabe auf eingeführten Branntwein sein, weil hier ein Preisausgleich vorgenommen wird. Ein solcher Ausgleichszweck ist unzulässig, da nur ein Ausgleich der inländischen Abgabenbelastung erfolgen darf[375]. Der Ausgleich des Preisgefälles zwischen inländischem Branntwein (der von der Monopolverwaltung zu deutschen Herstellungskosten übernommen wird) und eingeführten Branntweinen verstößt gegen Art. 12 EWGV[376].

Es ist allerdings in jedem Fall zu prüfen, ob die Abgabenerhebung durch eine besondere Ausnahmevorschrift gerechtfertigt ist.

4. Verhältnis des Art. 12 EWGV zu Art. 37 EWGV

Art. 12 EWGV wird nicht durch Art. 37 EWGV ausgeschlossen[377]. Art. 37 EWGV enthält keine abschließende Sonderregelung, ist also

---

371 RS 91/75, Bd. 1976, S. 229 (Entscheidungsgründe 5); ebenso die Kommission in derselben RS, S. 220.

372 Siehe *Ehle / Meier*, Tz. B 8, S. 113.

373 Vgl. *Ehle*, AWD 1972, S. 186.

374 Hier ist als Beispiel vor allem das Urteil des EuGH zur Sonderumsatzsteuer (RS 27/74) zu nennen.

375 Siehe dazu RS 2 u. 3/62, Bd. VIII, S. 884.

376 So auch *Ehle*, AWD 1972, S. 184.

377 *Meier*, AWD 1970, S. 501.

nicht lex specialis. Vielmehr ergänzt er die Art. 9, 12 ff. EWGV, die allein zur Herstellung des freien Warenverkehrs zwischen den Mitgliedstaaten nicht ausreichen[378]. Die beiden Normen sind nebeneinander anwendbar[379].

C. Definition

Die vom *Gerichtshof* in der RS 24/68 und in den RS 2 und 3/69 übereinstimmend formulierte — und gegenüber vorausgegangenen Versuchen verfeinerte und erweiterte — Definition der zollgleichen Abgabe lautet folgendermaßen[380]:

„Eine — auch noch so geringe — den in- oder ausländischen Waren wegen ihres Grenzübertritts einseitig auferlegte finanzielle Belastung stellt, wenn sie kein Zoll im eigentlichen Sinne ist, unabhängig von ihrer Bezeichnung und der Art ihrer Erhebung eine Abgabe gleicher Wirkung im Sinne von Artikel 9, 12, 13 und 16 des Vertrages dar, selbst wenn sie nicht zugunsten des Staates erhoben wird und keine diskriminierende oder protektionistische Wirkung hat und wenn die belastete Ware nicht mit inländischen Erzeugnissen in Wettbewerb steht.“

Diese Definition wird meist positiv beurteilt, weil sie sehr ausführlich ist und das Bemühen ausdrückt, möglichst jede grenzkausale Belastung einzubeziehen und als Verstoß gegen das Prinzip des freien Warenverkehrs zu verbieten[381]. *Ehle*[382] meint gar, dank dieser umfassenden Formulierung stünde die Durchsetzung des Verbotes zollgleicher Abgaben kurz vor dem Abschluß.

Der komplexe Begriff „Abgabe zollgleicher Wirkung“ ist mit dieser Definition allerdings nicht vollständig erfaßt[383]. Der Gerichtshof hat selbst in früheren und späteren Urteilen andere, spezielle Aspekte berücksichtigende Teil-Definitionen gegeben. Eine allgemeingültige Begriffsbestimmung muß indes alle denkbaren Fälle umfassen und eindeutige Abgrenzungen ermöglichen.

Gegenüber der in Kapitel 2, A, IX formulierten, vorläufigen Definition ergeben sich nach der Abgrenzung gegenüber anderen Begriffen und Regelungsbereichen des Gemeinschaftsrechts nur wenige Änderungen.

---

378 Vgl. *Hochbaum,* in: Groeben / Boeckh / Thiesing, Bd. I, Anm. I 1 zu Art. 37 EWGV, S. 298.

379 Ebenso *Ehle / Meier,* Tz. B 90, S. 147.

380 Siehe RS 24/68, Bd. XV, S. 201 sowie RS 2 u. 3/69, Bd. XV, S. 222.

381 Vgl. für viele *Capelli,* AWD 1970, S. 546.

382 NJW 1973, S. 927.

383 *Matthies,* S. 16, kritisiert, daß sie zu unbestimmt sei.

Die Gebührenfälle, in denen Abgaben als Gegenleistung für einen äquivalenten Vorteil verlangt werden, können dogmatisch erfaßt und systematisch eingeordnet werden, ohne daß es notwendig ist, die — lediglich auf die konstitutiven Merkmale beschränkte — vorläufige Definition zu erweitern[384]. Denn sofern die Belastungswirkung kompensiert wird, ist keine effektive Kostensteigerung gegeben und somit fehlt ein wesentliches Begriffsmerkmal.

Dagegen muß aufgrund der alternativen Regelungsbereiche der Art. 12 ff. und 95 ff. EWGV eine definitorische Ergänzung erfolgen. Dem Umstand, daß die finanzielle Belastung einer Ware keine Abgabe zollgleicher Wirkung darstellt, wenn ihr Inlandscharakter zuzusprechen ist, wird Rechnung getragen, indem Belastungen, die der Herstellung einer vergleichbaren abgabenmäßigen Belastung einheimischer und grenzüberschreitender Waren im Rahmen ein und desselben inländischen Abgabensystems dienen, ausgeklammert werden.

Das Problem der Kombination von gleichmäßig auf eingeführte und einheimische Waren erhobenen Abgaben mit inländischen Beihilfen erfordert keine weitere Veränderung der vorläufigen Definition. Die Beihilfegewährung an Inlandswaren ist mit dem konstitutiven Merkmal „kostensteigernd wirkende Belastung" ausreichend zu erfassen und führt gegebenenfalls zum Wegfall des Inlandscharakters der Belastung.

Im Wege eines im Gemeinschaftsrecht vorgesehenen Verfahrens eingeführte Belastungen erfüllen das Merkmal der Einseitigkeit nicht und erfordern deshalb keine gesonderte Berücksichtigung in der Definition.

Somit führt die Begriffsbestimmung zu folgendem *Ergebnis:*

„Alle nicht als Zölle bezeichneten finanziellen Belastungen, die inländischen oder ausländischen Waren obligatorisch wegen ihres Grenzübertritts einseitig auferlegt werden und sich kostensteigernd auswirken, sind Abgaben zollgleicher Wirkung, wenn sie nicht im Rahmen eines inländischen Abgabensystems erhoben werden, welches inländische und ausländische Waren ohne Rücksicht auf ihre Herkunft erfaßt."

[384] Entgegen *Gide / Loyrette / Nouel*, Vol. III, S. 10, stößt also die Definition hier nicht an ihre Grenzen.

KAPITEL 3

Der Geltungsbereich des Verbotes zollgleicher Abgaben

A. Abgaben zollgleicher Wirkung in der Europäischen Wirtschaftsgemeinschaft

I. EWG-Binnenhandel

Nachdem Art. 9 EWGV das Maß setzt, befaßt sich das folgende Kapitel 1 des Vertrages in den Artikeln 12 - 29 mit der Zollunion im einzelnen. Dabei enthalten die Art. 12 - 17 EWGV — die innergemeinschaftlichen Verhältnisse betreffend — detaillierte Bestimmungen über die Abschaffung der Zölle sowie der Abgaben mit zollgleicher Wirkung.

1. „Standstill"-Verpflichtung

Gemäß Art. 12 EWGV trifft die Mitgliedstaaten eine Stillhalte-Verpflichtung. Mit dem Inkrafttreten des Vertrages dürfen sie untereinander weder Einfuhr- oder Ausfuhrzölle neu einführen, noch die in ihren gegenseitigen Handelsbeziehungen bereits angewandten Zölle erhöhen.

Es war notwendig, dieses sog. „standstill" auf das Verbot aller Abgaben zollgleicher Wirkung auszudehnen. Sonst wäre ein beginnender Zollabbau durch das Regulativ in Form der Erhöhung bzw. Neueinführung zollgleicher Abgaben zu unterlaufen und damit wirkungslos gewesen. Auch in den Beitrittsverträgen wurde eine derartige Stillhalteregel verankert.

2. Schrittweise Verbotsdurchsetzung

a) Einfuhrzölle und Abgaben gleicher Wirkung (Art. 13 EWGV)

Allein die Standstill-Norm des Art. 12 EWGV würde zur Durchsetzung des Verbots nach Art. 9 EWGV nicht ausreichen. Die erforderliche Ergänzung wird durch die Abbauverpflichtung des Art. 13 EWGV[1] vor-

[1] Vgl. RS 52 u. 55/65, Bd. XII, S. 220 (Leitsatz 2): Auch dies ist eine für die Herstellung des freien Warenverkehrs grundlegende und wesentliche Norm.

genommen. Art. 13 Abs. I EWGV befaßt sich in Verbindung mit den Art. 14 und 15 EWGV mit der schrittweisen Abschaffung der Einfuhrzölle, während Art. 13 Abs. II EWGV die ebenfalls schrittweise Aufhebung der zwischen den Mitgliedstaaten geltenden Abgaben mit gleicher Wirkung wie Einfuhrzölle während der Übergangszeit vorschreibt und damit Art. 13 Abs. I EWGV ergänzt[2].

aa) Konkretisierung der Beseitigungspflicht durch Richtlinien

Die Kommission bestimmte die Zeitfolge dieser Aufhebung durch Richtlinien, wobei sie die für die eigentlichen Zölle geltenden Vorschriften des Art. 14 Abs. II und III EWGV sowie die vom Rat gemäß Art. 14 Abs. II EWGV hierzu erlassenen Richtlinien zugrunde zu legen hatte[3, 4].

Beispiele für Richtlinien der Kommission[5]:

Nr. 328/65 v. 16. 6. 1965 (ABl. S. 2072):

Festlegung der Zeitfolge für die Aufhebung der Abgabe, die das Königreich der Niederlande bei der Einfuhr von Gartenbausaaten aus den übrigen Mitgliedstaaten erhebt.

Nr. 329/65 v. 16. 6. 1965 (ABl. S. 2073):

Festlegung der Zeitfolge für die Aufhebung der Abgabe, die das Königreich der Niederlande bei der Einfuhr bestimmter Futtermittel aus den übrigen Mitgliedstaaten erhebt.

Nr. 330/65 v. 16. 6. 1965 (ABl. S. 2074):

Festlegung der Zeitfolge für die Aufhebung der von der Bundesrepublik Deutschland erhobenen Abgabe bei der Einfuhr von Schlachthammeln und Hammelfleisch aus den übrigen Mitgliedstaaten.

Nr. 400/65 v. 28. 7. 1965 (ABl. S. 2437):

Festlegung der Zeitfolge für die Aufhebung der von der Bundesrepublik Deutschland erhobenen Abgabe bei der Einfuhr aller einfuhrgenehmigungspflichtigen Agrarerzeugnisse und Nahrungsmittel aus den übrigen Mitgliedstaaten.

Nr. 401/65 v. 28. 7. 1965 (ABl. S. 2438):

Festlegung der Zeitfolge für die Aufhebung der von der italienischen Re-

---

2 RS 77/72, Bd. 1973, S. 623 (Entscheidungsgründe 9): Die Ergänzung ist logisch und notwendig, so RS 52 u. 55/65, Bd. XII, S. 235.

3 Bestätigt durch den EuGH in den RS 52 u. 55/65, Bd. XII, S. 235; siehe auch RS 33/70, Bd. XVI, S. 1213 ff.

4 Die sog. Beschleunigungsentscheidung Nr. 532/68 des Rates vom 26. 7. 1966 (ABl. v. 21. 9. 1966, S. 2971), die aufgrund der Art. 14 u. 235 EWGV ergangen ist, bestimmt den 1. 7. 1968 als den Zeitpunkt, an dem sämtliche Zölle beseitigt sein mußten. Das heißt, der Zollabbau war schon 1968 beendet. — Hierzu *Runge*, S. 80. —
Es ist eine andere Frage, ob dieser Termin auch für die vollständige Abschaffung von Abgaben zollgleicher Wirkung gilt, vgl. dazu auch noch näher Kapitel 4, B, II.

5 *Bülow / Langner*, Fundstellennachweis für das Recht der Europäischen Gemeinschaften, E 212.

publik erhobenen Abgabe bei der Erteilung von Ausfuhrgenehmigungen für bestimmte Erzeugnisse aus den übrigen Mitgliedstaaten.

Nr. 723/66 v. 24. 11. 1966 (ABl. S. 3958):

Festlegung der Zeitfolge für die Aufhebung der von der italienischen Republik erhobenen Abgabe bei der Einfuhr von Waren aus den übrigen Mitgliedstaaten.

Nr. 126/67 v. 31. 3. 1967 (ABl. S. 411):

Festlegung der Zeitfolge für die Aufhebung der Herstellungssteuer, die von der italienischen Republik bei der Einfuhr von bestimmten, Alkohol enthaltenden Waren aus den übrigen Mitgliedstaaten erhoben wird.

Nr. 31/68 v. 22. 12. 1967 (ABl. Nr. L 12, S. 8):

Festlegung der Zeitfolge für die Aufhebung der von der italienischen Republik bei der Einfuhr von Waren aus den übrigen Mitgliedstaaten erhobenen Verwaltungsabgabe von 0,5 v.H.

Nr. 156/68 v. 12. 3. 1968 (ABl. Nr. L 74, S. 6):

Festlegung der Zeitfolge für die Aufhebung der von der Bundesrepublik Deutschland erhobenen Abgabe bei der Einfuhr bestimmter Getreideverarbeitungserzeugnisse und bestimmter Futtermittel aus den übrigen Mitgliedstaaten.

Nr. 157/58 v. 12. 3. 1968 (ABl. Nr. L 74, S. 7):

Festsetzung der Zeitfolge für die Aufhebung der von der Bundesrepublik Deutschland erhobenen Abgabe bei der Einfuhr bestimmter Fette aus den übrigen Mitgliedstaaten.

bb) Ende der Übergangszeit als letzter Termin

Alle diese Bestimmungen sollten sicherstellen, daß das in Art. 9 EWGV gesteckte Ziel am Ende der Übergangszeit verwirklicht war. Sie ließen zwar während der Übergangszeit gewisse Lockerungen und Abweichungen zu, doch läßt sich ihrem Wortlaut entnehmen, daß Zölle und Abgaben gleicher Wirkung jedenfalls spätestens bei Ablauf dieser Periode vollständig beseitigt sein mußten[6]. Nach dem Ablauf der Übergangszeit gibt es also zwischen den Mitgliedstaaten keine Zollgrenzen mehr.

b) Ausfuhrzölle und Abgaben gleicher Wirkung (Art. 16 EWGV)

Spätestens bis zum Ende der ersten Stufe der Übergangszeit mußten die Mitgliedstaaten untereinander die Ausfuhrzölle und die Abgaben mit gleicher Wirkung wie Ausfuhrzölle aufheben. Derartige Abgaben werden auf Waren bei Verlassen des Zollgebietes erhoben, wobei dies aus gesamtwirtschaftlichen Gründen oder zum Zwecke der Einnahmebeschaffung geschieht. Das GATT beschränkt das Recht, Waren bei der Ausfuhr mit Abgaben zu belasten, nicht. Art. XI Abs. 1 des GATT stellt dies ausdrücklich fest[7].

---

[6] Vgl. RS 77/72, Bd. 1973, S. 623 (Entscheidungsgründe 10).

Die beschleunigte Beseitigung nach Art. 16 EWGV war möglich, weil die Ausfuhrzölle eine ungleich geringere wirtschaftliche Rolle als die Einfuhrabgaben spielten und man somit den Mitgliedstaaten eine Abschaffung innerhalb kürzerer Zeit zumuten konnte[8]. Die erste Stufe der Übergangszeit betrug laut Art. 8 Abs. I EWGV 4 Jahre und lief demnach zum 31. 12. 1961 aus[9]. Seit dem 1. 1. 1962 gilt also das Verbot aller ausfuhrzollgleichen Abgaben mit unmittelbarer Wirkung[10] und für alle EWG-Erzeugnisse, da die Art. 39 - 46 EWGV nichts von Art. 16 EWGV Abweichendes vorsehen[11]. Auch die Vorschriften der EWG-Marktordnungen verbieten die Erhebung von Abgaben mit gleicher Wirkung wie Ausfuhrzölle.

c) Abschaffung der Finanzzölle (Art. 17 EWGV)

Eine Unterscheidung der Zölle nach ihrer Funktion ergibt die Trennung zwischen Finanzzöllen und Schutzzöllen. Die Finanzzölle dienen vor allem als Einnahmequelle des Staates. Der sonst bei Zöllen häufig zu findende protektionistische Lenkungszweck tritt dabei zurück.

Finanzzölle werden vorwiegend auf Waren des Massenverbrauchs erhoben, die entweder im Inland nicht erzeugt werden oder einer hohen inneren Besteuerung unterliegen (z. B. sogenannte Luxuswaren)[12].

aa) Verbot erfaßt Abgaben gleicher Wirkung

Da die Art. 9 - 15 Abs. I EWGV laut Art. 17 Abs. I Satz 1 EWGV auch für Finanzzölle gelten, werden Abgaben mit gleicher Wirkung wie Finanzzölle vom Verbot zollgleicher Abgaben umfaßt.

Mit der Erstreckung der Verbote des Art. 9 EWGV auch auf Finanzzölle wird die Intention des Vertrages deutlich, zu verhindern, daß diese Verbote mit Hilfe mannigfaltiger Praktiken umgangen werden[13]. Außerdem wird damit unterstrichen, daß es für die Beurteilung einer umstrittenen Abgabe auf den Erhebungszweck — sei er diskriminierender, protektionistischer oder fiskalischer Art — nicht ankommen

---

7 Siehe *Köpernik*, AWD 1974, S. 681.

8 Vgl. *Laubereau*, in: Groeben / Boeckh / Thiesing, Bd. I, Anm. II zu Art. 16, S. 192.

9 Beschluß des Rates vom 14. 1. 1962 (ABl. 1962, S. 164; BGBl. 1962 II, S. 124).

10 Siehe dazu näher Kapitel 4, B, II und RS 18/71, Bd. XVII, S. 816 (Entscheidungsgründe 9/11).

11 RS 63/74, Bd. 1975, S. 281 (Leitsatz 2) u. S. 291 (Entscheidungsgründe 10/11).

12 *Laubereau*, in: Groeben / Boeckh / Thiesing, Bd. I, Anm. I zu Art. 17, S. 194.

13 *Ipsen*, 29/13, S. 579.

kann, ebensowenig wie auf den Verwendungszweck der mit der Abgabe erzielten Einnahmen[14].

Die Mitgliedstaaten haben gemäß Art. 17 Abs. II EWGV ihre Finanzzölle der Kommission mitgeteilt[15]. In der Bundesrepublik Deutschland waren folgende Erzeugnisse betroffen:

Kaffee, Tee, Kakao, Alkohol, unverarbeiteter Tabak, Zündwaren, Mineralöl und Mineralölerzeugnisse, sowie bestimmte Gewürze.

bb) Umformung möglich

Nach Art. 17 Abs. III EWGV sind die Mitgliedstaaten allerdings weiterhin berechtigt, ihre Finanzzölle durch inländische Abgaben zu ersetzen, die den Bestimmungen des Art. 95 EWGV entsprechen, Einfuhren aus anderen Mitgliedstaaten also nicht diskriminieren.

Diese Vorschrift berücksichtigt in besonderer Weise, nämlich gleichsam als eine ausdrücklich geregelte Schutzklausel, die etatmäßigen Interessen der Vertragsparteien. Denn die Mitgliedstaaten befürchteten durch die Beseitigung der Finanzzölle und der Abgaben gleicher Wirkung spürbare Einnahmeausfälle[16]. Mit der Umformung zu inneren Abgaben im Sinne des Art. 95 EWGV sind die entsprechenden Belastungen dagegen keine Abgaben gleicher Wirkung wie Finanzzölle[17].

II. Abgaben zollgleicher Wirkung im Handel mit Agrarwaren

1. EWGV und Landwirtschaft

Laut Art. 38 Abs. 1 EWGV umfaßt der gemeinsame Markt auch die Landwirtschaft und den Handel mit landwirtschaftlichen Erzeugnissen[18]. Die Vorschriften für die Errichtung des Gemeinsamen Marktes finden auf die landwirtschaftlichen Erzeugnisse Anwendung, soweit in den Art. 39 - 46 EWGV nicht etwas anderes bestimmt ist (Art. 38 Abs. II EWGV).

Das Verbot der Erhebung innergemeinschaftlicher Abgaben zollgleicher Wirkung ist nach Art. 38 Abs. II EWGV nicht abdingbar und darf

---

[14] RS 2 u. 3/69, Bd. XV, S. 221 (Entscheidungsgründe 13); vgl. auch RS 7/68, Bd. XIV, S. 643.

[15] Vgl. 2. Gesamtbericht über die Tätigkeit der Europäischen Wirtschaftsgemeinschaft, S. 68.

[16] Das Aufkommen der Kaffeesteuer betrug in der Bundesrepublik Deutschland 1974 ca. 1,190 Milliarden DM (vgl. Statistisches Jahrbuch 1975, S. 408).

[17] *Wägenbaur*, in: Mégret u. a. — Vol. V, S. 41.

[18] Siehe dazu *Ehlermann*, Integration 1969, S. 294 ff.

in seiner Geltung im innergemeinschaftlichen Handel mit landwirtschaftlichen Erzeugnissen nicht eingeschränkt werden[19].

a) Agrarwaren

Im Anhang II des EWGV[20] sind die Erzeugnisse aufgeführt, für welche die Art. 39 - 46 EWGV gelten (Agrarerzeugnisse im Sinne des Vertrages). Die Mitgliedstaaten sind den Abbauregeln des Art. 13 EWGV gefolgt, nachdem auch die Kommission die Anwendbarkeit auf Agrarwaren einzelstaatlicher Marktordnungen bejaht hatte.

b) Gemeinsame Organisation der Agrarmärkte

Zur Erreichung der in Art. 39 EWGV niedergelegten Ziele der gemeinsamen Agrarpolitik wird eine gemeinsame Organisation der Agrarmärkte geschaffen (Art. 40 Abs. II EWGV).

Gemäß Art. 43 Abs. III Ziffer b) EWGV müssen dabei für den Handelsverkehr innerhalb der Gemeinschaft Bedingungen sichergestellt werden, die denen eines Binnenmarktes entsprechen. Gemeinsame Marktordnungen gelten unmittelbar in jedem Mitgliedstaat und setzen entgegenstehendes nationales Recht außer Kraft.

Mit Ablauf der Übergangszeit besteht ein nahezu vollendeter gemeinsamer Agrarmarkt mit gemeinsamer Politik für Binnenmarkt und Drittlandshandel[21] („eine allgemeine Agraraußenhandelsunion" nach *Scherer*[22]). Die Bestimmungen des EWGV über den freien Warenverkehr gelten nach dem 1. 1. 1970, dem Beginn der Endphase des Gemeinsamen Marktes, unmittelbar auch für den Agrarmarkt. Auch für die noch nicht gemeinschaftlich geregelten, landwirtschaftlichen Erzeugnisse bestehen keine Ausnahmen mehr, sofern sie nicht im Wege eines gemeinschaftlichen Verfahrens zugelassen werden[23].

Eine vom Rat ausdrücklich zugelassene Ausnahme ist z. B. die Mindestpreisregelung-Entscheidung Nr. 500/69 vom 20. 12. 1969[24]. *Ehle /*

---

19 Siehe *Ehle / Meier*, Tz. B 3, S. 112; *Olmi*, in: Quadri / Monaco / Trabucchi, Anm. 4 A zu Art. 38, Anm. 1 u. 5 B zu Art. 40.

20 BGBl. 1957 II, S. 954. Die Liste wurde am 18. 12. 1959 erweitert. Vgl. die Antwort der Kommission auf die schriftliche Anfrage von *Vredeling*, ABl. v. 16. 12. 1960, S. 1531.

21 Nach *Happle*, S. 276, umfaßt der gemeinsame Agrarmarkt bereits 97 bis 98 % der gesamten Agrarproduktion der Gemeinschaft.

22 *Scherer*, NJW 1973, S. 2129 m. w. N.

23 Vgl. EuGH zur unmittelbaren Geltung von Art. 12 EWGV im Rahmen der Art. 39 - 46 EWGV im Urteil zur RS 90 u. 91/63, Bd. X, S. 1333, 1335. Siehe auch *Gottsmann*, in: Groeben / Boeckh / Thiesing, Bd. I, Anm. 3 zu Art. 38, S. 341; vgl. *Ehle / Meier*, Tz. B 4, S. 112 und *Börner*, KSE 10 (1969), S. 5.

24 ABl. vom 30. 12. 1969, Nr. L 328, S. 11.

Meier[25] halten diese Entscheidung für rechtswidrig, da sie die angegebene gemeinschaftsrechtliche Grundlage des Art. 44 Abs. VI EWGV für untauglich halten, eine zollgleiche Abgabe wie im Falle einer Ausgleichsabgabe zur Gewährleistung von Mindestpreisen zu rechtfertigen; hierbei fällt auf, daß *Ehle / Meier* andererseits, einer Entscheidung der Kommission[26] folgend, Art. 46 EWGV als ausdrückliche Ausnahme von den Vorschriften der Art. 9, 12 und 16 EWGV im Handel mit landwirtschaftlichen Erzeugnissen anerkennen.

c) Keine einzelstaatlichen Marktordnungen mehr

Einzelstaatliche Marktordnungen sind mit den Bestimmungen des gemeinsamen Agrarmarktes in der Endphase unvereinbar. Art. 46 EWGV, der eine Sonderregelung über die Erhebung von *Ausgleichsabgaben* durch die Mitgliedstaaten zur Beseitigung von Wettbewerbsverfälschungen vorsieht, war vom Bestand nationaler Marktordnungen oder Regelungen gleicher Wirkung abhängig. Da solche nicht mehr existieren, ist Art. 46 EWGV seit 1. 1. 1970 für die Mitgliedstaaten der Gemeinschaft ohne Bedeutung[27].

2. Gemeinsame Marktordnungen; Abschöpfungssystem

a) Abschöpfungen als Ersatz für Zölle und Abgaben gleicher Wirkung

Im System der gemeinsamen Marktorganisation treten die Abschöpfungen als Abgaben eigener Art an die Stelle von Zöllen und Abgaben gleicher Wirkung. Es herrscht das Prinzip freier Ein- und Ausfuhr bei gleitenden, den Marktbedingungen in der Gemeinschaft und in den dritten Ländern folgenden Einfuhrabgaben (Abschöpfungen) und Ausfuhrerstattungen[28].

Unter einer „Abschöpfung" versteht man den Unterschiedsbetrag zwischen den Preisen auf dem Weltmarkt und dem sog. Richtpreis auf dem Gemeinsamen Markt der EWG[29]. *Börner*[30] nennt sie „eine Art vervollkommneter Gleitzoll". Mit den Abschöpfungen soll ein besonderer Schutz der innergemeinschaftlichen Landwirtschaft gegenüber preisgünstigeren Einfuhren aus Drittländern geschaffen werden.

---

[25] Tz. B 5, S. 112.

[26] ABl. 1970, Nr. L 19, S. 50.

[27] *Gottsmann*, in: Groeben / Boeckh / Thiesing, Bd. I, zu Art. 45 - 46, S. 405.

[28] Vgl. *Gottsmann*, in: Handbuch, Bd. 4, I A 44/1, S. 47; ferner *Scherer*, NJW 1973, S. 2133.

[29] Definition des Begriffes durch den EuGH in RS 31/70, Bd. 1970, S. 1055.

[30] *Börner*, KSE 10 (1969), S. 37.

Es ist ein wesentliches Merkmal der Marktregelungen, daß sie alle beschränkenden Handelsregelungen innerhalb der Gemeinschaft aufheben[31]. Deshalb sind Zölle, mengenmäßige Beschränkungen und Maßnahmen gleicher Wirkung, also auch zollgleiche Abgaben, ersatzlos entfallen[32]. Das gemeinschaftlich geschaffene System der Abschöpfungen übernimmt die Funktionen des früher üblichen Systems der einzelstaatlichen Zölle und zollgleichen Abgaben. Daraus ergibt sich, daß die Abschöpfungen selbst nicht als Abgaben zollgleicher Wirkung anzusehen sind[33], denn sie sind das Resultat eines im Vertrag vorgesehenen gemeinschaftlichen Vorgehens und würden somit das Begriffsmerkmal der einseitigen Belastung nicht erfüllen.

b) *Kein Raum für zollgleiche Abgaben*

Neben einer Abschöpfung sind weder Zölle noch Abgaben zollgleicher Wirkung zulässig[34]. Die Anwendung der Abschöpfungsregelung gegenüber dritten Ländern hat zur Folge, daß die Erhebung aller Zölle und Abgaben gleicher Wirkung auf Einfuhren aus dritten Ländern unterbleibt[35]. Für den Binnenhandel mit landwirtschaftlichen Produkten ist die Erhebung von Zöllen oder zollgleichen Abgaben ebenfalls unzulässig, da nach dem Inkrafttreten der Marktorganisationen keine Beschränkungen oder Diskriminierungen mehr bestehen dürfen[36]. Infolgedessen sehen die EWG-Marktordnungen regelmäßig vor, daß „die Erhebung von Zöllen und Abgaben zollgleicher Wirkung“ mit der in den Verordnungen vorgesehenen Abschöpfungsregelung unvereinbar ist, und zwar im Handel zwischen den Mitgliedstaaten wie bei der Einfuhr aus Drittländern.

c) *Beispiele*

In den Verordnungen des Rates für folgende Agrarwaren ist das Verbot der Abgaben zollgleicher Wirkung ausdrücklich erwähnt, und zwar sowohl für den Binnenhandel wie auch für den Drittlandshandel[37].

---

[31] Vgl. *Götz*, NJW 1968, S. 1547, wo er die Grundlinien des Marktordnungsinstrumentariums darstellt.

[32] *Ipsen*, 47/25, S. 850.

[33] Vgl. RS 181/73, Bd. 1974, S. 462 (Entscheidungsgründe 28/30); ebenso *Götz*, EuR 1967, S. 212, wie auch *Ehle*, NJW 1969, S. 1511.

[34] Hierzu RS 43/71, Bd. XVII, S. 1039 ff.

[35] Deshalb kam dem Rechtscharakter der auf Drittlandsware erhobenen Umsatzausgleichsteuer große Bedeutung zu. Als Abgabe zollgleicher Wirkung wäre sie untersagt, während sie als innere Abgabe im Sinne des Art. 95 EWGV neben der Abschöpfung erhoben werden dürfte. (Die EWG-Agrarverordnungen sehen eine dem Art. 95 EWGV entsprechende Vorschrift für Einfuhren aus Drittländern nicht vor.) Zur Problematik der Umsatzausgleichsteuer vgl. Kapitel 2, B, II, 3, b, bb, α, ββ.

[36] *Gottsmann*, in: Handbuch, Bd. 4, IA 44/1, S. 74; siehe auch *Scherer*, NJW 1973, S. 2130.

Getreide:

VO 19/62 v. 4. 4. 62 (ABl. 1962, S. 933) Art. 18 Abs. I und Art. 20 Abs. I.

VO 120/67 v. 13. 6. 67 (ABl. 1967, S. 2269) Art. 21 Abs. I und Art. 18 Abs. II.

Schweinefleisch:

VO 20/62 v. 4. 4. 62 (ABl. 1962, S. 945) Art. 14 Abs. I und Art. 18 Abs. I.

VO 121/67 v. 13. 6. 67 (ABl. 1967, S. 2283) Art. 19 Abs. I und Art. 17 Abs. II.

Eier:

VO 21/62 v. 4. 4. 62 (ABl. 1962, S. 953) Art. 11 und Art. 15.

VO 122/67 v. 13. 5. 67 (ABl. 1967, S. 2293) Art. 13 Abs. I und Art. 11 Abs. II.

Geflügel:

VO 22/62 v. 4. 4. 62 (ABl. 1962, S. 959) Art. 11 Abs. I und Art. 15.

Fleisch:

VO 123/67 v. 13. 6. 67 (ABl. 1967, S. 2301) Art. 13 Abs. I und Art. 11 Abs. II.

Milch und Milcherzeugnisse:

VO 13/64 v. 5. 2. 64 (ABl. 1964, S. 549) Art. 12 Abs. I und Abs. II.

VO 804/68 v. 27. 6. 68 (ABl. 1968, Nr. L 148/13) Art. 22 Abs. I und Art. 15 (standstill).

Rindfleisch:

VO 14/64 v. 5. 2. 64 (ABl. 1964, S. 562) Art. 12 Abs. I und Abs. II.

VO 805/68 v. 27. 6. 68 (ABl. 1968, Nr. L 148/24) Art. 22 Abs. I und Art. 20 Abs. II.

Reis:

VO 16/64 v. 5. 2. 64 (ABl. 1964, S. 574) Art. 12 (für Binnenhandel und für Drittlandshandel).

VO 359/67 v. 25. 7. 67 (ABl. 1967, Nr. 174) Art. 23 Abs. I und Art. 20 Abs. II.

Obst und Gemüse:

VO 159/66 v. 25. 10. 66 (ABl. 1966, S. 3286) Art. 13 Abs. I und II (für Binnenhandel).

VO 865/68 v. 28. 6. 68 (ABl. 1968, Nr. L 153/8) Art. 10 Abs. I (für Binnenhandel).

Fette:

VO 136/66 v. 22. 9. 66 (ABl. 1966, S. 3025) Art. 3 Abs. I und Abs. II.

Zucker:

VO 1009/67 v. 18. 12. 67 (ABl. 1967, Nr. 308, S. 1) Art. 35 Abs. I und Art. 20 Abs. II.

Lebende Pflanzen und Blumen:

VO 234/68 v. 27. 2. 68 (ABl. 1968, Nr. L 55, S. 1) Art. 10 Abs. I (für Binnenhandel).

Andere Waren gemäß Liste Anhang II:

VO 827/68 v. 28. 6. 68 (ABl. 1968, Nr. L 151, S. 16) Art. 4 Abs. I und Art. 2 Abs. II.

Landwirtschaftliche Verarbeitungsprodukte:

VO 1059/69 v. 12. 6. 69 (ABl. 1969, Nr. L 141, S. 1) Art. 10 Abs. I (für Binnenhandel).

---

[37] In manchen noch nicht vollausgestalteten Marktordnungen fehlt das Verbot für den Handel mit dritten Ländern.

Wein:
VO 816/70 v. 5. 5. 70 (ABl. 1970, Nr. L 99, S. 1) Art. 31 Abs. I.

Doch auch soweit Marktordnungen das Verbot innergemeinschaftlicher Abgaben zollgleicher Wirkung nicht ausdrücklich enthalten, gilt dieses Verbot unmittelbar aufgrund der Vertragsnormen Art. 12, 13 und 16 EWGV[38].

3. Identität der Begriffe

In der Rechtssache 25/67 hat der Gerichtshof dem Begriff „Abgabe zollgleicher Wirkung" im Sinne der Verordnung Nr. 22/62 (Geflügelfleisch) denselben Inhalt wie dem gleichlautenden Begriff im EWGV selbst (Art. 9, 12, 13 EWGV) zuerkannt[39]. Er tat dies, weil nichts für die Annahme sprach, daß der Begriff in der Verordnung Nr. 22/62 eine andere Bedeutung haben sollte als im Vertrag selbst.

Dieses Ergebnis kann auf die übrigen Landwirtschaftsverordnungen ausgedehnt werden, was durch weitere Urteile des EuGH bestätigt wird[40]. In der jüngsten diesbezüglichen Entscheidung[41] argumentiert der Gerichtshof zur Begründung der Identität der Begriffe wie folgt:

„Das den Mitgliedstaaten vertraglich auferlegte Verbot, im Binnenhandel der Gemeinschaft Abgaben zollgleicher Wirkung zu erheben, bezweckt, den freien Warenverkehr innerhalb der Gemeinschaft sicherzustellen. Insofern die Vorschriften der Verordnungen über die gemeinsame Agrarmarktorganisation die Erhebung von Zöllen und Abgaben gleicher Wirkung verbieten, liegt ihnen der gleiche Zweck zugrunde. Insofern diese Bestimmungen dagegen ein derartiges Verbot auch bei Einfuhren aus Drittländern auszusprechen, dienen sie dem Zweck, die Grenzen der Gemeinschaft nach außen durch eine einheitliche Regelung abzusichern[42]."

4. Schutzklausel

Die Agrarmarktverordnungen enthalten außenhandelspolitische Schutzklauseln für Fälle bestehender oder drohender Marktstörungen durch Drittlandseinfuhren. Diese Schutzklauseln bilden die notwendige

---

[38] Vgl. *Ehle / Meier*, Tz. B 2, S. 112 unter Hinweis auf Erwägungsgrund Nr. 15 der VO Nr. 727/70 (Tabak), ABl. v. 28. 4. 1970, Nr. L 94; Erwägungsgrund Nr. 20 der VO Nr. 2142/70 (Fischereierzeugnisse), ABl. v. 27. 10. 1970, Nr. L 236, S. 5.

[39] Bd. XIV, S. 330.

[40] Beispiele: RS 7/67 für die VO Nr. 13/64; RS 20/67 für die VO Nr. 19/62; RS 43/71 für die VO Nr. 20/62 u. andere Verordnungen; RS 84/71 für die VO Nr. 14/64 und die VO Nr. 805/68; RS 29/72 für die VO Nr. 805/68.

[41] RS 34/73, Bd. 1973, S. 981 ff. für die VO Nr. 19/62 und die VO Nr. 120/67 (Getreide; Leitsatz 1, a.a.O., S. 981, lautet: „Der in den Agrarverordnungen genannte Begriff — Abgaben gleicher Wirkung — hat den gleichen Sinn wie in den Art. 9 ff. des EWGV.").

[42] RS 34/73, Bd. 1973, S. 988 (Entscheidungsgründe 3).

Ergänzung eines auch gegenüber dritten Ländern weitgehend liberalisierten Einfuhrregimes und sind vertragskonform, da der EWGV Unterschiede zwischen innergemeinschaftlichem Warenverkehr und Drittlandshandel vorsieht[43].

Es ist indes deutlich festzustellen, daß die Schutzklauseln der Agrarmarktverordnungen Bestandteil der Außenhandelsregelung der Gemeinschaft sind und nicht in einer den innergemeinschaftlichen Warenverkehr beeinträchtigenden Weise in Anspruch genommen werden können[44]. Die Inanspruchnahme der Schutzklauseln gestattet also keinesfalls die Freistellung vom Verbot zollgleicher Abgaben im Binnenhandel. Die Problematik des Grenzausgleichs, der den Gemeinsamen Markt auf dem Agrarsektor zur Zeit nicht voll wirksam werden läßt[45], wurde bereits an anderer Stelle beschrieben[46].

III. EWG-Außenhandel

Die EWG ist nicht lediglich eine Freihandelszone, die auf den Abbau der Zölle und Handelsbeschränkungen im Innenverhältnis zwischen den beteiligten Staaten beschränkt ist und deren Mitglieder auf dem Gebiet der Zölle und des Außenhandels im Außenverhältnis gegenüber dritten Staaten ihre Autonomie behalten.

Als Zollunion stellt die EWG auch nach außen ein einheitliches Wirtschaftsgebiet dar. Die Zölle und Handelsvorschriften gegenüber Staaten, die weder Mitglieder der Gemeinschaft noch mit der Gemeinschaft Assoziierte sind, werden vereinheitlicht.

1. Gemeinsamer Zolltarif (GZT)

Wesentliches Merkmal der Zollunion ist die Aufstellung eines gemeinsamen Zolltarifs gegenüber dritten Ländern[47]. Damit befassen sich die Art. 18 - 29 EWGV.

Der gemeinsame Außenzolltarif wurde nach Art. 19 ff. EWGV stufenweise eingeführt. Art. 23 III EWGV sah vor, daß der Gemeinsame Zolltarif (im folgenden „GZT“) spätestens am Ende der Übergangszeit

[43] *Gottsmann,* in: Handbuch, Bd. 4, S. 82. Zur Frage der Ausnahmen und Schutzklauseln siehe Kapitel 3, C.

[44] *Ehle / Meier,* Tz. B 87, S. 144.

[45] Nach *Scherer,* NJW 1973, S. 2130, Anm. 17, wird das Prinzip der Markteinheit durch das Grenzausgleichssystem im gemeinschaftlichen Binnenhandel immer fragwürdiger.

[46] Siehe Kapitel 2, A, V, 3, sowie Kapitel 2, B, II, 3, b, bb, β, γγ; vgl. auch *Deringer / Sedemund,* NJW 1969, S. 2079; NJW 1970, S. 373/374; außerdem *Ehle,* AWD 1974, S. 308: „Güterabwägung“.

[47] Vgl. *Laubereau,* EuR 1968, S. 202.

(1. 1. 1970) in vollem Umfang angewendet werden sollte. Aufgrund der Beschleunigungsentscheidung des Rates ist der GTZ jedoch schon am 1. Juli 1968 durch die Verordnung Nr. 950/68 des Rates vom 28. 6. 1968 in Kraft getreten[48].

a) Tarifunion

Das gemeinsame Außenhandelsregime ist jedoch noch nicht vollendet, da unter anderem die Harmonisierung der einzelstaatlichen Zollverfahren (im Wege des Angleichungsverfahrens nach Art. 27 und 100 - 102 EWGV) längst nicht abgeschlossen ist[49].

Bislang kann man allenfalls davon sprechen, daß die Tarifunion erreicht ist[50]. Im Bereich des Zollrechts bestehen noch viele paratarifäre Handelshemmnisse[51]. Die Harmonisierung des Zollrechts ist für die Kommission das vorrangige Ziel ihrer Zollpolitik[52].

Es ist für den GZT charakteristisch, daß der Handel mit dritten Ländern von allen Mitgliedstaaten zu gleichen Tarifen abgewickelt wird.

b) Problem

Für daneben bestehende finanzielle Belastungen, welche Waren beim Überschreiten der Außengrenzen der Gemeinschaft zu tragen haben, ist möglicherweise kein Raum mehr.

Das Interesse im Rahmen dieser Untersuchung gilt dem Problem, ob die Erhebung zollgleicher Abgaben im Außenhandel der EWG-Mitgliedstaaten mit Drittländern grundsätzlich zulässig ist oder ob das Verbot zollgleicher Abgaben auch im Drittlandshandel volle Geltung beanspruchen kann.

2. Einfluß des GZT auf die Zulässigkeit zollgleicher Abgaben

a) Kein Problem vor Inkrafttreten des GZT

Vor dem Zeitpunkt des Inkrafttretens des GZT (1. 7. 1968) durch die VO Nr. 950/68 vom 28. 6. 1968[53] stellte sich die Frage der Unzulässigkeit zollgleicher Abgaben im Drittlandshandel nicht, da die Tatsache, daß

[48] Vgl. ABl. 1968, Nr. L 172, S. 1.

[49] Nach *Jacquemart*, CahDrEur 1974, S. 359 f. ist die Tarifunion nur ein Bestandteil der Zollunion; ohne einheitliches Zollrecht werde es keine Zollunion geben. — Im gleichen Sinne *Ehle*, NJW 1969, S. 1509.

[50] Vgl. Kommission in den RS 37 u. 38/73, Bd. 1973, S. 1618; dazu auch *Groeben / Mestmäcker*, S. 27 und *van Hecke* im Gutachten für die Klägerin in den RS 37 u. 38/73, zitiert nach Bd. 1973, S. 1616.

[51] Siehe dazu *Neu*, AWD 1974, S. 500 ff.

[52] 8. Gesamtbericht (1974), S. 58.

[53] ABl. 1968, Nr. L 172.

ein Mitgliedstaat bei der Einfuhr unmittelbar aus dritten Ländern kommender Waren in sein Gebiet *andere finanzielle Belastungen als eigentliche Zölle* erhoben hat, nicht dazu angetan war, die Angleichung der Zolltarife der einzelnen Mitgliedstaaten an die Sätze des GZT zu behindern.

Wenn ein Staat also während der Angleichungsphase derart verfuhr, konnte man darin kein vertragswidriges Verhalten erblicken[54].

b) Fragestellung nach Inkrafttreten des GZT

Aber für die Zeit nach dem Inkrafttreten des GZT ist zu fragen, ob sich aus dem EWGV oder sekundärem Gemeinschaftsrecht Beschränkungen der Freiheit der Mitgliedstaaten ergeben können, Maßnahmen zu ergreifen und beizubehalten, welche das Funktionieren des GZT beeinträchtigen[55].

Die *Fragestellung*, mit der sich der EuGH[56] zu befassen hatte, lautete demnach so:

In welchem Umfange sind die Mitgliedstaaten seit dem 1. 7. 1968, dem Zeitpunkt, an dem der GZT in Kraft getreten ist, noch berechtigt, Abgaben zollgleicher Wirkung bei der Direkteinfuhr von Erzeugnissen aus dritten Ländern aufrechtzuerhalten oder neu einzuführen und unter welchen Umständen sind sie gegebenenfalls verpflichtet, sie abzuschaffen[57]? Um darauf eine Antwort geben zu können, sind zunächst die gemeinschaftsrechtlichen Regelungen zu beleuchten.

c) Analyse des primären Gemeinschaftsrechts

aa) Kein ausdrückliches Verbot

Während im EWGV im Abschnitt 1 des Kapitels über die Zollunion (Art. 12 - 17 EWGV) für den Handel zwischen den Mitgliedstaaten der Gemeinschaft die Abgaben zollgleicher Wirkung erwähnt sind, fehlt eine entsprechende ausdrückliche Erwähnung für den Handel mit dritten Ländern[58]. Ein ausdrückliches Verbot zollgleicher Abgaben im EWG-Außenhandel sucht man im EWGV vergebens.

---

[54] Allg. Meinung, so der EuGH in den RS 2 u. 3/69, Bd. XV, S. 223 (Entscheidungsgründe 28 - 31), auch S. 212 (Leitsatz 5).

[55] In den RS 2 u. 3/69, Bd. XV, S. 223 (Entscheidungsgründe 31) wirft der EuGH diese Frage auf, wobei die Parallele zur Behinderung des innergemeinschaftlichen Handels (der Beschränkung des freien Warenverkehrs *zwischen* den Mitgliedstaaten) nicht gezogen werden kann.

[56] In der RS 37 - 38/73, Bd. 1973, S. 1609 ff.

[57] RS 37 u. 38/73, Bd. 1973, S. 1622; AWD 1974, S. 216.

[58] *Ehle / Meier*, Tz. C 79, S. 313; EuGH in den RS 2 u. 3/69, Bd. XV, S. 223 (Entscheidungsgründe 28).

Besonders deutlich wird dieser Umstand aus der Gegenüberstellung der Art. 3 Ziffer a) und 3 Ziffer b) EWGV. Nach Art. 3 Ziffer a) umfaßt die Tätigkeit der Gemeinschaft die Abschaffung der Zölle bei der Ein- und Ausfuhr von Waren sowie aller sonstigen Maßnahmen gleicher Wirkung zwischen den Mitgliedstaaten.

Nach Art. 3 Ziffer b) umfaßt die Tätigkeit der Gemeinschaft gegenüber dritten Ländern die Einführung eines Gemeinsamen Zolltarifs und einer gemeinsamen Handelspolitik. Art. 3 Ziffer b) EWGV führt weiter zu den Art. 18 ff. sowie 110 ff. EWGV, die sich in spezieller Weise mit dem Drittlandshandel befassen.

bb) Beseitigung zollgleicher Abgaben als Aufgabe gemeinsamer Politik

Es bleibt offen, ob die Abschaffung der zollgleichen Abgaben im Drittlandshandel ein wesentlicher Bestandteil der Einführung des GZT ist oder ob es sich dabei um eine Aufgabe gemeinsamer Politik auf anderen Gebieten, insbesondere der gemeinsamen Handelspolitik oder der gemeinsamen Agrarpolitik handelt.

Während Art. 9 EWGV lediglich die enge Verbindung zwischen dem Verbot, zwischen den Mitgliedstaaten zollgleiche Abgaben zu erheben, und der Einführung eines GZT gegenüber dritten Ländern unterstreicht, scheint Art. 10 EWGV nahezulegen, bei der Direkteinfuhr von Waren aus Drittländern sei die Erhebung einzelstaatlicher Abgaben zollgleicher Wirkung zulässig. Damit können jedoch, wie GA *Warner*[59] richtig ausführte, Abgaben gemeint sein, welche die einzelnen Mitgliedstaaten bereits vor der Errichtung des GZT erhoben haben oder welche die Gemeinschaft selbst auferlegt hat. Ein bestimmter Schluß, der es den Mitgliedstaaten erlauben würde, für alle Zukunft Abgaben zollgleicher Wirkung im Drittlandhandel zu erheben, kann daraus nicht gezogen werden. Nach *Börner*[60] muß man den GZT als Konsequenz auch von Art. 10 EWGV betrachten, weil nur so eine gleichförmige Handelspolitik der Gemeinschaft gegenüber Drittländern und damit allmählich binnenmarktähnliche Verhältnisse gewährleistet werden können.

Weder die Vertragsnormen über die Aufstellung des GZT (Art. 18 - 29 EWGV) noch die Art. 110 ff. EWGV über die gemeinsame Handelspolitik enthalten ausdrückliche Beschränkungen der Handlungsfreiheit der Mitgliedstaaten bei der Erhebung zollgleicher Abgaben im Verhältnis zu Drittländern. Die Kommission kommt in ihrem 7. Gesamtbericht (1973)[61] zu dem Schluß, die Vertragsbestimmungen ließen die Frage der Behandlung zollgleicher Abgaben im EWG-Außenhandel offen.

---

[59] In den RS 37 u. 38/73, Bd. 1973, S. 1628.
[60] EuR 1966, S. 115.
[61] S. 479.

d) Analyse des sekundären Gemeinschaftsrechts

aa) Agrarbereich

Im *Agrarbereich* ist eine gemeinschaftliche Regelung des Handels mit dritten Ländern erfolgt.

Die durch die Agrarmarktordnungen geschaffenen gemeinsamen Marktorganisationen — die auf einem Einheitsmarkt, einem einheitlichen Preissystem, einem Interventionssystem und einem einheitlichen Handelssystem an der Außengrenze der Gemeinschaft mit Abschöpfungen bei Einfuhren und Erstattungen bei Ausfuhren aufbauen — lassen die Erhebung von einzelstaatlichen Abgaben zollgleicher Wirkung bei Direkteinfuhren aus dritten Ländern *nicht* zu[62]. In diesen Marktordnungen für landwirtschaftliche Produkte gilt das Abschöpfungssystem. Mit der Anwendung der Abschöpfungsregelung ist die Erhebung von Abgaben zollgleicher Wirkung nicht nur im innergemeinschaftlichen Handel, sondern auch im Drittlandshandel unvereinbar[63].

bb) Assoziierungsabkommen und handelspolitische Vereinbarungen

Einen weiteren Sonderfall der gemeinschaftlichen Regelung des Drittlandshandels stellen die Assoziierungsabkommen[64] und andere handelspolitische Vereinbarungen dar.

Soweit sie auf eine Zollunion zwischen den vertragschließenden Parteien angelegt sind, sehen sie die Abschaffung aller Hindernisse für den freien Warenverkehr einschließlich der Abgaben zollgleicher Wirkung vor. Abkommen, die keine Zollunion begründen sollen, können ein Verbot der Abgaben zollgleicher Wirkung enthalten, wenn dieses ausgehandelt wird.

Im Rahmen der Maßnahmen zur Koordinierung der Handelsbeziehungen der Mitgliedstaaten (Art. 111 EWGV) hat die Gemeinschaft das Problem der Erhebung von einzelstaatlichen Abgaben zollgleicher Wirkung bei Direkteinfuhren aus Drittländern nicht geregelt[65]. Das gleiche gilt hinsichtlich der Verordnungen Nr. 1025/70 und 109/70 zur Handelspolitik, die nach dem 1. 1. 1970 — dem Ende der Übergangszeit und gleichzeitigen Beginn der Gestaltung der gemeinsamen Handelspolitik nach einheitlichen Grundsätzen — ergangen sind[66].

---

62 So die Kommission in den RS 37 u. 38/73, Bd. 1973, S. 1619; siehe auch *Ehle / Meier*, Tz. C 79, S. 313.

63 Vgl. dazu auch Kapitel 3, A, II, 2.

64 Hierzu näher Kapitel 3, A, IV.

65 Vgl. die Stellungnahme der Kommission in den RS 37 u. 38/73, Bd. 1973, S. 1619.

66 VO Nr. 109/70 des Rates vom 19. 12. 1969 zur Festlegung einer gemeinsamen Regelung für die Einfuhr aus Staatshandelsländern, ABl. vom 26. 1.

Aufgrund von Vereinbarungen der Gemeinschaft mit dritten Ländern können einzelstaatliche Abgaben zollgleicher Wirkung im Verkehr mit diesen Ländern im Rahmen der gemeinsamen Handelspolitik gemäß Art. 113 EWGV abgeschafft werden.

Beispiel: In Analogie zu den Zollbestimmungen dürfen im Handel zwischen der EWG und Österreich keine neuen Abgaben zollgleicher Wirkung eingeführt werden. So bestimmt es das Globalabkommen, welches seit 1. 1. 1973 (gleichzeitig mit dem Beitrittsvertrag) in Kraft ist[67]; nach einem bestimmten Zeitplan werden die Abgaben zollgleicher Wirkung schrittweise beseitigt (so Art. 6 des Abkommens). Die seit 1. 1. 1972 eingeführten bzw. erhöhten zollgleichen Abgaben werden mit Inkrafttreten des Abkommens beseitigt bzw. auf die Höhe des am 1. 1. 1972 angewandten Satzes gesenkt werden. Laut Art. 7 des Abkommens gibt es im gegenseitigen Warenverkehr keine Ausfuhrzölle oder Abgaben gleicher Wirkung: Die bestehenden derartigen Abgaben waren bis spätestens 1. 1. 1974 zu beseitigen.

cc) Kein ausdrückliches Verbot in der Verordnung Nr. 950/68 (GZT)

Aus der *VO Nr. 950/68* über die Aufstellung eines Gemeinsamen Zolltarifs ist kein ausdrückliches Verbot, Abgaben zollgleicher Wirkung zu erheben, zu ersehen.

α) *These: Beschränkungen aus Zielen und Zwecken des GZT*

Es wird jedoch versucht, aus den Zielen und Zwecken, denen die Einführung des GZT dient, eine generelle Beschränkung der Mitgliedstaaten in der Erhebung zollgleicher Abgaben im Drittlandshandel abzuleiten[68].

Die Befürworter dieser Meinung *(Waelbroeck[69]; d'Orville; Ehle / Meier)* begründen ihre *These* mit den Grundsätzen und der Funktion des GZT (der „Sachlogik" nach *Waelbroeck)*[70].

Danach verfolge der GZT den Zweck, in allen Mitgliedstaaten die gleichen Voraussetzungen für den Absatz von Waren aus dritten Ländern zu schaffen[71].

1970, Nr. L 19, S. 1. VO Nr. 1025/70 des Rates vom 25. 5. 1970, zur Festlegung einer gemeinsamen Regelung für die Einfuhr aus dritten Ländern, ABl. v. 8. 6. 1970, Nr. L 124, S. 6.

[67] Solche Freihandelsabkommen wurden mit den Mitgliedern der *Rest-EFTA* geschlossen, zuletzt mit Finnland (ab 1. 1. 1974 in Kraft). Vgl. *Hausberger*, S. 17 u. 23; ferner *Deringer / Sedemund*, NJW 1973, S. 409.

[68] Die Beklagte hatte in den RS 2 u. 3/69 diese Beschränkung unmittelbar aus den Art. 18 - 28 EWGV herleiten wollen. Der EuGH deutete in den RS 2 u. 3/69, Bd. XV, S. 223 (Entscheidungsgründe 31) an, aus dem Vertrag könnten sich Beschränkungen ergeben, wenn die Erreichung der mit dem GZT befolgten Ziele behindert würde. (Vgl. ebd., Entscheidungsgründe 30.)

[69] Im Gutachten für Indiamex und de Belder in den RS 37 u. 38/73, zitiert nach Bd. 1973, S. 1616 ff.

[70] Vgl. z. B. *Meier*, AWD 1969, S. 400.

[71] *Ehle / Meier*, Tz. B 12, S. 115.

Es soll ein einheitlicher Markt für alle Drittlandswaren geschaffen werden. Auf diesem Markt sollen soweit wie möglich die gleichen Bedingungen herrschen[72].

Die Gemeinschaft habe im GZT (wie auch im Abschöpfungstarif) das Recht der Einfuhrabgaben derart geregelt, daß für nationale Abgaberegelungen kein Raum mehr bleibe[73]. Durch den GZT solle im Verhältnis zu Drittländern ein absolut einheitlicher Standard erreicht werden. Die entsprechenden Regelungen in den EWG-Marktordnungen seien lediglich ein besonderer Anwendungsfall dieser Grundsätze[74].

Die Zolltarifhoheit sei ohne Einschränkung auf die Gemeinschaft übergegangen[75]. Dieses Prinzip habe zur Folge, daß die gemeinschaftliche Tarifnorm in diesem Fall nicht nur die Höhe der Einfuhrabgabe bestimme, sondern auch das Verbot enthalte, die betreffende Einfuhr mit irgendwelchen weiteren Abgaben zu belasten, da sonst die Abgabenlast höher oder niedriger sei als sonst im Gemeinschaftsrecht vorgeschrieben[76].

Allein die Tatsache der die Einfuhrkosten erhöhenden finanziellen Belastung, möge sie auch noch so geringfügig sein, bedeute eine beeinträchtigende Veränderung der Tragweite der VO Nr. 950/68 und somit eine unzulässige inhaltliche Ergänzung und Störung des GZT[77].

Als Quintessenz dieser Argumentation ist also folgendes festzuhalten:

Mit dem Inkrafttreten des GZT am 1. 7. 1968 ist den Mitgliedstaaten die Verpflichtung erwachsen, alle zu diesem Zeitpunkt bestehenden Abgaben zollgleicher Wirkung bei der Direkteinfuhr von Waren aus dritten Ländern zu beseitigen, ohne daß es dazu eines Einschreitens der Kommission aufgrund der Art. 155 und 169 EWGV oder der Feststellung einer Funktionsstörung des GZT bedarf.

β) *Gegenthese: Keine generelle Beschränkung*

Die Gegner einer solchen These (die *Kommission*, GA *Warner*, *van Hecke*, *Panico* u. *van Empel*[78]) lehnen die generelle Beschränkung ab und sind dafür, daß auch nach dem Inkrafttreten des GZT — bis zu einem Eingreifen der Gemeinschaftsorgane im Rahmen der gemeinsamen Handelspolitik — Abgaben zollgleicher Wirkung im Drittlandshandel erhoben werden können.

---

72 *Meier*, AWD 1969, S. 5.

73 So *d'Orville*, S. 114 unter Hinweis auf *Börner*, KSE 10 (1969), S. 37, und *Ehlermann*, Integration 1969, S. 294, 306.

74 *Ehle / Meier*, Tz. B 12, S. 116.

75 *Ehle / Meier*, Tz. C 79, S. 313.

76 So *d'Orville*, S. 114. Er schränkt jedoch dieses Prinzip wieder ein, indem er nur Abgaben, die den *Zweck* haben, den Außenhandel zu regulieren, durch das gemeinschaftliche Tarifrecht für ausgeschlossen ansieht (vgl. S. 116).

77 *Waelbroeck*, Gutachten zu den RS 37 u. 38/73, Bd. 1973, S. 1616 ff.

78 Die Kommission in den RS 37 u. 38/73, Bd. 1973, S. 1618; GA *Warner* in den RS 37 u. 38/73, Bd. 1973, S. 1626 ff.; *van Hecke* im Gutachten für den Diamantarbeiterfonds zur RS 37 u. 38/73, Bd. 1973, S. 1615; *Panico*, RivDirEur 1974, S. 69 ff. (zusammenfassend S. 78); *van Empel*, CMLR 1970, Vol. 7, S. 80.

Zur Begründung wird von den Vertretern dieser Auffassung angeführt, die Einführung oder Beibehaltung von zollgleichen Abgaben im Drittlandshandel werde den Mitgliedstaaten weder durch den EWGV noch durch die VO Nr. 950/68 unmöglich gemacht[79].

Die Art. 18 - 29 EWGV seien keine „self-executing"-Bestimmungen; die VO Nr. 950/68 sei zwar „self-executing", enthalte aber keine die Abgaben zollgleicher Wirkung betreffenden Regelungen. Die VO Nr. 950/68 regle nicht in umfassender Weise den gemeinsamen Schutz, der für die einheitliche Anwendung des GZT unerläßlich sei. Abgaben zollgleicher Wirkung wären nur umfaßt, wenn die Zollunion schon vollendet wäre[80]. Wenn der EWGV lediglich Zölle, nicht dagegen Abgaben gleicher Wirkung erwähne, so geschehe dies absichtlich. Wenn also die Abschaffung oder Angleichung von Abgaben zollgleicher Wirkung im Handel der Mitgliedstaaten mit Drittländern als konstituierender Bestandteil der Einführung des GZT angesehen worden wäre, so wäre dies im Vertrag deutlich zum Ausdruck gebracht worden[81].

Allerdings sei eine Beseitigung zollgleicher Abgaben Teilaufgabe gemeinsamer Politik. Wenn Abgaben einem Vertragsziel zuwiderlaufen — etwa bei Störungen des Wettbewerbs, der Tarifunion und des freien Warenverkehrs — oder mit der Gemeinschaftspolitik unvereinbar seien, sei zur Abschaffung dieser Abgaben ein Tätigwerden der Kommission erforderlich[82]. Bei ihr liege die Initiative, die Senkung oder Abschaffung zollgleicher Abgaben zu veranlassen[83].

Mit dieser Meinung wird ein wichtiger pragmatischer Gesichtspunkt berücksichtigt. Die Verhandlungsposition der Gemeinschaft gegenüber Drittländern soll bei Verhandlungen über Tarif- und Handelsabkommen nicht durch eine unmittelbare Abschaffungspflicht untergraben werden[84]. Ein absolutes Verbot aller Abgaben zollgleicher Wirkung auf Drittlandseinfuhren bedeutet, daß sich die Gemeinschaft der Möglichkeit begibt, bei Drittländern, die auf Importwaren aus der Gemeinschaft zollgleiche Abgaben erheben, die Einräumung gleicher Vorteile durchsetzen[85]. In dogmatischer Selbstbindung geübte Liberalität führt gegenüber weniger liberalen Drittländern zum Verlust eines Verhandlungstrumpfes, denn der GZT ist als flexibles System ein politisches Werkzeug für Zolltarifverhandlungen mit Drittländern.

γ) *EuGH*

Vorsichtige Andeutungen enthält bereits das Urteil des Gerichtshofes in den RS 2 und 3/69[86]. Dort heißt es:

---

[79] Vgl. *van Hecke*, Leitsätze für den Fonds zu den RS 37 u. 38/73, Bd. 1973, S. 1615.

[80] Kommission in den RS 37 u. 38/73, Bd. 1973, S. 1620.

[81] So GA *Warner* aufgrund einer detaillierten Vertragsanalyse in den RS 37 u. 38/73, Bd. 1973, S. 1629.

[82] *van Hecke*, zitiert nach Bd. 1973, S. 1616.

[83] Zur Parallele bei Maßnahmen mit gleicher Wirkung wie mengenmäßige Beschränkungen vgl. EuGH in den RS 51 - 71, Bd. 1971, S. 1117.

[84] So insbesondere GA *Warner* in den RS 37 u. 38/73, Bd. 1973, S. 1629.

[85] Kommission in RS 37 u. 38/73, Bd. 1973, S. 1620.

„Die einseitige Einführung oder die Beibehaltung von Belastungen der bezeichneten Art durch einen Mitgliedstaat könnte die Erreichung der Ziele behindern, denen die einheitliche Anwendung des Gemeinsamen Zolltarifs durch alle Mitgliedstaaten gegenüber dritten Ländern dienen soll; dies würde besonders dann gelten, wenn der Grundsatz, daß die in einem Mitgliedstaat zum freien Verkehr zugelassenen Waren in der Gemeinschaft frei verkehren können, nicht ausreichen sollte, um die Wirkungen solcher staatlicher Maßnahmen auszugleichen."

Die letzte Stellungnahme des EuGH zu diesen Fragen erfolgte durch ein Urteil vom 13. 12. 1973.

In den verbundenen *RS 37 und 38/73*[87] (Diamantarbeiders gegen Indiamex und de Belder) ging es um eine Abgabe auf Diamanten bei deren Einfuhr aus Drittländern nach Belgien.

Die Importeure von Rohdiamanten wandten sich gegen die belgische Gesetzgebung, nach der sie verpflichtet waren, einen Beitrag in Höhe von 1/3 % des Wertes der eingeführten Rohdiamanten für den Sozialfonds der Diamantarbeiter zu bezahlen.

Das Urteil in den RS 37 und 38/73 hat folgenden *Tenor*[88]:

1. Vom Inkrafttreten des Gemeinsamen Zolltarifs an dürfen die Mitgliedstaaten bei Direkteinfuhren aus dritten Ländern nicht einseitig neue Abgaben einführen oder seit diesem Zeitpunkt bestehende Abgaben erhöhen.
2. Es ist Sache der Gemeinschaftsbehörden, die Senkung oder die Abschaffung bestehender Abgaben bei Direkteinfuhren aus dritten Ländern zu veranlassen.

Zu diesem Ergebnis gelangte der EuGH aufgrund einer Zusammenschau der in Art. 3 Ziffer b) EWGV vorgesehenen Regelung des Drittlandhandels und der in Art. 9 EWGV aufgeführten Grundsätze, welche die Zollunion prägen[89].

Die zu den Grundlagen der Gemeinschaft gehörende Zollunion umfasse einerseits die vollständige Abschaffung der Zölle und aller Abgaben gleicher Wirkung zwischen den Mitgliedstaaten. In einem einheitlichen Markt bleibe für irgendwelche Belastungen finanzieller, verwaltungstechnischer oder sonstiger Art kein Raum. Andererseits umfasse sie die Aufstellung eines Einheitszolltarifs für die gesamte Gemeinschaft, wie dies in den Art. 18 - 29 EWGV vorgesehen sei.

Diese Tarifgemeinschaft ziele auf eine Angleichung der Zollbelastungen bei Importerzeugnissen aus dritten Ländern an den Grenzen der Gemeinschaft, um Verkehrsverlagerungen in den Beziehungen mit diesen Ländern sowie Verzerrungen des innergemeinschaftlichen freien Warenverkehrs und der Wettbewerbsbedingungen zu vermeiden[90].

Das Fehlen einer Erwähnung der Abgaben zollgleicher Wirkung in den Art. 18 - 29 EWGV bedeute nicht, daß derartige Abgaben aufrechterhalten

---

[86] Bd. XV, S. 223 (Entscheidungsgründe 30).

[87] Bd. 1973, S. 1609 ff.; siehe auch AWD 1974, S. 216.

[88] Bd. 1973, S. 1625.

[89] Bd. 1973, S. 1622 (Entscheidungsgründe 4).

[90] Vgl. Bd. 1973, S. 1622 (Entscheidungsgründe 5/9).

oder gar neu eingeführt werden dürften[91]. Man müsse den Forderungen Rechnung tragen, die sich aus der Aufstellung des GZT ebenso ergäben, wie aus der gemeinsamen Handelspolitik im Sinne der Art. 110 - 116 EWGV, die nach Art. 3 Ziffer b) EWGV für die Regelung des Drittlandshandels bestimmend seien. Nur so lasse sich das Problem der Erhebung zollgleicher Abgaben im Handel mit Drittländern lösen[92].

αα) „standstill": Verbot jeder Änderung der durch den GZT abgesteckten Grenzen des Zollschutzes

Mit Hilfe dieser Betrachtungsweise leitet der Gerichtshof aus dem Zweck der am 1. 7. 1968 in Kraft getretenen Ratsverordnung Nr. 950/68 das Verbot ab, die durch den GZT abgesteckten Grenzen des Zollschutzes auf dem Umweg über zusätzlich zu den Zöllen erhobene Abgaben zu ändern[93].

Dieser Zweck der VO Nr. 950/68 muß erreicht werden, auch wenn die Abschaffung oder Angleichung von Abgaben, die keine echten Zölle sind, nicht ausdrücklich vorgesehen ist, denn durch ihre bloße Existenz können solche Abgaben — selbst wenn ihnen jeglicher Schutzcharakter fehlt — mit den Erfordernissen einer gemeinsamen Handelspolitik unvereinbar sein[94].

Infolgedessen besteht seit 1. 7. 1968 eine „standstill"-Verpflichtung für alle Mitgliedstaaten. Wenn danach bei Direkteinfuhren aus Drittländern einseitig neue Abgaben eingeführt oder schon bestehende Abgaben erhöht werden, um die durch den GZT beabsichtigte Senkung des nationalen Tarifs zu vereiteln, kann die Kommission gemäß Art. 155 EWGV bei erheblichen Störungen des Wirtschaftslebens und des Funktionierens des GZT eingreifen.

ββ) Abschaffung nur auf Initiative der Gemeinschaftsbehörden

Hinsichtlich der bestehenden Abgaben hängt dagegen die Feststellung ihrer Unvereinbarkeit mit dem Vertrag und die Verpflichtung zu ihrer Abschaffung von der Beurteilung durch die Behörden der Gemeinschaft ab.

Nach Art. 113 Abs. I EWGV wird die gemeinsame Handelspolitik nach einheitlichen Grundsätzen gestaltet. Diese einheitlichen Grundsätze bedingen ebenso wie der GZT selbst einen Abbau der verschiedenartigen,

---

91 Bd. 1973, S. 1622 (Entscheidungsgründe 10).

92 Auch die Kommission, Bd. 1973, S. 1620, wählte diesen Ansatz, argumentierte jedoch im einzelnen anders als der EuGH.

93 Bd. 1973, S. 1623 (Entscheidungsgründe 13).

94 Bd. 1973, S. 1623; hier bewegt sich der Gerichtshof in der Nähe des verschwommenen „Tragweite"-Arguments. Außerdem erscheint die Verknüpfung mit den Prinzipien der gemeinsamen Handelspolitik etwas unvermittelt.

nationalen fiskalischen und handelspolitischen Regelungen, die den Handel mit dritten Ländern beeinträchtigen[95].

Da für die Verwirklichung der gemeinsamen Handelspolitik seit 1. 1. 1970 ausschließlich die Gemeinschaft zuständig ist, brauchen Abgaben, die keine Zölle im engeren Sinne sind, in den einzelnen Mitgliedstaaten lediglich auf Intervention der Gemeinschaft angeglichen oder abgeschafft zu werden. Solche Abgaben können also nur dann als unvereinbar mit dem Gemeinschaftsrecht angesehen werden, wenn die Gemeinschaft entsprechende Bestimmungen trifft. Ein Verbot derartiger Abgaben ergibt sich beispielsweise aus Bestimmungen, die sich im Bereich der gemeinsamen Agrarpolitik, in den von der Gemeinschaft abgeschlossenen Handelsverträgen und in Assoziierungsabkommen zwischen der Gemeinschaft und gewissen Staaten finden[96]. Dies wurde bereits bei der Analyse des sekundären Gemeinschaftsrechts dargestellt.

δ) *Stellungnahme*

Zusammenfassend bleibt festzuhalten, daß der EuGH keiner der extremen Meinungen folgen wollte. Entgegen *Panico*[97] besteht kein Gegensatz zum Urteil in den RS 2 und 3/69, sondern es wird eher eine fortentwickelnde Konkretisierung vorgenommen. Der eingeschlagene Weg ist zwar konstruktiv nicht völlig überzeugend, da der Gerichtshof die „standstill"-Verpflichtung[98] analog Art. 12 EWGV mit dem Zweck des GZT begründet und folglich das Inkrafttreten des GZT am 1. 7. 1968 als Zeitpunkt für das „standstill" bestimmt, während andererseits die Abbauverpflichtung als Resultat gemeinsamer Handelspolitik[99] frühestens seit dem Ende der Übergangszeit, also dem 1. 1. 1970[100], bestehen kann.

Dennoch ist es vernünftig, die Verhandlungsposition der Gemeinschaft nicht mit einer unmittelbaren Beseitungsverpflichtung zu unterhöhlen. Indem der Kommission und dem Rat die Aufgabe zugewiesen wird, „zu beurteilen, welche Maßnahmen im jeweiligen Fall im Hinblick auf die Aufstellung des Gemeinsamen Zolltarifs und die Handelspolitik erforderlich sind"[101], wird die Verantwortung dieser Gemein-

---

[95] Siehe RS 37 u. 38/73, Bd. 1973, S. 1623 (Entscheidungsgründe 16).

[96] RS 37 u. 38/73, Bd. 1973, S. 1623 (Entscheidungsgründe 20 u. 21).

[97] RivDirEur 1974, S. 69.

[98] Diese Verpflichtung, für den Drittlandshandel keine neuen Schranken zu errichten, entspricht Art. XXIV Ziffer 4 a des GATT.

[99] In Form von Vereinbarungen mit Drittländern, die bezüglich der Abgaben zollgleicher Wirkung bestimmte Aussagen enthalten, wobei eine Differenzierung der Strenge je nach der Enge der Beziehung erkennbar wird.

[100] Die Kommission hat konsequent ein „standstill" erst ab diesem Termin angenommen, vgl. Bd. 1973, S. 1621.

[101] RS 37 u. 38/73, Bd. 1973, S. 1623 (Entscheidungsgründe 17).

schaftsbehörden für die Erreichung einer vollständigen Zollunion, die ja mehr ist als eine bloße Tarifunion, gestärkt und betont. Im Ergebnis können die Mitgliedstaaten ihre zollgleichen Abgaben im Handel mit dritten Ländern bis zu einer Regelung durch die Gemeinschaft beibehalten, wenn sie die Vertragsziele nicht beeinträchtigen.

IV. Verhältnis zu den Assoziierten

Die Art. 131 - 136 EWGV waren der Kern der Assoziierungspolitik der Europäischen Gemeinschaft und schufen die Grundlage für die späteren Assoziierungsabkommen[102]. Als Ziel, das mit der Assoziierung der überseeischen Länder und Hoheitsgebiete verfolgt wurde, ist in Art. 131 EWGV die Förderung der wirtschaftlichen und sozialen Entwicklung der Länder und Hoheitsgebiete, sowie die Herstellung enger Wirtschaftsbeziehungen zwischen ihnen und der gesamten Gemeinschaft genannt.

Dieselben Ziele gelten für die Assoziierung sonstiger dritter Länder[103]. Hierbei wurden vertraglich auf der Grundlage des Art. 238 EWGV Assoziierungsabkommen geschlossen[104]. Die größte Bedeutung haben neben den Verträgen mit Griechenland[105] und der Türkei[106] die beiden Abkommen von Jaunde[107], das Abkommen von Arusha[108], sowie das Abkommen von Lome[109].

1. Grundsatz: Freier Warenverkehr

Die Mitgliedstaaten der Gemeinschaft wenden auf ihren Handelsverkehr mit den Assoziierten grundsätzlich die gleichen Vorschriften an,

102 *Ipsen*, 7/7, S. 168; *Loch / Hasenpflug*, S. 44; *Hermann*, S. 228.

103 *Ipsen*, 7/7 ff., S. 170.

104 Ausführlich *Loch / Hasenpflug*, S. 44; Aufzählung bei *Leyser*, in: Groeben / Boeckh / Thiesing, Bd. II, Anm. 7 zu Art. 238 EWGV, S. 814.

105 Abkommen vom 9. 7. 1961, ABl. 1963, S. 293; BGBl. 1961 II, S. 1141.

106 Abkommen vom 12. 9. 1963, Ratsbeschluß vom 23. 12. 1963, ABl. 1964, S. 3685; Zustimmungsgesetz vom 13. 5. 1964, BGBl. 1964 II, S. 509.

107 Die Jaunde-Abkommen wurden mit den AASM (den mit der Gemeinschaft assoziierten afrikanischen Staaten und Madagaskar) geschlossen. — Jaunde I, seit 1. Juni 1964 in Kraft (ABl. 1964, S. 1431; BGBl. 1964, II, S. 289). — Jaunde II, seit 1. 1. 1971 in Kraft (ABl. 1970, Nr. L 282, S. 2; BGBl. 1970 II, S. 522).

108 Arusha (mit Kenia, Tansania, Uganda) I u. II, letzteres seit 1. 1. 1971 in Kraft (ABl. 1970, Nr. L 282, S. 54; BGBl. 1970 II, S. 1081).

109 Lome-Abkommen vom 28. 2. 1975, geschlossen mit den AKP-Staaten (Afrika, Karibik, Pazifik), die für ihre Waren freien Zugang zum Gemeinsamen Markt erhalten — das heißt: ohne mit Abgaben zollgleicher Wirkung belastet zu werden —, ohne zur Gegenseitigkeit verpflichtet zu sein. Es löst die Assoziierungsabkommen von Jaunde und Arusha ab. Siehe im einzelnen *Krohn*, RevMC 1975, S. 101 ff.

die für den Handel zwischen ihnen selbst gelten (vgl. Art. 132 Ziffer 1 EWGV). Es wird also die Schaffung einer Freihandelszone angestrebt, in der zollfreier Warenverkehr herrscht[110]. Die Abschaffung der Zölle vollzog sich schrittweise auf der Grundlage von Art. 133 EWGV. Der Zollabbau durch die Mitgliedstaaten umfaßt auch die zollgleichen Abgaben[111]. Die Assoziierten sind weiterhin berechtigt, Ausfuhrzölle und Abgaben zollgleicher Wirkung zu erheben.

2. Ausnahme: entwicklungspolitische Schutzklausel

Dabei ist allerdings die aus entwicklungspolitischer Rücksichtnahme geschaffene Ausweichklausel des Art. 133 Abs. III EWGV zu beachten. Die assoziierten Länder können Zölle erheben — d. h. beibehalten, erhöhen oder einführen —, die den Erfordernissen ihrer Entwicklung und Industrialisierung entsprechen oder als Finanzzölle der Finanzierung ihres Haushalts dienen[112].

a) Abgaben zollgleicher Wirkung ausdrücklich erwähnt

In mehreren nach Art. 238 EWGV ausgehandelten Abkommen[113] werden neben den Zöllen auch die Abgaben zollgleicher Wirkung erwähnt. Der Begriff ist im EWGV und in den Assoziierungsabkommen identisch. Es gibt keine besondere Definition und es ist nicht vereinbart, daß etwas anderes gelten soll. Dieses Verbot der Erhebung zollgleicher Abgaben ist das Ergebnis der von den Parteien geführten Vertragsverhandlungen. Es muß folglich ausgehandelt werden. Damit steht fest, daß das Verbot der Abgaben zollgleicher Wirkung grundsätzlich zwar auch in den Beziehungen zu den Assoziierten Gültigkeit hat, daß aber in den Fällen, in denen die Bedingungen der Schutzklausel erfüllt sind, weder eine standstill-Verpflichtung noch eine Abbauverpflichtung besteht[114].

---

110 Gesamtbericht der Kommission 1973, S. 431.

111 *Wohlfahrt* u. a., Anm. 2 zu Art. 133, S. 415.

112 Die GATT-Konformität (Art. XXIV Ziff. 5) dieser Regelung ist umstritten. Näher dazu *Loch / Hasenpflug*, S. 82 ff.; beachte aber auch S. 86: Die Beseitigung von Freihandelszöllen ist nie ein erforderliches Kriterium für die Bildung von Freihandelszonen, entsprechend den GATT-Regeln gewesen.

113 Hier nur als Auswahl: Jaunde — Art. 2 u. 3 Abs. II; Arusha — Art. 2 u. 3; Griechenland — Art. 12 u. 37. (Assoziationsabkommen vom 9. 7. 1961, ABl. 1963, S. 293; BGBl. 1961 II, S. 1141.) — *Oppermann*, ZaöRV 22 (1962), S. 487, der die Assoziierung Griechenlands exemplarisch für alle späteren Abkommen beschrieben hat, bezeichnet dieses Abkommen als „EWG-Vertrag in vereinfachter Form". Es wird die Zollunion angestrebt; vgl. hierzu auch die RS 181/73, Bd. 1974, S. 449 ff.

114 So auch die Stellungnahme der Kommission zu den RS 37 u. 38/73, Bd. 1973, S. 1619.

b) Konkretisierung der Schutzklauselfälle

Das zweite Jaunde-Abkommen[115] verdeutlicht in einem beigefügten Protokoll[116], welche „Erfordernisse der Entwicklung" die Erhebung zollgleicher Abgaben rechtfertigen könnten:

— die Durchführung der auf die Anhebung des Lebensstandards ausgerichteten Programme;

— die Errichtung von Produktionszweigen, die zur Erhöhung des Lebensstandards beitragen;

— die Notwendigkeit des Zahlungsbilanzausgleichs sowie die Beseitigung der Schwierigkeiten, die auf die Anstrengungen zur Ausweitung der Binnenmärkte und die Unbeständigkeit der terms-of-trade zurückzuführen sind;

— die schnelle und anhaltende Zunahme der Exporterlöse.

Ein ebenso wichtiger entwicklungspolitischer Beitrag ist der Verzicht auf Gegenpräferenzen[117]. Es wird dabei berücksichtigt, daß die Zoll- und Fiskaleinnahmen bei der Einfuhr häufig einen wesentlichen Anteil an der Finanzierung des Staatshaushaltes der Entwicklungsländer haben[118]. Dieser fiskalische Zweck wird beim Fehlen einer korrespondierenden Produktion über die Schutzklausel zulässigerweise verfolgt. Bei vorhandener korrespondierender Produktion deckt die Schutzklausel den protektionistischen Zweck. Die unzulässigen Abgaben zollgleicher Wirkung dürfen nur in nicht diskriminierender Form, also in gleicher Höhe allen Mitgliedstaaten gegenüber erhoben werden[119]. Eine Diskriminierung eingeführter Waren gegenüber inländischen Waren wird durch die Schutzklausel legitimiert.

V. Besonderheiten durch den Beitritt der neuen Mitgliedstaaten

Großbritannien, Irland und Dänemark sind den Gemeinschaften mit Wirkung vom 1. 1. 1973 beigetreten. Das Beitrittsabkommen wurde am 22. 1. 1972 geschlossen. Die Vereinbarungen wurden auf der Rechtsgrundlage der Art. 237 EWGV, 205 EAGV und 98 EGKSV getroffen.

Die Bindungen der neuen Mitgliedstaaten an die Gemeinschaft sind grundsätzlich so, als seien die Beitrittsländer immer schon Mitglieder der Gemeinschaften gewesen. Die Fälle, in denen dieser Grundsatz für

---

[115] Es führte die im 1. Abkommen begonnene Assoziierung fort und hatte eine Laufzeit bis 31. 1. 1975; vgl. *Loch / Hasenpflug*, S. 62.

[116] Protokoll Nr. 2 über die Anwendung des Art. 3 des Abkommens von Jaunde II, ABl. 1970, Nr. L 282, S. 19.

[117] Gesamtbericht der Kommission 1973, S. 431.

[118] Vgl. *Wirsing*, in: Groeben / Boeckh / Thiesing, Bd. I, zu Art. 133, S. 1607.

[119] *Wohlfahrt* u. a., Anm. 5 zu Art. 133, S. 417.

die Dauer einer Übergangszeit nicht gilt, sind im Beitrittsvertrag enumerativ geregelt. „Es gibt keine Vergünstigungen kraft Beitritts, es gibt nur befristete Sonderregelungen kraft Beitrittsvertrages[120].“

1. Beitrittsakte: Abbau zollgleicher Abgaben

Die Akte über die Beitrittsbedingungen und die Anpassungen der Verträge, die sog. *Beitrittsakte*[121], enthält in ihrem IV. Teil mit dem Titel „Übergangsmaßnahmen“[122] in den Art. 35, 36 und 37 spezifische Vorschriften über den Abbau der Maßnahmen zollgleicher Wirkung, sofern sie in den neuen Mitgliedstaaten bestehen. Diese Übergangsregelungen sollen den neuen Mitgliedstaaten die Anpassung erleichtern[123]. Über den stufenweisen Abbau wurde eine differenzierte Fristenregelung getroffen. Hier können 3 Tatbestände unterschieden werden:

a) „standstill“, Art. 35

Abgaben zollgleicher Wirkung, die im Handel mit den alten Mitgliedstaaten und im Handel mit den neuen Mitgliedstaaten bei der Einfuhr erhoben werden und in der Zeit vom 1. Januar 1972 bis 31. Dezember 1972, das heißt in dem Jahr vor dem Inkrafttreten der Beitrittsverträge, neu eingeführt wurden oder deren Sätze im gleichen Zeitraum erhöht wurden. Diese zollgleichen Abgaben sind entweder abzuschaffen oder ist die Erhöhung mit Wirkung vom 1. Januar 1973 rückgängig zu machen. Es wird zur Ausgangsposition vom 1. Januar 1972 zurückgekehrt.

b) Schrittweiser Abbau, Art. 36

Abgaben zollgleicher Wirkung, die bei der Einfuhr erhoben werden, vor dem 1. Januar 1972 bestanden und seither keiner Änderung unterworfen worden sind. Diese zollgleichen Abgaben sind in vier Etappen abzubauen, und zwar ist ihr Satz am 1. Januar 1974 auf 60 % des Ausgangssatzes, das heißt des am 1. Januar 1972 angewandten Satzes, herabzusetzen. Die drei weiteren Herabsetzungen von jeweils 20 % werden am 1. Januar 1975, am 1. Januar 1976 und am 1. Juli 1977 vorgenommen (Art. 36).

c) Ausfuhrzollgleiche Abgaben, Art. 37

Die bei der Ausfuhr erhobenen Abgaben zollgleicher Wirkung waren spätestens am 1. Januar 1974 zu beseitigen.

---

120 So *Nass*, EuR 1972, S. 109, 110.
121 ABl. vom 27. 3. 72 (Sonderausgabe — Nr. L 73 —, S. 5: Beitrittsvertrag).
122 ABl. 1972, Nr. L 73, S. 20 ff.; vgl. *Regul*, Bd. 1, I E.
123 Vgl. *Much*, EuR 1972, S. 336.

2. Schutzklauseln und Ausnahmeregelungen zur Erleichterung der Anpassung

Es ist zu beachten, daß den neuen Mitgliedstaaten Schutzklauseln zugebilligt wurden, um ihre Anpassung an die bereits entwickelten Verhältnisse der Gemeinschaft nicht zu großen Spannungen auszusetzen. Als Beispiel ist Art. 135 der Beitrittsakte zu nennen. Er gilt während der Übergangszeit bis zum 31. 12. 1977. Die Anwendungskriterien sind dieselben wie für Art. 226 EWGV[124]. Zulässigerweise in Anspruch genommene Schutzklauseln können also eine Ausnahme vom Verbot zollgleicher Abgaben begründen und beispielsweise Einfuhrsonderabgaben, Ausgleichsbeträge und Sonderregeln für bestimmte Erzeugnisse rechtfertigen[125].

B. Abgaben zollgleicher Wirkung in den beiden anderen Gemeinschaften

Da der Gerichtshof schon seit 1958 gemeinsames Organ der drei Gemeinschaften ist, ist ihm eine Gesamtschau und die Herausarbeitung gemeinsamer für das europäische Wirtschaftsrecht geltender Grundsätze möglich[126].

Auch betreffend zollgleicher Abgaben lassen sich gemeingültige Grundsätze aufstellen, die zwar an Beispielen aus dem EWGV-Recht entwickelt wurden, aber unter dem Vorbehalt der besonderen Struktur der beiden anderen Verträge auf EGKS und EAG ausgedehnt werden können.

I. Montanunion (EGKS)

Laut Art. 232 Abs. I EWGV ändert der EWGV nicht die Bestimmungen des Vertrages über die Gründung der Europäischen Gemeinschaft für Kohle und Stahl. Dies gilt insbesondere hinsichtlich der Vorschriften für das Funktionieren des Gemeinsamen Marktes für Kohle und Stahl. Es geht um die Frage, was sich aus dem EGKSV für die Beurteilung von Abgaben zollgleicher Wirkung ergibt.

---

124 *Fuhrmann,* AWD 1972, S. 273. Dazu noch Kapitel 3, C, II, 1.

125 Vgl. Entscheidungen der Kommission vom 27. 2. 1973 (Nr. 199/73 und Nr. 200/73) über die Ermächtigung zur Beibehaltung der für einige Erzeugnisse vorgesehenen Finanzzölle oder Finanzteile solcher Zölle, ABl. 1973, Nr. L 197, S. 7 und 21.

126 Worauf *Matthies,* S. 70, zu Recht hinweist.

Bereits am 18. 4. 1951 wurde die sog. Montanunion gegründet. Diese Europäische Gemeinschaft für Kohle und Stahl beruht auf einem gemeinsamen Markt (vgl. Art. 1, Art. 2 Abs. I EGKSV). Der Zugang zur Produktion muß allen in vergleichbarer Lage befindlichen Verbrauchern des Gemeinsamen Marktes in gleicher Weise offenstehen. Dies kann nur durch freien Warenverkehr erreicht werden.

1. Diskriminierungsverbot (Art. 4 EGKSV)

Zur Erreichung des Vertragszweckes werden in Art. 4 EGKSV Diskriminierungsverbote aufgestellt, denn diese sind eine wesentliche Voraussetzung für die Errichtung und das Funktionieren des Gemeinsamen Marktes[127].

2. Zollgleiche Abgaben verboten (Art. 4 Ziffer a) EGKSV)

Ein- und Ausfuhrzölle oder Abgaben gleicher Wirkung werden als unvereinbar mit dem Gemeinsamen Markt für Kohle und Stahl innerhalb der Gemeinschaft gemäß den Bestimmungen dieses Vertrages aufgehoben und untersagt. So bestimmt es Art. 4 Ziffer a) EGKSV[128]. Es handelt sich um eine unmittelbar anwendbare Vorschrift.

II. Euratom (EAG)

Es ist von Art. 232 Abs. II EWGV auszugehen, wonach der EWGV die Vorschriften des Euratom-Vertrages nicht beeinträchtigt.

1. Gemeinsamer Markt

Der Vertrag zur Gründung der Europäischen Atomgemeinschaft, als Teil der Römischen Verträge am 25. 3. 1957 unterzeichnet, sieht in seinem Kapitel IX den Gemeinsamen Markt auf dem Kerngebiet vor. Um diesen Gemeinsamen Markt zu erreichen, war neben der Aufstellung eines Gemeinsamen Zolltarifs (Art. 94 EAGV) die Beseitigung der Zölle und Abgaben zwischen den Mitgliedstaaten erforderlich.

2. Beseitigung zollgleicher Abgaben

Art. 93 EAGV trifft folgende Regelung:

„Die Mitgliedstaaten beseitigen untereinander ein Jahr nach Inkrafttreten dieses Vertrages alle Einfuhr- und Ausfuhrzölle oder Abgaben

---

127 Vgl. RS 27 - 29/58, Bd. VI, S. 536.

128 Dazu *Olivier*, in: Quadri / Monaco / Trabucchi, C.E.C.A., Vol. I, Anm. 9 zu Art. 4 EGKSV, S. 86; *Reuter*, Tz. 188, S. 182.

gleicher Wirkung und alle mengenmäßigen Beschränkungen der Ein- und Ausfuhr:

a) für die in den Listen A^1 und A^2 aufgeführten Erzeugnisse,

b) für die in der Liste B aufgeführten Erzeugnisse, soweit für diese Erzeugnisse ein gemeinsamer Zolltarif gilt und sie mit einer Bescheinigung der Kommission versehen sind, aus der ihre Bestimmung für auf dem Kerngebiet liegende Zwecke hervorgeht.

Die einem Mitgliedstaat unterstehenden außereuropäischen Hoheitsgebiete können weiterhin Ein- und Ausfuhrzölle oder Abgaben gleicher Wirkung erheben, soweit sie ausschließlich fiskalischen Charakter haben. Höhe und System dieser Zölle und Abgaben dürfen nicht zu einer Diskriminierung dieses Staates und der übrigen Mitgliedstaaten führen."

Die kurze Zeitspanne von nur einem Jahr deutet darauf hin, daß bei Vertragschluß keine Probleme mit der Abschaffung zollgleicher Abgaben erwartet wurden. Tatsächlich blieb die praktische Bedeutung der Vorschrift gering. Bezüglich der Privilegierung von Abgaben mit Fiskalzweck fällt die Parallele zu den geltenden Regelungen des Art. 133 Abs. III EWGV für Assoziierte auf.

Generell wird man die Grundsätze, die für die Qualifizierung von Abgaben zollgleicher Wirkung im Sinne des EWGV entwickelt worden sind, analog auch für diejenigen Güter und Erzeugnisse anwenden können, die in den Listen des Anhangs IV zum EAGV aufgeführt sind und damit den Regeln des Gemeinsamen Marktes auf dem Kerngebiet unterworfen sind[129].

C. Freistellung vom Verbot, Abgaben zollgleicher Wirkung zu erheben

I. Ausnahmen

Das Zollverbot ist in Verbindung mit den Grundsätzen des freien Warenverkehrs eine grundlegende Vorschrift des EWGV. Dies ergibt sich aus der Deutlichkeit, Bestimmtheit und Vorbehaltlosigkeit der Art. 9 und 12 EWGV sowie aus der diesen Bestimmungen und dem ganzen Vertrag innewohnenden Logik[130]. Aus dieser Erkenntnis hat der

[129] So auch *Matthies*, S. 90. — *Carstens*, ZaöRV 18 (1958), S. 468, empfiehlt Lückenschließung im EAGV durch Rückgriff auf den EWGV.

[130] RS 2 u. 3/62, Bd. VIII, S. 881.

EuGH gefolgert, daß eine derart wesentliche Vorschrift unbeschadet anderer Vertragsbestimmungen keine Ausnahmen zulasse[131]. Das bedeutet, daß alle etwaigen Ausnahmen eindeutig angeordnet sein müssen.

Eine rechtfertigende Vertragsnorm — die wegen des absoluten Gebotes der Herstellung freien Warenverkehrs eng auszulegen ist[132] — kann demnach also bewirken, daß eine finanzielle Belastung nicht gegen Art. 9 ff. EWGV verstößt, obwohl die tatbestandsmäßigen und begrifflichen Voraussetzungen einer Abgabe zollgleicher Wirkung vollständig erfüllt sind.

Dieser Fall unterscheidet sich von der Erhebung eines Entgelts als Gegenleistung für individuell geleistete Dienste. Bei einer solchen Konstellation ist schon begrifflich keine zollgleiche Abgabe anzuerkennen, weil durch den tatsächlich erbrachten Vorteil eine Belastung der mit der Gebühr belegten Ware letztlich nicht mehr festgestellt werden kann und somit das wesentliche Begriffsmerkmal der kostensteigernden Wirkung entfällt[133].

Ebenfalls keine Ausnahme, sondern schon begrifflich keine Abgabe zollgleicher Wirkung im Sinne der Art. 9 ff. EWGV stellen finanzielle Belastungen dar, die aufgrund gemeinschaftlichen Vorgehens erhoben werden[134]. Selbstverständlich muß solches Handeln der Gemeinschaftsorgane vertragskonform sein, also seine Grundlage im Vertrag selbst finden.

An anderer Stelle wurde bereits ausgeführt, daß die Ausnahmeregelung, die der EWG-Vertrag in Art. 36 ausdrücklich vorsieht, nicht geeignet ist, die Erhebung zollgleicher Abgaben zu rechtfertigen[135]. Art. 223 Abs. I Ziffer b) EWGV, der durch militärische Sicherheitsinteressen begründete Ausnahmen gestattet, und Art. 224 EWGV, der Maßnahmen für den Kriegsfall oder ähnliche Situationen vorsieht, sollten in der gleichen Weise ausgelegt werden, da auch hier für die Ausübung der eingeräumten Befugnisse die Erhebung von Gebühren nicht wesensnotwendig ist und eine gemeinschaftsrechtliche Annexkompetenz für die Gebührenerhebung nicht besteht. Gegen die Zulässigkeit von Abgaben zollgleicher Wirkung nach diesen Vorschriften spricht ferner deren Ausnahmecharakter. Die unvermeidlichen Behinderungen sollen so gering wie möglich bleiben und nicht zu zusätzlichen Beeinträchtigungen, wie sie die Formalitäten der Abgabenerhebung mit sich bringen würden, führen.

---

131 RS 2 u. 3/69, Bd. XV, S. 222 (Entscheidungsgründe 19).

132 RS 2 u. 3/62, Bd. VIII, S. 881; RS 7/68, Bd. XIV, S. 644.

133 Hierzu ausführlich Kapitel 2, A, X.

134 Siehe dazu Kapitel 2, A, V.

135 Vgl. Kapitel 2, A, X, 3 und Kapitel 2, B, I sowie insbesondere die RS 7/68 und 29/72.

In anderen Bestimmungen enthält der Vertrag aber ausdrückliche Ausnahmen, die auch die Art. 9 ff. EWGV erfassen. Diese Regelungen, die aufgrund objektiver Erfordernisse oder im Wege politischer Kompromißbildung — in der Erkenntnis eines langen Weges bis zur Erreichung der Vertragsideale — geschaffen wurden, nennt man *Schutzklauseln.*

Wenn die Tatbestandsvoraussetzungen für ihre Anwendung bejaht werden können, ist auch der Einsatz zollgleicher Abgaben als Instrument zur Erreichung der mit der Schutzklausel verfolgten Ziele möglich. Die Erhebung grundsätzlich verbotener Abgaben zollgleicher Wirkung ist dann gerechtfertigt.

Da es sich bei den Schutzklauseltatbeständen des EWGV um Ausnahmebestimmungen — das heißt um scharf abgegrenzte Sondertatbestände — handelt, eignen sie sich nicht für eine ausdehnende Auslegung[136]. Schutzklauselmaßnahmen dürfen nur vorübergehenden Charakter haben[137]; die Eingriffe sollen auf das unbedingt erforderliche Maß beschränkt bleiben und das Funktionieren des Gemeinsamen Marktes möglichst wenig stören. Auch Schutzklauseln dienen letzten Endes den Zielen des Vertrages[138]. Es gibt auch Situationen, in denen die Anwendung von Schutzmaßnahmen schlimmere Folgen auch für die Gemeinschaft verhindern kann. Es besteht ein notwendiges Spannungsverhältnis zwischen dem Bemühen um Vollendung des Gemeinsamen Marktes und der Aufrechterhaltung mitgliedstaatlicher Sonderrechte[139].

II. Einzelne Schutzklauseln

1. Allgemeine Schutzklauseln

Während der Übergangszeit hat Art. 226 EWGV einem Mitgliedstaat ermöglicht, bei Schwierigkeiten, welche einen Wirtschaftszweig erheblich und voraussichtlich anhaltend trafen oder welche die wirtschaftliche Lage eines bestimmten Gebietes beträchtlich verschlechtern konnten, die Genehmigung zur Anwendung von Schutzmaßnahmen zu beantragen, um die Lage wieder auszugleichen oder um den betreffenden Wirtschaftszweig an die Wirtschaft des Gemeinsamen Marktes anzupassen.

---

136 EuGH in der RS 13/68, Bd. XIV, S. 680; vgl. *Ehle / Meier,* Tz. B 35, S. 125.

137 EuGH in der RS 73 und 74/63, Bd. X, S. 5.

138 Vgl. *Oppermann,* EuR 1969. S. 238.

139 *Oppermann,* EuR 1969, S. 232; siehe des weiteren zur Frage der Schutzklauseln *Gori* (sehr gemeinschaftsfreundlich und auf Zurückdrängung der Schutzklauseln gerichtet) und *Müller-Heidelberg* (ausführliche Darstellung, auf die bezüglich der Einzelheiten, die hier nicht vertieft werden können, verwiesen wird).

Solche Schutzmaßnahmen konnten, wie aus Art. 226 Abs. III folgt, auch in einer vorübergehenden Freistellung vom Verbot der Erhebung von Zöllen und Abgaben gleicher Wirkung bestehen[140]. Der Gerichtshof zog Art. 226 EWGV für die Beurteilung der Währungsausgleichsabgabe auf landwirtschaftliche Erzeugnisse nach der DM-Aufwertung vom 27. 10. 1969 heran[141]. Mit dem Ende der Übergangszeit am 31. 12. 1969 ist Art. 226 EWGV jedoch außer Kraft getreten[142]. Somit ist die Möglichkeit entfallen, nach diesem Zeitpunkt von den Mitgliedstaaten noch erhobene zollgleiche Abgaben als Schutzmaßnahmen nach Art. 226 EWGV zu rechtfertigen[143].

Diese Vorschrift ist indes Vorbild für Art. 135 der Beitrittsakte geworden. Unter denselben Bedingungen können bis zum 31. 12. 1977 — dem Ende der Übergangsperiode gemäß Art. 9 Abs. II der Beitrittsakte — Schutzmaßnahmen angewendet werden[144].

Da auch nach dem Ende der Übergangszeit noch wirtschaftliche Schwierigkeiten in einem oder mehreren Mitgliedstaaten auftreten und deshalb Schutzmaßnahmen erforderlich werden können[145], die nicht durch andere spezielle Schutzklauseln des Vertrages gedeckt sind, wird die Möglichkeit zeitweiliger Befreiung vom Verbot zollgleicher Abgaben auf Art. 235 EWGV gestützt[146]. Der Rückgriff auf Art. 235 EWGV sollte allerdings nur als letzter Ausweg gewählt werden, um schwerwiegende Konsequenzen für die Gemeinschaft zu vermeiden. In jedem Fall ist zuerst zu prüfen, ob nicht bereits die speziellen Schutzklauseln die Erhebung zollgleicher Abgaben rechtfertigen und somit eine Berufung auf Art. 8 Abs. VII EWGV ins Leere gehen lassen.

2. Besondere Schutzklauseln

Art. 103 Abs. 1 EWGV ist als konjunkturpolitische Schutzklausel von Bedeutung. Unbeschadet der sonstigen im Vertrag vorgesehenen Verfahren kann der Rat auf Vorschlag der Kommission über die der kon-

---

140 In diesem Sinne auch der EuGH in den RS 73 und 74/63, Bd. X, S. 5 (Leitsatz 3); vgl. *Müller-Heidelberg*, S. 320 und *Gori*, S. 220 ff.

141 RS 37/70, Bd. XVII, S. 23 ff.

142 *Ehle / Meier*, Tz. B 36, S. 127.

143 Auf einen unterschiedslosen Wegfall sämtlicher innergemeinschaftlicher Schutzklauseln kann daraus nicht geschlossen werden — vgl. *Oppermann*, EuR 1969, S. 233.

144 Siehe hierzu *Fuhrmann*, AWD 1972, S. 273.

145 *Oppermann*, EuR 1970, S. 38, schlägt für die weitere Integration die Schaffung neuer sektoraler Übergangszeiten mit der durch Art. 235 EWGV gedeckten Möglichkeit befristeter Anpassungsregelungen vor.

146 Umstritten — vgl. *Ehle / Meier*, Tz. B 40, S. 128 (ablehnend); dagegen aber *Oppermann*, EuR 1969, S. 237 und *Gori*, in: EREI, S. 290.

junkturpolitischen Lage entsprechenden Maßnahmen entscheiden[147]. Diese Sondervorschrift rechtfertigt auch Einschränkungen des freien Warenverkehrs innerhalb der Gemeinschaft, wenn die Maßnahmen im gemeinsamen Interesse liegen[148].

Bei Änderungen des Wechselkurses sieht die währungspolitische Schutzklausel des Art. 107 Abs. II EWGV unter bestimmten Voraussetzungen ein Verfahren vor, nach dem die Kommission einige oder alle anderen Mitgliedstaaten zu Schutzmaßnahmen ermächtigen kann. Die Kommission kann die Mitgliedstaaten auch nach dem 31. 12. 1969 von dem Verbot innergemeinschaftlicher Zölle und Abgaben gleicher Wirkung freistellen, um damit Verfälschungen der Wettbewerbsbedingungen auszugleichen[149].

Unter gleichfalls sehr engen Voraussetzungen können für den Fall ernsthafter Zahlungsbilanzschwierigkeiten zollgleiche Abgaben als Schutzmaßnahmen gemäß Art. 108 Abs. I und III EWGV oder gemäß Art. 109 EWGV (bei plötzlicher Zahlungsbilanzkrise) gerechtfertigt sein[150].

Bei der außenhandelspolitischen Schutzklausel des Art. 115[151] EWGV im Falle allgemeiner oder sektoraler Schwierigkeiten im Handel mit Drittländern macht sich die Tendenz, nach dem Wegfall der Schutzklausel des Art. 226 EWGV auf andere Schutzklauseln auszuweichen, besonders bemerkbar[152]. Die Gefahr einer Aufweichung der Zollunion in Richtung Freihandelszone ist daher nicht zu übersehen[153].

Schließlich sei noch erwähnt, daß auch die Agrarmarktverordnungen[154] sowie die von der Gemeinschaft geschlossenen Handelsverträge

---

147 *Ehle / Meier,* Tz. B 37, S. 127 sehen hierin keine Handhabe für die Erhebung zollgleicher Abgaben; a. A. *Gori,* in EREI, S. 287, sowie die Kommission in der RS 10/73, Bd. 1973, S. 1175 ff.

148 Nach *Ehle,* AWD 1974, S. 308, muß die konkrete Zwecksetzung dem gemeinsamen Interesse eher entsprechen, als die unbedingte Respektierung des Zollverbotes; damit aber Gefahr der Einführung von Ausgleichsbeträgen auch auf dem industriellen Sektor (*Deringer / Sedemund,* NJW 1974, S. 401).

149 Vgl. *Ehle / Meier,* Tz. B 52, S. 132 (jedoch unter Betonung der strengen Anwendbarkeitskriterien). — Nach *Oppermann,* EuR 1970, S. 38, führen die zu engen Voraussetzungen des Art. 107 EWGV dazu, daß andere Vertragsvorschriften Ersatzschutzklauselfunktion bekommen.

150 Hierzu ausführlich *Ehle / Meier,* Tz. B 53 - 64, S. 133 ff. Im Fall der italienischen Maßnahmen vom Mai 1974 (Bardepotpflicht auf Einfuhren) hat die Kommission ihre Genehmigung gegeben (ABl. v. 8. 6. 1974, Nr. L 152, S. 18), obwohl die Voraussetzungen nicht gegeben waren. Sie hat das isolierte Vorgehen Italiens in ein gemeinschaftliches Verfahren übergeleitet. Dazu sehr kritisch *Meier,* AWD 1974, S. 293.

151 Siehe dazu *Oppermann,* AWD 1964, S. 97 ff.

152 Kritisch dazu *Ehle / Meier,* Tz. B 81, S. 142.

153 Demgegenüber gelassen *Krämer,* KSE Bd. 22, S. 1.

154 Hierzu *Ehlermann,* EuR 1966, S. 305 ff.; gegen eine Legitimierung zoll-

und nicht zuletzt die Assoziierungsabkommen[155] Schutzklauseln enthalten, die als Ausnahme vom grundsätzlich auch in diesen Bereichen geltenden Verbot zollgleicher Abgaben im Einzelfall die Freistellung von diesem Verbot ermöglichen.

gleicher Abgaben durch die VO Nr. 635/68 des Rates (ABl. 1968, Nr. L 123) wenden sich *Ehle / Meier*, Tz. B 67, S. 137.

155 Auf die entwicklungspolitische Schutzklausel nach Art. 133 Abs. II EWGV wurde bereits in Kapitel 3, A, IV, 2 hingewiesen; vgl. auch die Konkretisierung im Protokoll Nr. 2 zum Assoziationsabkommen Jaunde II.

KAPITEL 4

Die Durchsetzung des Verbotes, Abgaben zollgleicher Wirkung zu erheben, in der Praxis

A. Die Rolle der Kommission

I. Hüterin des Vertrages; Art. 155 EWGV

Da die Kommission der Europäischen Gemeinschaften[1] nach Art. 155 EWGV für das ordungsgemäße Funktionieren und die Entwicklung des Gemeinsamen Marktes verantwortlich ist, ist es nach dem Vertrag ihre Aufgabe, „für die Anwendung dieses Vertrages sowie der von den Organen aufgrund dieses Vertrages getroffenen Bestimmungen Sorge zu tragen".

Als Hüterin des Vertrages wacht die Kommission über die Einhaltung der Verpflichtungen, welche die Mitgliedstaaten im EWGV eingegangen sind[2]. Im Rahmen dieser Aufgabe ist es hinsichtlich der alten Mitgliedstaaten und nach der Erweiterung der Gemeinschaft im Verhältnis zu den neuen Mitgliedstaaten erforderlich, zu prüfen, inwieweit Abgaben, die bei der Einfuhr oder bei der Ausfuhr im innergemeinschaftlichen Warenverkehr erhoben werden, Abgaben zollgleicher Wirkung sind.

Eine derartige Prüfung ist jedoch nur möglich, wenn der Kommission alle Fälle bestehender Abgaben bekannt sind.

II. Sammlung von Informationen

Um dies zu erreichen, bedienen sich die Dienststellen der Kommission folgender Informationsmöglichkeiten:

---

[1] Nach der Zusammenlegung der drei Gemeinschaften durch den Vertrag vom 8. April 1965 zur Einsetzung eines gemeinsamen Rates und einer gemeinsamen Kommission der Europäischen Gemeinschaften, BGBl. 1965, II, S. 1453.

[2] Über ihre Aktivitäten legt die Kommission in jährlichen Gesamtberichten Rechenschaft ab. Darüberhinaus sind die Antworten der Kommission auf die von Abgeordneten der Versammlung gestellten schriftlichen Anfragen von Interesse.

Systematisches Studium aller gesetzlichen Vorschriften auf dem Gebiet des Zoll-, Steuer- und Gebührenrechts.

Prüfung von Beschwerden, die von Regierungen, Berufsorganisationen, Firmen oder Privatpersonen an die Kommission der Europäischen Gemeinschaften gerichtet werden und die Belastung von Einfuhren oder Ausfuhren betreffen.

Versendung von Fragebogen an die Mitgliedstaaten zur systematischen Erfassung aller bei der Ein- oder Ausfuhr oder wegen der Ein- und Ausfuhr erhobenen Abgaben und finanziellen Belastungen[3].

III. Handlungsmöglichkeiten

1. Informelle Beeinflussung der Mitgliedstaaten

Wenn die Kommission zu der Auffassung gelangt, eine Abgabe erfülle die Kriterien des Begriffes „Abgabe zollgleicher Wirkung", versucht sie, die Regierung des betroffenen Mitgliedstaates unter Hinweis auf die Rechtslage zur Änderung ihrer Erhebungspraxis zu bewegen[4]. Diese kann in Form des Verzichts auf eine weitere Belastung oder der Umwandlung in eine zulässige (d. h. vertragskonforme) innere Abgabe geschehen.

2. Einleitung des Verfahrens nach Art. 169 EWGV

Die gemeinschaftsrechtliche Grundlage für die Einleitung eines Verfahrens wegen Vertragsverletzung ist in Art. 169 EWGV enthalten. Dort heißt es in Abs. I: „Hat nach Auffassung der Kommission ein Mitgliedstaat gegen eine Verpflichtung aus diesem Vertrag verstoßen, so gibt sie eine mit Gründen versehene Stellungnahme hierzu ab; sie hat dem Staat zuvor Gelegenheit zur Äußerung zu geben."

Hierbei ist erwähnenswert, daß eine im Widerspruch zu einem gemeinschaftsrechtlichen Verbot erhobene Abgabe ihren rechtswidrigen Charakter nicht durch den Antrag auf Erteilung einer Ausnahmegenehmigung verliert[5].

3. Zurückhaltung aus Ermessensgründen

Gelegentlich wird eine festgestellte zollgleiche Abgabe mit Rücksicht auf laufende Harmonisierungsverhandlungen nicht mit äußerster Kon-

---

[3] Vgl. *Blümel*, S. 4.

[4] Vgl. *Colonna di Paliano*, S. 57.

[5] EuGH in den RS 2 u. 3/62, Bd. VIII, S. 879: „Bestünde die Möglichkeit, die Anwendung von Art. 169 durch Genehmigungsanträge zu verhindern, so verlöre diese Bestimmung jede Wirksamkeit."

sequenz bekämpft. Da in der Praxis dem Ausweg einer Harmonisierung von Rechtsnormen, insbesondere von Steuervorschriften, recht große Bedeutung zukommt, wäre es wenig hilfreich, an dem von Opportunitätsgesichtspunkten geprägten Verhalten der Kommissionsdienststellen aus der Sicht rigoroser Vertragsdogmatik allzu scharfe Kritik zu üben. Denn es ist oft eine Ermessensfrage und politische Entscheidung, auf welchem Wege die Integration am besten vorangetrieben werden kann[6]. Sogar Art. 169 Abs. II EWGV trägt dem Rechnung, denn er lautet: „Kommt der Staat dieser Stellungnahme innerhalb der von der Kommission gesetzten Frist nicht nach, so kann die Kommission den Gerichtshof anrufen." Neben dem „ob" steht auch das „wann", das heißt die Wahl des Zeitpunktes für die Anrufung des EuGH, im Ermessen der Kommission[7].

Auf ein Urteil des Gerichtshofes, mit dem auf Antrag der Kommission die Vertragsverletzung festgestellt wird, muß der beklagte Mitgliedstaat von sich aus — eine Vollstreckung gegen ihn ist nicht möglich! — die Maßnahmen ergreifen, die erforderlich sind, um den rechtswidrigen Zustand zu beseitigen. Diese Verpflichtung des verurteilten Staates wird in Art. 171 EWGV ausgesprochen. Wird sie nicht beachtet, so kann sich die Kommission erneut nach Art. 169 EWGV an den EuGH wenden. Dies war beispielsweise in der RS 48/71 notwendig, da die italienische Regierung die sich aus dem Urteil des Gerichtshofes in der RS 7/68 bezüglich der Abgabe auf die Ausfuhr von Gegenständen kulturellen Interesses ergebenden Maßnahmen nicht ergriffen hatte[8].

Andere Beispiele von Klagen der Kommission gegen Mitgliedstaaten sind die RS 2 und 3/62; 7/68; 24/68; 8/70.

4. Beteiligung am Verfahren nach Art. 170 EWGV

Die Kommission ist auch an dem nach Art. 170 EWGV vorgesehenen Verfahren beteiligt. Nach Art. 170 Abs. I EWGV kann jeder Mitgliedstaat den Gerichtshof anrufen, wenn er der Auffassung ist, daß ein anderer Mitgliedstaat gegen eine Verpflichtung aus diesem Vertrag verstoßen hat. Bevor ein Mitgliedstaat Klage erhebt, muß er die Kommission mit der angeblichen Verletzung von Vertragspflichten befassen (Art. 170 Abs. II EWGV). Die Kommission erläßt nach Durchführung

---

[6] Durch politische Zurückhaltung bedingt, macht die Kommission von der Möglichkeit, Mitgliedstaaten beim EuGH zu verklagen, immer zögernder Gebrauch. Seit der EWG-Krise 1965 steht die Bereinigung strittiger Fälle *ohne Klage* im Vordergrund; vgl. *Bülow*, in: EREI. S. 79.

[7] RS 7/68, Bd. XIV, S. 642.

[8] RS 48/71, Bd. XVIII, S. 529 ff.

eines kontradiktorischen Verfahrens (vgl. Abs. III) eine mit Gründen versehene Stellungnahme.

Es überrascht nicht, daß von dieser Möglichkeit des Rechtsstreites zwischen Mitgliedstaaten vor dem EuGH in der Praxis kein Gebrauch gemacht wird, da die Lösung eines Problems eher auf politischer und diplomatischer Ebene oder durch weitere Initiativen der Kommission gefunden werden kann. Über eine Abgabe zollgleicher Wirkung wurde bisher kein Verfahren nach Art. 170 EWGV bis zur Klageerhebung betrieben.

IV. Beklagte im Verfahren nach Art. 173 EWGV

In der Rolle der *Beklagten* sah sich die Kommission in den RS 52 und 55/65 und 47/69, als die Rechtmäßigkeit ihres Handelns — in Form einer Richtlinie nach Art. 189 Abs. III EWGV bzw. einer Entscheidung nach Art. 189 Abs. IV EWGV — von der Regierung eines Mitgliedstaates angefochten wurde[9].

Nach Art. 173 Abs. I EWGV ist der Gerichtshof unter anderem für Klagen zuständig, die ein Mitgliedstaat wegen Verletzung des Vertrages oder einer bei seiner Durchführung anzuwendenden Rechtsnorm oder wegen Ermessensmißbrauchs erhebt.

B. Die Rolle des EuGH

I. Auftrag laut Art. 164 EWGV

Nach dem in Art. 164 EWGV gestellten Auftrag sichert der Gerichtshof die Wahrung des Rechts bei der Auslegung und Anwendung des Vertrages. Auch der Gerichtshof ist also „Hüter des Vertrages".

Schon *Wenner*[10] hat darauf hingewiesen, daß der Rechtsprechung allgemein im EWG-Recht größere Bedeutung zukomme als sonst nach den kontinentalen Rechtsordnungen. Das EWG-Recht werde Züge des amerikanischen case-law tragen. Diese Tendenz hat sich bestätigt und wird durch den Einfluß der neuen Mitgliedstaaten Großbritannien, Irland und Dänemark noch verstärkt werden[11], sollte aber kein Grund sein, die systematisierende Dogmatik zu vernachlässigen.

---

[9] Vgl. die RS 52 u. 55/65, Bd. XII, S. 219 ff. und die RS 47/69, Bd. XVI, S. 487 ff.; außerdem zu den beiden Fällen bereits Kapitel 2, A, X, 4, b, aa, β sowie Kapitel 2, B, III, 3, b.

[10] AWD 1963, S. 34.

[11] Vgl. *Nass*, EuR 1972, S. 118, der darauf hinweist, daß die Rechtsprechung

1. Integrationsfreundliche Interpretationen

Durch gemeinschaftsrechtsfreundliche Interpretationen, die sich immer an den weit gesteckten Zielen des Vertragswerkes orientieren, hat sich der Gerichtshof als integrationsförderndes Element von kaum zu überschätzender Bedeutung erwiesen. In seinen Urteilen bemühte sich der EuGH stets, die Verbote, welche der EWGV für den innergemeinschaftlichen Warenverkehr zur Erreichung des Ziels „Binnenmarktverhältnisse ohne Wettbewerbsverfälschung" aufstellt, möglichst lückenlos durchzusetzen. Die Behandlung zollgleicher Abgaben gibt hierfür ein überzeugendes Beispiel.

2. Unterstützung durch den Generalanwalt

An dieser Stelle soll die Rolle des Generalanwalts (Art. 166 EWGV) nicht unerwähnt bleiben. Den Schlußanträgen, die der Generalanwalt in völliger Unparteilichkeit und Unabhängigkeit zu den dem Gerichtshof unterbreiteten Rechtssachen stellt (Art. 166 Abs. 2 EWGV), kommt große Bedeutung zu. Insbesondere der Hintergrund einer Entscheidung wird in den meist recht knapp gehaltenen Urteilsgründen nicht ausreichend aufgehellt, so daß hier den Ausführungen des Generalanwalts interssante Details zu entnehmen sind[12].

II. Gemeinschaftsrechtliche Normen mit unmittelbarer Wirkung

Die Gemeinschaftsverträge begründen eine eigenständige Rechtsordnung, deren Rechtssubjekte nicht nur die Mitgliedstaaten, sondern auch die einzelnen — natürlichen oder juristischen — Personen sind. Grundsätzlich soll das Gemeinschaftsrecht den einzelnen nicht nur Pflichten auferlegen, sondern auch Rechte verleihen.

Die Antwort auf die Frage, ob bestimmte gemeinschaftsrechtliche Normen nur die Mitgliedstaaten oder auch Private betreffen, wirkt sich vor allem auf die Rechtsschutzmöglichkeiten aus, denn Rechte, die nur Mitgliedstaaten zustehen, können von einzelnen vor staatlichen Gerichten nicht in Anspruch genommen werden[13]. Aus diesem Grunde ist die Rechtsprechung des Gerichtshofes zur Frage unmittelbarer Wirkung von großer Bedeutung für die Durchsetzung des Verbotes, zollgleiche Abgaben zu erheben.

---

des EuGH, die die Eigenständigkeit des europäischen Gemeinschaftsrechts entwickelt hat, auch in der erweiterten Gemeinschaft gilt.

[12] Siehe die Liste der zitierten Schlußanträge, S. 251 f.

[13] Siehe *Runge*, S. 74; ausführlich *Bleckmann*, S. 190 ff.

1. Auslegungskriterien für die Feststellung der unmittelbaren Wirksamkeit

Während einige Vorschriften den einzelnen ausdrücklich einen Rechtsanspruch einräumen, ist dasselbe Ergebnis bei anderen Vorschriften erst im Wege der Auslegung zu erlangen. Mit seiner Rechtsprechung hat der EuGH richtungweisend zur Klärung beigetragen, indem er bestimmte Kriterien für die „Durchgriffsnormen"[14] aufgestellt hat[15].

Privatpersonen können danach Rechte aus einer Norm des Gemeinschaftsrechts für sich herleiten, wenn diese sich ihrer Natur nach[16] dazu eignet, unmittelbare Wirkungen in den Rechtsbeziehungen zwischen den Mitgliedstaaten und ihren Rechtssubjekten zu erzeugen[17]. Ob diese Eignung zu bejahen ist, hängt von Geist, Systematik und Wortlaut des EWGV ab[18]. In seinem Urteil in der RS 26/62 stellt der EuGH fest, daß Rechte, die von einzelnen geltend gemacht werden können, nicht nur dann entstehen, wenn der Vertrag dies ausdrücklich zuläßt, sondern auch aufgrund *eindeutiger Verpflichtungen,* die der Vertrag den einzelnen wie auch den Mitgliedstaaten und den Organen der Gemeinschaft auferlegt[19].

Das beste Beispiel ist eine Bestimmung, die ein klares und uneingeschränktes Verbot enthält und für deren Vollzug es keiner weiteren Durchführungsmaßnahmen des staatlichen Gesetzgebers bedarf. Für die unmittelbare Wirksamkeit eines derartigen im Vertrag ausgesprochenen Verbotes[20] spricht, daß die Mitgliedstaaten an dieses Verbot keinen Vorbehalt und keine Bedingung geknüpft haben, die das Wirksamwerden von einem positiven innerstaatlichen Rechtsakt oder einem Einschreiten der Gemeinschaftsorgane abhängig machen würden.

2. Standstill-Klauseln, insbesondere Art. 12 EWGV

Dementsprechend hat der EuGH den sog. „standstill"-Klauseln unmittelbare Wirkung für die einzelnen zugesprochen[21].

Die Anwendung der Kriterien für die unmittelbare Wirksamkeit gemeinschaftsrechtlicher Normen führt, was das Verbot aller Abgaben zollgleicher Wirkung im EWGV und speziell die standstill-Klausel des Art. 12 EWGV betrifft, zu folgenden Überlegungen[22]:

---

14 Begriff nach *Ipsen* 5/52, S. 121.

15 Der Umstand, daß der EuGH dies in prägender Weise am Beispiel des Verbots der Zölle und Abgaben gleicher Wirkung getan hat, unterstreicht die zentrale Bedeutung dieses Verbots im Rahmen der Verwirklichung der Zollunion als Grundlage der Gemeinschaft. Beginn der diesbezüglichen Rechtsprechung: RS 26/62, Bd. IX, S. 3 ff.

16 So hat es der EuGH in mehreren Urteilen formuliert, vgl. RS 33/70, Bd. XVI, S. 1223; RS 18/71, Bd. XVII, S. 816; RS 77/72, Bd. 1973, S. 623.

17 EuGH RS 26/62, Bd. IX, S. 6; ebenso bei *Runge,* S. 75.

18 EuGH RS 26/62, Bd. IX, S. 6 (Leitsatz 5).

19 Bd. IX, S. 5 (Leitsatz 3).

20 Für Art. 9 in Verbindung mit Art. 13, Abs. II EWGV siehe RS 33/70 u. RS 77/72; für Art. 9 in Verbindung mit Art. 16 EWGV siehe RS 18/71.

21 Vgl. *Daig,* EuR 1970, S. 25.

22 Siehe dazu RS 26/62, S. 24 (Entscheidungsgründe).

a) *Systematik des EWGV* — Art. 9 EWGV, wonach Grundlage der Gemeinschaft die Zollunion ist, enthält als wesentliche Norm das Verbot der Zölle und Abgaben zollgleicher Wirkung. Diese Vorschrift steht am Anfang des Vertragsteils, welcher die Grundlagen der Gemeinschaft umschreibt. In Art. 12 EWGV wird sie angewandt und erläutert.

b) *Wortlaut* — Art. 12 EWGV enthält ein klares und uneingeschränktes Verbot; eine Verpflichtung nicht zu einem Tun, sondern zu einem Unterlassen. Diese Verpflichtung ist durch keinen Vorbehalt des Staates eingeschränkt.

c) *„Wesen und Geist"* — Art. 12 EWGV ist vorzüglich geeignet, unmittelbare Wirkungen in den Rechtsbeziehungen zwischen den Mitgliedstaaten und den ihrem Recht unterworfenen einzelnen Personen zu erzeugen.

Der Vollzug von Art. 12 EWGV bedarf keines Eingriffs des staatlichen Gesetzgebers. Der Umstand, daß Art. 12 EWGV die Mitgliedstaaten als Adressaten der Unterlassungspflicht bezeichnet, schließt nicht aus, daß dieser Verpflichtung Rechte der einzelnen gegenüberstehen können. Entgegenstehende Bestimmungen des innerstaatlichen Rechts können dem nicht entgegengehalten werden, auch wenn der Mitgliedstaat ihre Aufhebung verzögert hat (Beispiel: RS 18/71[23]). Dies ist ein Ausfluß des Vorrang-Prinzips, das durch die Tragweite der unmittelbaren Wirkung vom EuGH bekräftigt wird[24].

3. Unmittelbar wirksame Verbote, zollgleiche Abgaben zu erheben, im EWGV

Die in der RS 26/62 gefundene Auslegung hat der EuGH in der Folgezeit zunächst den Vertragsbestimmungen, welche die Verbote der Zölle und Abgaben gleicher Wirkung enthalten, zuerkannt[25]. Somit begründen diese Bestimmungen unmittelbar Rechte für die einzelnen. In neueren Urteilen wurde diese Feststellung erweitert und präzisiert. Damit ist die auch in der Praxis bedeutsame[26] *Frage nach dem Beginn der unmittelbaren Wirksamkeit* bestimmter Gemeinschaftsrechtsnormen aufgeworfen.

„Aus sich heraus voll wirksam" ist das in Art. 9 EWGV enthaltene Verbot der Zölle und Abgaben gleicher Wirkung seit dem Ende der Übergangszeit[27].

Die Stillhalteklausel des *Art. 12 EWGV* entfaltet ihre unmittelbare Wirkung seit dem Inkrafttreten des EWGV am 1. 1. 1958.

Art. 13 Abs. II EWGV in Verbindung mit Art. 9 EWGV beinhaltet spätestens seit dem Ende der Übergangszeit ein klares und eindeutiges

[23] Bd. XVII, S. 811.
[24] Vgl. *Matthies*, Seite 11.
[25] RS 2 u. 3/69, Bd. XV, S. 222.
[26] Wie die Zahl der dazu ergangenen Urteile beweist.
[27] RS 33/70, Bd. XVI, S. 1223.

Erhebungsverbot für sämtliche Abgaben mit gleicher Wirkung wie Einfuhrzölle[28].

Vorbehaltlich möglicher besonderer Bestimmungen nach sekundärem Gemeinschaftsrecht ist die unmittelbare Wirkung mit dem Ablauf der Übergangszeit, also am 1. 1. 1970, eingetreten. Damit wurde ab diesem Zeitpunkt für alle Marktbürger ein uneingeschränktes subjektives Recht begründet, nicht mit Abgaben, die im Sinne dieser Bestimmung verboten sind, belastet zu werden. Für die Zeit vor dem 1. 1. 1970 kann dagegen die unmittelbare Wirksamkeit des Art. 13 Abs. II EWGV nicht geltend gemacht werden.

Das bedeutet vor allem, daß nicht schon seit dem 1. 7. 1968, dem Tag der Beseitigung der Zölle innerhalb der Gemeinschaft, die unmittelbare Geltung eingetreten ist. Als Grund dafür nennt der EuGH in seinem Urteil in der RS 94/74[29] den Umstand, daß die Ratsentscheidung über die Abschaffung der Zölle parallel zur Anwendung der GZT zum 1. 7. 1968[30] nur auf diejenigen Maßnahmen anwendbar sei, auf die sie sich ausdrücklich beziehe, das heißt, nur auf Zölle im eigentlichen Sinne und auf mengenmäßige Beschränkungen. Diese selektive Beschleunigung erstreckte sich nicht auf Abgaben zollgleicher Wirkung.

Art. 16 EWGV in Verbindung mit Art. 9 EWGV beinhaltet spätestens seit dem Ende der ersten Stufe, also ab 1. 1. 1962, ein klares und eindeutiges Erhebungsverbot für sämtliche Abgaben mit gleicher Wirkung wie Ausfuhrzölle[31].

Dies gilt für *alle* Erzeugnisse, da die Art. 39 - 46 EWGV nichts Abweichendes regeln (vgl. Art. 38 Abs. II EWGV). Die uneingeschränkte und rechtlich vollkommene Verpflichtung zur Aufhebung war lediglich vom Eintritt einer aufschiebenden Bedingung, nämlich der Beendigung der ersten Stufe der Übergangszeit, abhängig. Den Mitgliedstaaten verblieb kein Entscheidungsspielraum bei der Erfüllung ihrer Verpflichtung[32]. Einer Mitwirkung von Gemeinschaftsorganen bedurfte es nicht.

4. Unmittelbare Wirkung der in EWG-Verordnungen enthaltenen Verbote

EWG-Verordnungen haben nach Art. 189 Abs. II EWGV allgemeine Geltung. Sie gelten unmittelbar in jedem Mitgliedstaat. Diese Wirkung

---

[28] RS 77/72, Bd. 1973, S. 611 (Leitsatz 3).

[29] RS 94/74, Bd. 1975, S. 712.

[30] ABl. 1966, S. 2971; vgl. auch *Runge*, S. 80.

[31] RS 18/71, Bd. XVII, S. 811.

[32] Laut Urteil des EuGH in der RS 13/68, Bd. XIV, S. 691 ist bei Verpflichtungen zu einem Tun zu prüfen, ob die Mitgliedstaaten zur Erfüllung dieser Verpflichtungen über einen Entscheidungsspielraum verfügen, der die unmittelbare Geltung ganz oder teilweise ausschließen könnte. Vgl. dazu die Auffassung der Kommission in der RS 18/71, Bd. XVII, S. 813.

steht der Anwendung aller mit den Verordnungsbestimmungen unvereinbaren, auch späteren nationalen Maßnahmen entgegen, wenn die Verordnung in Kraft tritt, ohne daß es irgendwelcher Maßnahmen zur Umwandlung in natürliches Recht bedarf[33]. Jede Verordnung ist nach ihrer Rechtsnatur und ihrer Funktion im Rechtsquellensystem des Gemeinschaftsrechts geeignet, für die einzelnen Rechte zu begründen, zu deren Schutz die nationalen Gerichte verpflichtet sind[34].

Verordnungen, die für das Verbot zollgleicher Abgaben einen früheren Zeitpunkt als das Ende der Übergangszeit festgesetzt haben, führen folglich zu einem entsprechend früheren Beginn der unmittelbaren Wirksamkeit. Der EuGH hat das in der RS 43/71[35] ausdrücklich klargestellt.

5. Unmittelbare Wirkung von Verpflichtungen in EWG-Richtlinien

Auch zur unmittelbaren Wirksamkeit von *EWG-Richtlinien* war in bezug auf Abgaben zollgleicher Wirkung ein Urteil des EuGH nötig, wobei der Gerichtshof wiederum nicht nur die Form des Rechtsaktes berücksichtigte, sondern einer materiellen, an den Zielen des Vertrages orientierten Auslegung den Vorzug gab[36].

In der RS 33/70[37] ging es um die Verpflichtung zur Beseitigung der von Italien erhobenen Abgaben für Verwaltungsleistungen. Der *Gerichtshof* entschied folgendermaßen:

> Die in der Richtlinie Nr. 31/68 der Kommission vom 22. 12. 1967[38] in Verbindung mit den Artikeln 9 und 13 Absatz II des Vertrages sowie mit der Entscheidung Nr. 532/66 des Rates vorgesehene Verpflichtung zur Beseitigung der Abgabe für Verwaltungsleistungen erzeugt unmittelbare Wirkungen in den Beziehungen zwischen dem Mitgliedstaat, an den die Richtlinie sich wendet, und seinen Bürgern und begründet für diese vom 1. 7. 1968 an Rechte, welche die innerstaatlichen Gerichte zu beachten haben[39].

Die Verpflichtung im Wege der Richtlinie ist nach der umstrittenen Auffassung[40] des EuGH also geeignet, die unmittelbaren Wirkungen

---

[33] RS 84/71, Bd. XVIII, S. 89 (Leitsätze 1 u. 2). Vgl. auch RS 34/73, Bd. 1973, S. 982 (Leitsatz 3); dort findet sich folgende Feststellung: Eine innerstaatliche Rechtsnorm, die den Inhalt einer unmittelbar geltenden Vorschrift des Gemeinschaftsrechts wiedergibt, berührt weder diese unmittelbare Geltung noch die vertraglich festgelegte Zuständigkeit des Gerichtshofes.

[34] RS 84/71, Bd. XVIII, S. 89 ff. (Entscheidungsgründe 5).

[35] Bd. XVII, S. 1051.

[36] Zu dieser Problematik *Oldekop,* S. 178 ff. und *Daig,* EuR 1970, S. 1; beachte den Zusammenhang mit dem sog. Leberpfennig-Urteil RS 9/70, Bd. XVI, S. 825 ff.

[37] Bd. XVI, S. 1213.

[38] ABl. vom 16. 1. 1968, Nr. L 12, S. 8.

[39] RS 33/70, Bd. XVI, S. 1224 (Entscheidungsgründe 18).

hervorzurufen, die normal erst am Ende der Übergangszeit eingetreten wären. Indem sie die Abschaffung der Verwaltungsabgabe früher terminiert, wirkt die Richtlinie rechtsbegründend[41]. Indes bedeutet das Urteil in der RS 33/70 nicht, daß *jede* Richtlinie automatisch unmittelbar Rechte für den einzelnen begründet. Die unmittelbare Wirkung setzt, wie auch bei anderen Rechtsakten, stets voraus, daß der Inhalt der Richtlinie „self-executing", eindeutig und vollständig ist und keine weiteren Vollzugsakte nötig macht[42].

6. Unmittelbare Wirkung eines Verbotes, im Handel mit dritten Ländern Abgaben zollgleicher Wirkung zu erheben

Die Bestimmungen des EWGV enthalten kein ausdrückliches Verbot, Abgaben zollgleicher Wirkung im Handel mit dritten Ländern zu erheben. Infolgedessen kann die unmittelbare Wirkung eines solchen Verbotes grundsätzlich nicht anerkannt werden[43].

Allerdings enthält eine Reihe von Rechtsakten der Gemeinschaft — im wesentlichen handelt es sich um Agrarverordnungen über gemeinsame Marktorganisationen — als Korrelat der durch sie geschaffenen Handelsregelung ein Verbot, welches den Mitgliedstaaten untersagt, bei der Einfuhr von Waren aus Drittländern oder bei der Ausfuhr in solche Länder Abgaben zollgleicher Wirkung zu erheben[44].

Verordnungen, die ein Verbot zollgleicher Abgaben für den EWG-Außenhandel aufstellen, haben entsprechend Art. 189 Abs. II EWGV unmittelbare Wirkung.

Darüber hinaus hat aber der Gerichtshof im Wege der Auslegung unter Berücksichtigung der Vertragsziele und der Funktion des freien Warenverkehrs ein allgemeines „standstill" für die Erhebung zollgleicher Abgaben im Drittlandshandel seit dem 1. 7. 1968, dem Zeitpunkt des Inkrafttretens der Verordnung Nr. 950/68 über den Gemeinsamen Zolltarif, erklärt.

Eine Stillhalteverpflichtung hat unmittelbare Geltung. Demnach können sich die einzelnen gegen Abgaben zollgleicher Wirkung, mit denen sie bei ihrem Handel mit Drittländern belastet werden, nicht wehren,

---

40 Siehe *Rambow*, DVBl. 1968, S. 445; hierzu genauer *Bleckmann*, S. 52 ff. und ausführlich auch *Weber*.

41 So auch *Kleinmann*, AWD 1971, S. 130.

42 Dann kann auch ein Anspruch auf Rückerstattung bereits bezahlter Abgaben, die unter Verletzung des Gemeinschaftsrechts erhoben werden, geltend gemacht werden. Zu dieser Problematik näher *Capelli*, AWD 1970, S. 545; vgl. auch *Graf*, S. 17, sowie OVG Saarland, AWD 1974, S. 416; daneben RS 21/75, Bd. 1975, S. 905 ff.

43 Ausführliche Erörterung in Kapitel 3, A, III, 2.

44 7. Gesamtbericht der Kommission 1973, S. 479.

sofern diese Abgabepflicht am 1. 7. 1968 bereits bestand. Dies gilt so lange bis eine Gemeinschaftsvorschrift, welche im Rahmen der gemeinsamen Handelspolitik nach den Art. 110 ff. EWGV ergeht, die Verpflichtung zur Abschaffung einer bestimmten Abgabe zollgleicher Wirkung im Drittlandshandel ausspricht. Dagegen müssen die Mitgliedstaaten es unterlassen, am Stichtag — 1. 7. 1968 — bestehende Abgaben zu erhöhen oder neue derartige Abgaben einzuführen. Darauf können sich auch einzelne berufen, da insoweit das Stillhaltegebot unmittelbare Wirksamkeit entfaltet.

III. Auswirkung der unmittelbaren Geltung auf den Rechtsschutz

Die extensive Rechtsprechung des EuGH zur unmittelbaren Geltung von Vertragsvorschriften hatte zur Folge, daß die von einzelnen Betroffenen (natürlichen oder juristischen Personen) geltend gemachte einzelstaatliche Verletzung vorrangigen Gemeinschaftsrechts zum wichtigsten Mittel gegen Vertragsverstöße der Mitgliedstaaten wurde[45].

1. Klage vor nationalen Gerichten

Durch die Möglichkeiten, welche die Art. 169 und 170 EWGV einräumen, falls ein Mitgliedstaat seinen Verpflichtungen nicht nachkommt, wird den einzelnen nicht das Recht genommen, sich vor dem nationalen Richter auf diese Verpflichtungen zu berufen. Die einzelnen können Verwaltungsakte mit der Begründung anfechten, diese stützten sich auf Vorschriften, die unmittelbar wirksamen Normen des primären oder sekundären Gemeinschaftsrechts zuwiderlaufen[46]. Die Klage muß vor das zuständige nationale Gericht gebracht werden.

Die in Kenntnis des Gemeinschaftsrechts gegen die Belastung mit einer Abgabe zollgleicher Wirkung klagenden Betroffenen können oft schneller reagieren, als die durch mancherlei Rücksichtnahme gebundene Kommission. Diese müßte erst das Ergebnis gelegentlich umfangreicher und mit bürokratischen und technischen Schwierigkeiten verbundener Prüfungen abwarten. In der Praxis der Vertragsanwendung und insbesondere der Durchsetzung des Verbotes aller gemeinschaftswidrigen Abgaben zollgleicher Wirkung kommt deshalb der Initiative interessierter Parteien große Bedeutung zu, wenn auch nicht zu leugnen ist, daß mittels eines durch die Kommission durchgeführten Verfahrens nach Art. 169 EWGV über einen komplexen Streitgegenstand ein abgewogeneres Urteil erzielt werden könnte, als im Wege der Vorabentscheidung nach Art. 177 EWGV[47].

---

[45] Vgl. *Bülow*, in: EREI, S. 80.

[46] Als Zeichen der „Effektivitätsgewähr" für das Gemeinschaftsrecht mag folgende Feststellung des EuGH in der RS 26/62, Bd. IX, S. 25 dienen: „Die Wachsamkeit der an der Wahrung ihrer Rechte interessierten einzelnen stellt eine wirksame Kontrolle dar, welche die durch die Kommission und die Mitgliedstaaten gem. den Art. 169 u. 170 EWGV ausgeübte Kontrolle ergänzt."

[47] Vgl. die Ausführungen des GA *Trabucchi* in der RS 63/74, Bd. 1975, S. 293.

2. Anrufung des EuGH durch das nationale Gericht (Vorabentscheidungsverfahren nach Art. 177 EWGV)

Das Vorentscheidungsverfahren nach Art. 177[48] verläuft in zwei Abschnitten:

a) Aussetzung und Vorlage durch das einzelstaatliche Gericht,

b) Beantwortung der Vorlagefrage durch den EuGH[49].

Neben den im Ausgangsverfahren Beteiligten können sich auch die Regierungen der Mitgliedstaaten und die betroffenen Gemeinschaftsorgane — vor allem die Kommission — am Verfahren beteiligen[50].

3. Möglichkeiten und Grenzen der Vorabentscheidung

Der EuGH darf die gemeinschaftsrechtlichen Normen nicht auf einen Einzelfall anwenden. Ebensowenig ist er kompetent, sich in seiner Vorentscheidung zur Vereinbarkeit einer innerstaatlichen Maßnahme mit dem Vertrag zu äußern[51]. Der Gerichtshof ist im Verfahren nach Art. 177 EWGV nicht befugt, einen Streit über die Auslegung eines innerstaatlichen Gesetzes zu entscheiden[52]. In seinem Urteil zur deutschen Sonderumsatzsteuer (RS 27/74) hat sich der EuGH über die ihm zur Verfügung stehenden Möglichkeiten in folgender Weise geäußert[53]:

„Im Vorentscheidungsverfahren gemäß Art. 177 EWGV hat sich der Gerichtshof nicht zu der Frage zu äußern, wie eine bestimmte inländische Abgabe im Hinblick auf die Anwendung der Art. 12 und 95 EWGV zu qualifizieren ist, denn zur Auslegung der innerstaatlichen Gesetze und sonstigen Rechtsakte ist weiterhin der nationale Richter zuständig, während sich die Zuständigkeit des Gerichtshofes darauf beschränkt, die in dem genannten Artikel bezeichneten Gemeinschaftshandlungen auszulegen und auf ihre Gültigkeit zu überprüfen.

Indessen ist der Gerichtshof zur Auslegung der zitierten Vertragsbestimmungen befugt, damit das innerstaatliche Gericht in die Lage versetzt wird, das Gemeinschaftsrecht auf die streitige Abgabe richtig anzuwenden[54].“

Der EuGH kann demnach mit seinem Spruch konkrete Vertragsverstöße zwar nicht feststellen, er kann jedoch durch die Beantwortung abstrakter Rechtsfragen dazu beitragen, daß das vorlegende Gericht

---

[48] Dazu grundlegend *Tomuschat;* vgl. auch *Bleckmann,* S. 139 ff.

[49] *Runge,* S. 185; zur bedenklichen Praxis mancher Gerichte, sich der Vorlagepflicht zu entziehen, kritisch *Meier,* AWD 1973, S. 226.

[50] In schriftlichen Erklärungen nach Art. 20 des Protokolls über die Satzung des Gerichtshofes der EWG (BGBl. 1957 II, S. 1162), sowie in der mündlichen Verhandlung.

[51] Ständige Rechtsprechung seit RS 100/63, Bd. X, S. 1230; zuletzt RS 80/71, Bd. XVIII, S. 175, 180 u. RS 82/71, Bd. XVIII, S. 119, 136.

[52] So der EuGH in der RS 54/72, Bd. XVIII, S. 193 (Leitsatz 1).

[53] RS 27/74, Bd. 1974, S. 1047 (Entscheidungsgründe 8).

[54] Vgl. zu diesem Rechtsstreit das Gutachten von *Zuleeg,* insbesondere S. 22 ff. m. w. N.

einen Vertragsverstoß erkennt[55]. Das Urteil des innerstaatlichen Gerichts wirkt dann zwar nur inter partes — es kann also sein, daß der EuGH mit der Frage erneut befaßt wird — gibt jedoch in der Regel dem Mitgliedstaat Anlaß, seine umstrittenen Vorschriften den Anforderungen des EWGV in der durch den EuGH festgelegten Auslegung anzugleichen[56].

Beispiele, in denen sich der Gerichtshof im Rahmen der Vorabentscheidung auf Vorlage eines innerstaatlichen Gerichts zu umstrittenen Abgaben zollgleicher Wirkung geäußert hat, sind die Rechtssachen 10/65 — 2 und 3/69 — 33/70 — 18/71 — 43/71 — 84/71 — 29/72 — 77/72 — 34/73 — 37 und 38/73 — 39/73 — 51/74 — 63/74 — 94/74 — 87/75 — 35/76 — 46/76 — 77/76 — 89/76 — 105/76.

Die auffällige Häufung in jüngster Zeit ist ein Indiz dafür, daß sich die europarechtliche Dynamik auf die Betroffenen und Interessierten verlagert hat, während sich die vertragschließenden Parteien merklich zurückhalten[57].

---

[55] *Graf,* S. 19; siehe auch RS 77/72, Bd. 1973, S. 622.

[56] Sonst bleibt die bereits beschriebene Klagemöglichkeit der Kommission nach Art. 169 EWGV.

[57] Diese Beobachtung läßt es fraglich erscheinen, ob die häufig geforderte Vertragsrevision gegenwärtig erfolgversprechend verlaufen könnte. Den status quo zu sichern, ist bereits ein Erfolg. Gleichwohl ist *Oppermann* zuzustimmen, der die essentials der Wirtschafts- und Währungsunion mit dem Vertrag in seiner augenblicklichen Fassung für nicht erreichbar hält (EuR 1971, S. 132).

Schlußbemerkung

Es hat sich gezeigt, daß eine systematisch fundierte Auslegung des Begriffes „Abgaben zollgleicher Wirkung“, die der Wirklichkeit gerecht wird, möglich ist. Für die Beurteilung praktischer Fälle ist dies von erheblicher Bedeutung, da einerseits sämtliche Behinderungen des freien Warenverkehrs im Gemeinsamen Markt den Zielen und zahlreichen Normen der gemeinschaftlichen Rechtsordnung widersprechen und infolgedessen entschieden bekämpft werden müssen, andererseits aber nicht alle Abgaben, mit denen grenzüberschreitende Waren belastet werden, verboten sind.

Die Begriffsdogmatik hat zu berücksichtigen, daß es zwar in der Gemeinschaft keine Zollgrenzen mehr gibt, daß aber die Steuergrenzen erst mit einer Harmonisierung der Steuersysteme fallen können und somit die Grenzüberschreitung immer noch Anlaß zur Erhebung von Abgaben ist. Daneben muß dem Umstand Rechnung getragen werden, daß die unterschiedliche wirtschaftliche Entwicklung in den Mitgliedstaaten zu Verzerrungen in den Währungsverhältnissen geführt hat, deren Auswirkungen sich auch im Bereich der Grenzabgaben zeigen. Bis zur Vollendung der Wirtschafts- und Währungsunion werden hierbei die Inanspruchnahme von Schutzklauselbefugnissen sowie gemeinschaftliche — die Erhebung von Abgaben legitimierende — Maßnahmen hinzunehmen sein.

Von diesen Ausnahmen abgesehen, ist die Durchsetzung des Verbotes der Erhebung zollgleicher Abgaben jedoch schon recht weit gediehen. Daran haben die Kommission, die durch die unmittelbare Geltung der Verbotsnormen rechtlich geschützten einzelnen Betroffenen sowie der zur Entscheidung bzw. Auslegung berufene Europäische Gerichtshof großen Anteil.

Die Erfindungsgabe der Mitgliedstaaten, durch verkappte zollgleiche Abgaben die gemeinschaftsrechtlichen Normen zu umgehen, zwingt allerdings zu andauernder Aufmerksamkeit. Außerdem sind durch die Erweiterung der Gemeinschaft und die Erstreckung des Verbotes der Erhebung zollgleicher Abgaben auf den Handel mit Drittstaaten neue Erhebungstatbestände ins Blickfeld gerückt, für welche Lösungen gefunden werden müssen, die den Erfordernissen der gemeinschaftlichen Rechtsordnung adäquat sind. Auch dafür sollen die hier entwickelten Kriterien des Begriffes „Abgaben zollgleicher Wirkung“ eine Hilfe bieten.

Rechtsprechungsverzeichnis

Zitierte Urteile des Gerichtshofes der Europäischen Gemeinschaften
(geordnet nach den Nummern der Rechtssachen)

RS 27 - 29/58 Bd. VI, S. 515 ff.	Urteil vom 10. 5. 1960 Cie. de Hauts Fourneaux de Givors gegen Hohe Behörde (Ausnahmetarife)
RS 2 und 3/62 Bd. VIII, S. 869 ff.	Urteil vom 14. 12. 1962 Kommission gegen Großherzogtum Luxemburg und Königreich Belgien (Lebkuchen)
RS 26/62 Bd. IX, S. 3 ff.	Urteil vom 5. 2. 1963 auf Vorlage der Tarifcommissie; „van Gend & Loos" gegen niederl. Finanzverwaltung
RS 73 und 74/63 Bd. X, S. 3 ff.	Urteil vom 18. 2. 1964 auf Vorlage des College van Beroep Bedrijfsleven, Den Haag; Int. Crediet-en Handelsvereiniging Rotterdam gegen Ministerium für Landwirtschaft u. Fischerei (Fondantmasse, Einfuhrausgleichsabgabe)
RS 100/63 Bd. X, S. 1213 ff.	Urteil vom 15. 7. 1964 auf Vorlage des Centrale Raad van Beroep, Utrecht; Frau „van der Veen" gegen Sociale Verzekeringsbank, Amsterdam
RS 6/64 Bd. X, S. 1253 ff.	Urteil vom 15. 7. 1964 auf Vorlage des Friedensgerichts Mailand; „Costa gegen Enel"
RS 10/65 Bd. XI, S. 635 ff.	Urteil vom 8. 7. 1965 auf Vorlage des Verwaltungsgerichts Frankfurt/M.; „Deutschmann" gegen Bundesrepublik Deutschland (Gebühren für Einfuhrgenehmigungen)
RS 52 und 55/65 Bd. XII, S. 219 ff.	Urteil vom 16. 6. 1966 Bundesrepublik Deutschland gegen Kommission (Schlachthammel)
RS 57/65 Bd. XII, S. 257 ff.	Urteil vom 16. 6. 1966 auf Vorlage des Finanzgerichts des Saarlandes; „Fa. Alfons Lütticke GmbH" gegen Hauptzollamt Saarlouis (Milchpulver)

RS 7/67 Bd. XIV, S. 267 ff.	Urteil vom 4. 4. 1968 auf Vorlage des Finanzgerichts München; „Fa. Milchwerke Wöhrmann“ gegen HZA Bad Reichenhall (Einfuhr von Vollmilchpulver aus Österreich)
RS 13/67 Bd. XIV, S. 281 ff.	Urteil vom 4. 4. 1968 auf Vorlage des Finanzgerichts München; „Fa. Becher“ gegen HZA München, Landsbergerstraße (Einfuhr von Mais aus Italien)
RS 20/67 Bd. XIV, S. 299 ff.	Urteil vom 4. 4. 1968 auf Vorlage des Finanzgerichts München; „Kunstmühle Tivoli“ gegen HZA Würzburg (Einfuhr von Hartweizengrieß aus USA)
RS 25/67 Bd. XIV, S. 311 ff.	Urteil vom 4. 4. 1968 auf Vorlage des Finanzgerichts des Saarlandes; „Milch-, Fett- u. Eierkontor“ gegen HZA Saarbrücken (Einfuhr von geschlachtetem Geflügel aus den Niederlanden)
RS 27/67 Bd. XIV, S. 333 ff.	Urteil vom 4. 4. 1968 auf Vorlage des Finanzgerichts München; „Fink-Frucht“ gegen HZA München, Landsbergerstraße (Einfuhr von Gemüsepaprika aus Italien)
RS 28/67 Bd. XIV, S. 215 ff.	Urteil vom 3. 4. 1968 auf Vorlage des Bundesfinanzhofes; „Molkerei-Zentrale Westfalen-Lippe“ gegen HZA Paderborn (Einfuhr von Vollmilchpulver aus Belgien)
RS 31/67 Bd. XIV, S. 351 ff.	Urteil vom 4. 4. 1968 auf Vorlage des Finanzgerichts Hamburg; „Stier“ gegen HZA Hamburg-Ericus (Einfuhr von Zitronen aus Italien)
RS 34/67 Bd. XIV, S. 363 ff.	Urteil vom 4. 4. 1968 auf Vorlage des Finanzgerichts Düsseldorf; „Lück“ gegen HZA Köln-Rheinau (Einfuhr von Obst und Gemüsekonserven aus Italien)
RS 7/68 Bd. XIV, S. 633 ff.	Urteil vom 10. 12. 1968 Kommission gegen ital. Republik (Ausfuhr von Kunstschätzen aus Italien)
RS 13/68 Bd. XIV, S. 679 ff.	Urteil vom 19. 12. 1968 auf Vorlage der Corte di Appello, Rom; „Salgoil“ gegen Außenhandelsministerium der ital. Republik
RS 24/68 Bd. XV, S. 193 ff.	Urteil vom 1. 7. 1969 Kommission gegen ital. Republik (Ital. Statistikgebühr)

RS 2 und 3/69 Bd. XV, S. 211 ff.	Urteil vom 1. 7. 1969 auf Vorlage des Vrederechter Antwerpen; „Sociaal Fonds voor de Diamantarbeiders gegen Brachfeld u. Chougol" (Rohdiamanten)
RS 47/69 Bd. XVI, S. 487 ff.	Urteil vom 25. 6. 1970 Regierung der franz. Republik gegen Kommission (Parafiskalische Abgabe auf Textilerzeugnisse)
RS 8/70 Bd. XVI, S. 961 ff.	Urteil vom 18. 11. 1970 Kommission gegen ital. Republik (Verwaltungsgebühr I)
RS 9/70 Bd. XVI, S. 825 ff.	Urteil vom 6. 11. 1970 auf Vorlage des Finanzgerichts München; „Grad gegen Finanzamt Traunstein" (Straßengüterverkehrssteuer)
RS 13/70 Bd. XVI, S. 1089 ff.	Urteil vom 16. 12. 1970 auf Vorlage des Bundesfinanzhofes; „Cinzano" gegen HZA Saarbrücken (Monopolausgleich)
RS 33/70 Bd. XVI, S. 1213 ff.	Urteil vom 17. 12. 1970 auf Vorlage des Tribunale Brescia; „Sace" gegen ital. Finanzministerium (Verwaltungsgebühr II)
RS 37/70 Bd. XVII, S. 23 ff.	Urteil vom 11. 2. 1971 auf Vorlage des Finanzgerichts Düsseldorf; „Rewe-Zentrale des Lebensmittel-Großhandels gegen HZA Emmerich" (Ausgleichsabgabe auf landwirtschaftliche Erzeugnisse aus Anlaß der DM-Aufwertung)
RS 18/71 Bd. XVII, S. 811 ff.	Urteil vom 26. 10. 1971 auf Vorlage des Tribunale Turin; „Eunomia di Porro" gegen Unterrichtsministerium der ital. Republik (Kunstschätze II)
RS 43/71 Bd. XVII, S. 1039 ff.	Urteil vom 14. 12. 1971 auf Vorlage des Tribunale Turin; „Politi" gegen das Finanzministerium der ital. Republik (Statistik- und Verwaltungsgebühr)
RS 48/71 Bd. XVIII, S. 529 ff.	Urteil vom 13. 7. 1972 Kommission gegen ital. Republik (Vollzug des Urteils in der RS 7/68)
RS 51 - 54/71 Bd. XVII, S. 1107 ff.	Urteil vom 15. 12. 1971 auf Vorlage des College van Beroep Bedrijfsleven; „International Fruit Company gegen Produktschap voor Gruenten en Fruit" (Tafeläpfel)

RS 80/71 Bd. XVIII, S. 175 ff.	Urteil vom 22. 3. 1972 auf Vorlage der Commission de première instance du contentieuse de la sécurité sociale, Paris; „Merluzzi" gegen Assurance Maladie, Paris
RS 82/71 Bd. XVIII, S. 119 ff.	Urteil vom 21. 3. 1972 auf Vorlage des Pretore in Bari; „Pubblico Ministero gegen S.A.I.L." (Molkereizentralen)
RS 84/71 Bd. XVIII, S. 89 ff.	Urteil vom 7. 3. 1972 auf Vorlage des Tribunale Turin; „Marimex" gegen ital. Finanzministerium (Statistik- und Verwaltungsgebühr II)
RS 96/71 Bd. XVIII, S. 1005 ff.	Urteil vom 25. 10. 1972 „Haegeman gegen Kommission" (Ausgleichsabgabe auf griechischen Wein)
RS 29/72 Bd. XVIII, S. 1309 ff.	Urteil vom 14. 12. 1972 auf Vorlage des Tribunale Trient; „Marimex gegen ital. Finanzverwaltung" (Gesundheitspolizeiliche Kontrolle)
RS 54/72 Bd. 1973, S. 193 ff.	Urteil vom 20. 2. 1973 auf Vorlage des Tribunale Biella „Fonderie Officine Riunite gegen Vereinigte Kammgarnspinnereien"
RS 77/72 Bd. 1973, S. 611 ff.	Urteil vom 19. 6. 1973 auf Vorlage des Pretore in Conegliano; „Capolongo gegen Maya" (Abgabe für Verpackungsmaterial; parafiskalischer Beitrag)
RS 2/73 Bd. 1973, S. 865 ff.	Urteil vom 12. 7. 1973 auf Vorlage von Pretore di Milano; „Geddo gegen Ente Nazionale Risi" (Vertragsabgabe für Hilfsfonds)
RS 10/73 Bd. 1973, S. 1175 ff.	Urteil vom 24. 10. 1973 auf Vorlage des Finanzgerichts Baden-Württemberg; „Rewe-Zentral AG gegen Hauptzollamt Kehl" (Ausgleichsbeträge)
RS 34/73 Bd. 1973, S. 981 ff.	Urteil vom 10. 10. 1973 auf Vorlage des Tribunale Triest; „Variola" gegen ital. Finanzverwaltung (Ital. Abladesteuer)
RS 37 und 38/73 Bd. 1973, S. 1609 ff.	Urteil vom 13. 12. 1973 auf Vorlage der Arbeitsrechtbank Antwerpen; „Sociaalfonds voor de Diamantarbeiders gegen Indiamex und de Belder" (Einfuhrabgabe auf Diamanten aus Drittländern)

RS 39/73
Bd. 1973, S. 1039 ff.

Urteil vom 11. 10. 1973
auf Vorlage des OVG Nordrhein-Westfalen;
„Rewe-Zentralfinanz gegen Landwirtschaftskammer Westfalen-Lippe“
(Phytosanitäre Abfertigung)

RS 181/73
Bd. 1974, S. 449 ff.

Urteil vom 30. 4. 1974
auf Vorlage des Tribunal de Première Instance de Bruxelles;
„Haegeman“ gegen Belgischer Staat
(Ausgleichsabgabe II)

RS 27/74
Bd. 1974, S. 1037 ff.

Urteil vom 22. 10. 1974
auf Vorlage des Finanzgerichts Düsseldorf;
„Demag AG gegen Finanzamt Duisburg-Süd“
(Sonderumsatzsteuer)

RS 51/74
Bd. 1975, S. 79 ff.

Urteil vom 23. 1. 1975
auf Vorlage des College van Beroep;
„Hulst gegen Produktschap voor Siergewassen“
(Blumenzwiebeln)

RS 63/74
Bd. 1975, S. 281 ff.

Urteil vom 26. 2. 1975
auf Vorlage des Tribunale Bozen;
„Cadsky gegen Istituto nazionale per il Commercio Estero“
(Qualitätskontrolle)

RS 94/74
Bd. 1975, S. 699 ff.

Urteil vom 18. 6. 1975
auf Vorlage des Pretore in Abbiategrasso;
„Industria Gomma Articoli Vari (IGAV) gegen Ente Nazionale per la Cellulosa e per la Carta (ENCC)“
(Parafiskalische Einfuhrabgabe auf Papiererzeugnisse)

RS 4/75
Bd. 1975, S. 843 ff.

Urteil vom 8. 7. 1975
auf Vorlage des Verwaltungsgerichts Köln;
„Rewe Zentralfinanz gegen Landwirtschaftskammer“
(Phytosanitäre Untersuchungen)

RS 21/75
Bd. 1975, S. 905 ff.

Urteil vom 9. 7. 1975
auf Vorlage des Verwaltungsgerichts Köln;
„Fa. I. Schroeder KG gegen Stadt Köln“
(Gesundheitspolizeiliche Untersuchung der aus dritten Ländern eingeführten Waren)

RS 45/75
Bd. 1976, S. 181 ff.

Urteil vom 17. 2. 1976
auf Vorlage des Finanzgerichts Rheinland-Pfalz;
„Rewe-Zentrale gegen HZA Landau“
(Deutsches Branntweinmonopol)

RS 87/75
Bd. 1976, S. 129 ff.

Urteil vom 5. 2. 1976
auf Vorlage des Tribunale Genua;
„Bresciani“ gegen ital. Finanzverwaltung
(Assoziierungsabkommen)

RS 91/75 Bd. 1976, S. 217 ff.	Urteil vom 17. 2. 1976 auf Vorlage des Bundesfinanzhofes; „HZA Göttingen gegen Miritz" (Branntweinausgleichsabgabe)
RS 33/76 Bd. 1976, S. 1989 ff.	Urteil vom 16. 12. 1976 auf Vorlage des Bundesverwaltungsgerichts; „Rewe gegen Landwirtschaftskammer Saarland" (Erstattung rechtswidriger Abgaben)
RS 35/76 Bd. 1976, S. 1871 ff.	Urteil vom 15. 12. 1976 auf Vorlage des Pretore in Susa; „Simmenthal" gegen ital. Finanzministerium (Gesundheitskontrollen bei der Einfuhr)
RS 46/76 Bd. 1977, S. 5 ff.	Urteil vom 25. 1. 1977 auf Vorlage der Arrondissementsrechtbank Den Haag; „Bauhuis gegen Niederlande" (Gesundheitsbehördliche Kontrollen bei der Ausfuhr)
RS 77/76 Bd. 1977, S. 987 ff.	Urteil vom 25. 5. 1977 auf Vorlage der Pretura in Abbiategrasso; „Cucchi" gegen Avez (Aufpreis auf Weißzucker für Zuckerausgleichskasse)
RS 78/76 Bd. 1977, S. 595 ff.	Urteil vom 22. 3. 1977 auf Vorlage des Verwaltungsgerichts Frankfurt/M.; „Steinike und Weinlig gegen Bundesrepublik Deutschland" (Absatzfonds der deutschen Agrarwirtschaft)
RS 89/76 Bd. 1977, S. 1355 ff.	Urteil vom 12. 7. 1977 Kommission gegen Königreich der Niederlande (Pflanzenschutzuntersuchung nach internat. Abkommen)
RS 105/76 Bd. 1977, S. 1029 ff.	Urteil vom 25. 5. 1977 auf Vorlage der Pretura in Recco „Interzuccheri" gegen Rezzano und Cavassa (Aufpreis auf Weißzucker für Zuckerausgleichskasse)

Zitierte Schlußanträge der Generalanwälte beim Europäischen Gerichtshof

Gand, Joseph:	Schlußanträge vom 25. 1. 1968 in den RS 27/67 und 28/67 RsprGH, Bd. XIV, S. 237 ff.
—	Schlußanträge vom 23. 10. 1968 in der RS 7/68 RsprGH, Bd. XIV, S. 646 ff.
—	Schlußanträge vom 21. 5. 1969 in den RS 2 und 3/69 RsprGH, Bd. XV, S. 225 ff.

Mayras, Henri:	Schlußanträge vom 8. 6. 1977 in der RS 89/76 RsprGH, Bd. 1977, S. 1366 ff.
Reischl, Gerhard:	Schlußanträge vom 20. 11. 1975 in der RS 45/75 RsprGH, Bd. 1976, S. 200 ff.
—	Schlußanträge vom 23. 11. 1976 in der RS 35/76 RsprGH, Bd. 1976, S. 1891 ff.
—	Schlußanträge vom 23. 11. 1976 in der RS 46/76 RsprGH, Bd. 1977, S. 21 ff.
—	Schlußanträge vom 3. 5. 1977 in den RS 77 und 105/76 RsprGH, Bd. 1977, S. 1012 ff. und S. 1044 ff.
Roemer, Karl:	Schlußanträge vom 30. 10. 1962 in den RS 2 und 3/62 RsprGH, Bd. VIII, S. 893 ff.
—	Schlußanträge vom 4. 5. 1966 in den RS 52 und 55/65 RsprGH, Bd. XII, S. 239 ff.
—	Schlußanträge vom 21. 5. 1969 in der RS 24/68 RsprGH, Bd. XV, S. 204 ff.
—	Schlußanträge vom 21. 4. 1970 in der RS 47/69 RsprGH, Bd. XVI, S. 498 ff.
—	Schlußanträge vom 21. 11. 1972 in der RS 29/72 RsprGH, Bd. XVIII, S. 1320 ff.
—	Schlußanträge vom 7. 5. 1973 in der RS 77/72 RsprGH, Bd. 1973, S. 626 ff.
Trabucchi, Alberto:	Schlußanträge vom 20. 7. 1973 in der RS 2/73 RsprGH, Bd. 1973, S. 861 ff.
—	Schlußanträge vom 20. 9. 1973 in der RS 39/73 RsprGH, Bd. 1973, S. 1046 ff.
—	Schlußanträge vom 4. 12. 1974 in der RS 51/74 RsprGH, Bd. 1975, S. 97 ff.
—	Schlußanträge vom 5. 2. 1975 in der RS 63/74 RsprGH, Bd. 1975, S. 293 ff.
—	Schlußanträge vom 15. 5. 1975 in der RS 94/74 RsprGH, Bd. 1975, S. 715 ff.

—	Schlußanträge vom 14. 1. 1976 in der RS 87/75 RsprGH, Bd. 1976, S. 143 ff.
Warner, Jean-Pierre:	Schlußanträge vom 13. 12. 1973 in den RS 37 und 38/73 RsprGH, Bd. 1973, S. 1609 ff.
—	Schlußanträge vom 18. 6. 1975 in der RS 21/75 RsprGH, Bd. 1975, S. 914 ff.
—	Schlußanträge vom 30. 11. 1976 in der RS 33/76 RsprGH, Bd. 1976, S. 2000 ff.

Literaturverzeichnis

Bachof, Otto: Verfassungsrecht, Verwaltungsrecht, Verfahrensrecht in der Rechtsprechung des Bundesverwaltungsgerichts, Bd. II, Tübingen 1967, 482 S.

Bail, Theodor: Rechtsunsicherheit bei der Umsatzausgleichsteuer, ZfZ 1967, S. 1 ff., 33 ff.

Bércud, René Christian: Les mesures d'effet équivalent au sens des articles 30 et suivants du Traité de Rome, RTDE 1968, S. 265 ff.

Bleckmann, Albert: Europarecht. Das Recht der Europäischen Wirtschaftsgemeinschaft. Köln 1976, 404 S.

Blümel, Horst: Abgaben zollgleicher Wirkung, Grundlagen eines am 9. 4. 1974 in Kopenhagen gehaltenen Vortrags, 9 S. (unveröffentlichtes Manuskript).

Börner, Bodo: Rechtsfragen des Zahlungs- und Kapitalverkehrs in der EWG, EuR 1966, S. 97 ff., außerdem in: Studien zum deutschen und europäischen Wirtschaftsrecht, KSE 17, Köln 1973, S. 135 ff.

— Das Interventionssystem der landwirtschaftlichen Marktordnungen der EWG, in: Agrarrecht der EWG, KSE 10, Köln 1969, S. 1 ff.

Bramkamp, Franz Bernhard: Überlegungen zu den italienischen und dänischen Schutzmaßnahmen der Europäischen Gemeinschaft, EuR 1974, S. 319 ff.

Bülck, Hartwig (Herausgeber): Zur Stellung der Mitgliedstaaten im Europarecht, Schriftenreihe der Hochschule für Verwaltungswissenschaft Speyer, Bd. 32, Berlin 1967, 245 S.

Bülow, Erich: Das Gemeinschaftsrecht in der Rechtsprechung des Europäischen Gerichtshofes, in: Einführung in die Rechtsfragen der europäischen Integration (EREI), S. 77 ff.

Buschlinger / Conner: Nichtzollbedingte Schranken gegen einen freien Warenaustausch, AWD 1966, S. 185 ff.

Capelli, Fausto: Der Anspruch auf Rückerstattung der an den italienischen Staat gezahlten Statistik- und Verwaltungsgebühren, AWD 1970, S. 545 ff.

Carstens, Karl: Die Errichtung des Gemeinsamen Marktes, ZaöRV, Bd. 18 (1958), S. 459 ff.

Colonna di Paliano, Guido: De l'Union Douanière à l'Union Economique, in: Actes du quatrième Colloque sur la Fusion des Communautés européennes 1969, Institut d'Etudes Juridiques Européennes de Liège 1970, S. 55 ff.

Daig, Hans Wolfram: Die Rechtsprechung des Gerichtshofes der Europäischen Gemeinschaften zur unmittelbaren Wirkung von EWG-Bestimmungen auf die Rechtsbeziehungen zwischen Mitgliedstaaten und Gemeinschaftsbürgern, EuR 1970, S. 1 ff.

Dam, Kenneth W.: The GATT, Law and International Economic Organization, Chicago 1971, 480 S.

Debatin, Helmut: Kommentierung der Art. 95 - 99 EWGV, in: Groeben / Boeckh / Thiesing, Bd. I, S. 1228 ff.

Deringer / Sedemund: Europäisches Gemeinschaftsrecht, NJW 1969, S. 2078 ff.; NJW 1970, S. 371 ff.; NJW 1973, S. 408 ff.; NJW 1974, S. 400 ff.; NJW 1974, S. 1600 ff.

Ehle, Dietrich: EWG-Vertrag und Gebührenerhebung. Zum Anwendungsbereich der Art. 12 und 95, AWD 1965, S. 281 ff.

— Maßnahmen mit gleicher Wirkung wie mengenmäßige Beschränkungen und ihre Abschaffung im Gemeinsamen Markt, AWD 1967, S. 453 ff.

— Die Zollunion der Europäischen Gemeinschaften, NJW 1969, S. 1509 ff.

— Monopolausgleich, Branntweinsteuer und Ausgleichsabgabe im Lichte des EWG-Vertrages, AWD 1972, S. 184 ff.

— Die Gestaltung der europäischen Wirtschaftsordnung in der Rechtsprechung des Gerichtshofes, NJW 1973, S. 927 ff.

— Europäischer Agrarmarkt, mitgliedstaatliche Währungspolitik und gemeinsame Konjunkturpolitik, AWD 1974, S. 303 ff.

Ehle / Meier: EWG-Warenverkehr, Köln 1971, 652 S.

Ehlermann, Claus Dieter: Die Schutzklauseln in den Agrarverordnungen der EWG, EuR 1966, S. 305 ff.

— Die wichtigsten Steuerungsmechanismen der gemeinsamen Organisation der Agrarmärkte in der EWG, Integration 1969, S. 294 ff.

— Die Bedeutung des Art. 36 EWGV für die Freiheit des Warenverkehrs, EuR 1973, S. 1 ff.

— Kommentierung der Art. 30 - 37 EWGV, in: von der Groeben / von Boeckh, Handbuch für Europäische Wirtschaft, S. 54. Lieferung September 1964.

Ehring, Hubert: Zur Abgrenzung des Beihilfeverbotes vom Verbot der zollgleichen Abgaben und der inländischen Abgaben, welche die Einfuhr höher belasten als die inländische Erzeugung, EuR 1974, S. 108 ff.

Empel, M. van: Anmerkung zum Urteil des EuGH in der RS 24/68 und in den RS 2 und 3/69, CMLR, Vol. 7 (1970), S. 77 f.

Erei: Einführung in die Rechtsfragen der europäischen Integration (Herausgeber: Gustav-Stresemann-Institut), 2. Auflage, Bonn 1972, 316 S.

Erichsen / Martens: Das Verwaltungshandeln, in: Erichsen / Martens, Allgemeines Verwaltungsrecht, 2. Auflage, Berlin 1977, 508 S., S. 115 ff.

Everling, Ulrich: Europäisches Gemeinschaftsrecht und nationales Recht in der praktischen Rechtsanwendung, NJW 1967, S. 465 ff.

Feige, Konrad: Der Gleichheitssatz im Recht der EWG, Tübingen 1973, 230 S.

Frowein, Jochen A.: Anmerkung zum Urteil des EuGH in den RS 52 und 55/65, CahDrEur 1967, S. 296 ff.

Fuhrmann, Gunther: Die Schutzklausel des Art. 135 der EWG-Beitrittsakte, AWD 1972, S. 273 ff.

Gide / Loyrette / Nouel: Dictionnaire du Marché Commun, Vol. III (Echanges Interieurs), Paris 1971 (Loseblattsammlung).

Götz, Volkmar: Anmerkung zum Urteil des EuGH in der RS 17/67, EuR 1967, S. 209 ff.

— Zum Recht der gemeinsamen Agrarpolitik der Europäischen Wirtschaftsgemeinschaft, NJW 1968, S. 1545 ff.

Gori, Paolo: Les clauses de sauvegarde des traités CECA et CEE, Heule (Belgien) 1967, 248 S.

— Die Befugnisse der Mitgliedstaaten zum autonomen Handeln im Ausnahmefall, in: Einführung in die Rechtsfragen der europäischen Integration (EREI), S. 288 ff.

Gottsmann, Ortwin: Der Gemeinsame Agrarmarkt, in: von der Groeben / von Boeckh, Handbuch für Europäische Wirtschaft, Bd. 4, (Loseblattsammlung).

— Kommentierung der Art. 38 - 47 EWGV, in: Groeben / Boeckh / Thiesing, Bd. I, S. 331 ff.

Graf, Michael: Der Begriff „Maßnahmen gleicher Wirkung wie mengenmäßige Einfuhrbeschränkungen" in dem EWG-Vertrag, Schriften zum Wirtschafts-, Handels- und Industrierecht, Bd. 3, Köln 1972, 171 S.

Groeben, Hans von der: Einleitung zur 2. Auflage, in: Groeben / Boeckh / Thiesing, Bd. I, S. 41 ff.

Groeben / Boeckh: Handbuch für Europäische Wirtschaft, Baden-Baden (Loseblattsammlung).
(zitiert: Handbuch)

Groeben / Boeckh / Thiesing: Kommentar zum EWG-Vertrag in zwei Bänden, 2. Auflage, Baden-Baden 1974, Bd. I: 1616 S., Bd. II: 1216 S.

Groeben / Mestmäcker (Herausgeber): Ziele und Methoden der Europäischen Integration. Bericht über eine Arbeitsgemeinschaft im Zentrum für interdisziplinäre Forschung der Universität Bielefeld, Frankfurt 1972, 183 S.

Happle, Martin: Die rechtliche Grundstruktur der Agrarmarktorganisation, in: Einführung in die Rechtsfragen der europäischen Integration (EREI), S. 276 ff.

Hausberger, Simon: Europäische Integration, Wien 1974, 141 S.

Hermann, Rudolf: Das Abschlußverfahren völkerrechtlicher Verträge der Europäischen Wirtschaftsgemeinschaft, Berlin 1973, 176 S.

Hochbaum, Ingfried F.: Kommentierung von Art. 37 EWGV, in: Groeben / Boeckh / Thiesing, Bd. I, S. 295 ff.

Ipsen, Hans-Peter: Europäisches Gemeinschaftsrecht, Tübingen 1972, 1092 S.

— Anmerkung zum Urteil des EuGH in den RS 52 und 55/65, EuR 1966, S. 352 ff.

Jacquemart, C.: L'union douanière européenne, CahDrEur 1974, S. 355 ff.

Jaeger, Franz: GATT, EWG und EFTA. Die Vereinbarkeit von EWG- und EFTA-Recht mit dem GATT-Statut, Bern 1970, 399 S.

Kleinmann, Werner: Anmerkung zum Urteil des EuGH in der RS 33/70, AWD 1970, S. 131 ff.

Köpernik, Gerhard: Ausfuhrbeschränkungen im GATT, AWD 1974, S. 680 ff.

Krämer, Hans R.: Die wirtschaftspolitischen Aufgaben der Europäischen Gemeinschaft, in: Die institutionelle Entwicklung der Europäischen Gemeinschaften in den siebziger Jahren, KSE 22, Köln 1973, S. 1 ff.

Krohn, Hans-Broder: La Convention de Lomé entre la Communauté Européenne et les Pays ACP. Une étape importante dans les relations entre la communauté et les pays en voie de développement, RevMC 1975, S. 101 ff.

Laubereau, Horst: Rechte und Pflichten der Mitgliedstaaten bei der Herstellung des Gemeinsamen Marktes — am Beispiel der Zollunion, in: Zur Stellung der Mitgliedstaaten im Europarecht (Herausgeber: Bülck), S. 60 ff.

— Kommentierung in Art. 9 - 29 EWGV, in: Groeben / Boeckh / Thiesing, Bd. I, S. 127 ff.

— Der gemeinsame Zolltarif und seine Handhabung, EuR 1968, S. 192 ff.

Lecourt, Robert: L'Europe des Juges, Brüssel 1976, 324 S.

Leyser, Hans-Eberhard: Kommentierung von Art. 238 EWGV, in: Groeben / Boeckh / Thiesing, Bd. II, S. 810 ff.

Liebich, Ferdinand: Das GATT als Zentrum der internationalen Handelspolitik, Schriftenreihe zum Handbuch für Europäische Wirtschaft, Baden-Baden 1971, 224 S.

Loch / Hasenpflug: Die Assoziierungs- und Präferenzpolitik der EG, Europäische Schriften des Instituts für Europäische Politik, Bd. 36, Bonn 1974.

Matthies, Heinrich: Die Rechtsprechung des Gerichtshofes der Europäischen Gemeinschaften zu den Fragen der Europäischen Wirtschaftsordnung. Bericht für den 6. Internationalen Kongress für Europarecht, Brüssel 1972, 94 S. (maschinenschriftlich vervielfältigt). Außerdem in: Die europäische Rechtsprechung nach 20 Jahren Gemeinschaftsleben, KSE 24, Köln—Berlin 1976, S. 551 ff.

Mégret / Louis / Vignes / Waelbroeck: Le Droit de la CEE, Commentaire du Traité et des Textes pris pour son application, Volume 1: Préambule — Principe, Libre circulation des marchandises, Bruxelles 1970, 230 S., 93 S.; Volume 5: Dispositions fiscales, rapprochement des legislations, Bruxelles 1973, 241 S., 137 S.
(zitiert: Mégret u. a.)

Meier, Gert: Die Umsatzausgleichsteuer als Abgabe zollgleicher Wirkung?, AWD 1967, S. 140 ff.

— Umsatzausgleichsteuer und das Verbot der Beibehaltung und Errichtung von Hemmnissen im EWG-Warenverkehr, AWD 1967, S. 219 ff.

— Die Aprilurteile des Europäischen Gerichtshofes im Rechtsstreit um die Umsatzausgleichsteuer, AWD 1968, S. 167 ff.

— Währungsabsicherungsgesetz und EWG-Vertrag, AWD 1969, S. 1 ff.

— Grenzen der Steuerhoheit der Mitgliedstaaten bei EWG-Importen, AWD 1969, S. 300 ff.

— Verfassungs- und gemeinschaftsrechtliche Bedenken gegen die Verordnung über die Erhebung einer Ausgleichsabgabe vom 29. 9. 1969, AWD 1969, S. 398 ff.

— Die Umformung des deutschen Branntweinmonopols durch Erhebung einer besonderen Ausgleichsabgabe auf eingeführten Branntwein?, AWD 1970, S. 498 ff.

— Anmerkung zum Urteil des Finanzgerichts Rheinland-Pfalz vom 14. 12. 1973, AWD 1973, S. 226.

— Anmerkung zum Urteil des EuGH in der RS 77/72, AWD 1974, S. 45.

— Importbeschränkungen Italiens erschüttern den Gemeinsamen Markt, AWD 1974, S. 293 f.

— Zum französisch-italienischen Weinkrieg, RIW/AWD 1975, S. 564 f.

Meier, Gert: Zur Zulässigkeit des Weiterbestehens des Währungsausgleichs im innergemeinschaftlichen Handel, ZfZ 1975, S. 229 ff.

— Anmerkung zu den Urteilen des EuGH in den RS 35/76 und 46/76, RIW/AWD 1977, S. 223 ff.

Much, Walter: Rechtliche Grundsatzfragen zur Erweiterung der Europäischen Gemeinschaften, EuR 1972, S. 324 ff.

Müller-Heidelberg, Till: Schutzklauseln im Europäischen Gemeinschaftsrecht (mit Ausnahme des Agrarrechts), Schriftenreihe zur Europäischen Integration, Hamburg 1970, 334 S.

Nass, Klaus-Otto: Der Beitrittsvertrag — Erste Bemerkungen zur Erweiterung der Gemeinschaft, EuR 1972, S. 103 ff.

Neu, Axel: Die Rolle nicht-tarifärer Einfuhrbeschränkungen in der Handelspolitik, AWD 1974, S. 500 ff.

Obernolte, Wolfgang: Bestimmungen über staatliche Beihilfen im EWG-Vertrag. Verhältnis zu den EWG-Steuerbestimmungen, AWD 1961, S. 68 ff.

Oldekop, Dieter: Die Richtlinien der EWG, Göttingen 1968, 214 S.

Olivier, Gérard: Kommentierung von Art. 4 EGKSV, in: Quadri / Monaco / Trabucchi, CECA, Vol. I, S. 177 ff.

Olmi, Giancarlo: Kommentierung der Art. 38 - 47 EWGV, in: Quadri / Monaco / Trabucchi, Trattato institutivo della Comunità Economica Europea, Vol. I, 591 S.

Oppermann, Thomas: Die Assoziierung Griechenlands mit der EWG, ZaöRV, Bd. 22 (1962), S. 486 ff.

— Die Schutzklausel des Art. 115 des EWG-Vertrages, AWD 1964, S. 97 ff.

— Schutzklauseln in der Endphase des Gemeinsamen Marktes, EuR 1969, S. 231 ff.

— Währungsparitätsänderungen und Gemeinsamer Markt, EuR 1970, S. 32 ff.

— Währungsunion und EWG-Vertragsrevision, EuR 1971, S. 130 ff.

d'Orville, Michael: Die rechtlichen Grundlagen für die gemeinsame Zoll- und Handelspolitik der EWG, KSE 19, Köln 1973, 146 S.

Panico, Guiseppe: Tariffa doganale comune e tasse di effetto equivalente, RivDirEur 1974, S. 69 ff.

Quadri / Monaco / Trabucchi: Trattato istitutivo della Comunità Economica Europea, Commentario, Vol. I, Milano 1965, 591 S.
(zitiert: Quadri u. a.)

— CECA, Commentario, Vol. I (Art. 1 - 45), Milano 1970, 584 S.

Rahn, Hans Georg: Aus der EuGH-Rechtsprechung zum Abgabenrecht, ZfZ 1974, S. 65.

— Zur Rechtsprechung des Gerichtshofes der Europäischen Gemeinschaften zum EWG-Zollrecht und -Marktordnungsrecht, ZfZ 1977, S. 194 ff.

Rambow, Gerhard: Probleme bei der Durchführung von Richtlinien der EWG, DVBl. 1968, S. 445 ff.

Regul, Rudolf (Herausgeber): Steuern und Zölle im Gemeinsamen Markt (begründet von Heinrich Megow), Bd. 1, Baden-Baden 1962 (Loseblattsammlung).

Reischl, Gerhard: Der Grundsatz des freien Warenverkehrs in der Rechtsprechung des Gerichtshofs der Europäischen Gemeinschaften, ZfZ 1977, S. 2 ff.

Reuter, Paul: La Communauté Européenne du Charbon et de l'Acier, Paris 1953, 320 S.

Romoli Venturi, Giancarlo: Kommentierung der Art. 12 - 17 EWGV, in: Quadri / Monaco / Trabucchi, CEE, Vol. I.

Roth, Georg: Staatliche Strukturhilfen im nationalen und übernationalen Recht, in: Zur Stellung der Mitgliedstaaten im Europarecht (Herausgeber: Bülck), S. 122 ff.

Runge, Christian: Einführung in das Recht der Europäischen Gemeinschaften, 2. Auflage, München 1975, 206 S.

— Die europäischen Verträge und die Steuerhoheit der Mitgliedstaaten, AWD 1963, S. 226 ff.

Scale, Armand: Les aides d'état et la Communauté Economique Européenne, RevMC 1965, S. 136 ff.

Salzwedel, Jürgen: Anstaltsnutzung und Nutzung öffentlicher Sachen, in: Erichsen / Martens, Allgemeines Verwaltungsrecht, 2. Auflage, Berlin 1977, 508 S., S. 313 ff.

Schall, Herbert: Gebühren bei Gelegenheit der Einfuhr als Abgaben zollgleicher Wirkung, AWD 1973, S. 489.

Scherer, Josef: Die Agraraußenhandelsunion der EWG, NJW 1973, S. 2129 ff.

Scheuing, Dieter Helmut: Anmerkung zum Urteil des EuGH in der RS 47/69, EuR 1971, S. 139 ff.

— Les aides financières publiques (aux entreprises privées en droit franҫtais et européen), Paris 1974, 381 S.
(zitiert: Les aides ...)

Schwarz, Otfried: Der Europäische Gerichtshof zur Umsatzausgleichsteuer, ZfZ 1966, S. 225 ff.

Seidel, Martin: Der EWG-rechtliche Begriff „Maßnahmen gleicher Wirkung wie eine mengenmäßige Beschränkung", NJW 1967, S. 2081 ff.

Seidl-Hohenveldern, Ignaz: Völkerrecht, 3. Auflage, Köln 1975, 384 S.

Tessin, Claus: EWG-Kommission äußert sich zum Begriff Maßnahmen gleicher Wirkung, AWD 1967, S. 310 ff.

Thiesing, Jochen: Kommentierung der Art. 92 - 94 EWGV, in: Groeben / Boeckh / Thiesing, Bd. I, S. 1152 ff.

Tomuschat, Christian: Die gerichtliche Vorabentscheidung nach den Verträgen über die Europäischen Gemeinschaften, Köln 1964, 226 S.

Ulmer, Peter: Das Verbot der steuerlichen Diskriminierung von Einfuhrwaren in Art. 95 des EWG-Vertrages und seine Auswirkungen auf das nationale Abgabenrecht, AWD 1966, S. 277 ff.

Vaulont, Nikolaus: Die Vereinfachung der Verfahren und Förmlichkeiten im innergemeinschaftlichen Warenverkehr im Lichte der Rechtsprechung des Europäischen Gerichtshofs zum Verbot der Erhebung von Abgaben zollgleicher Wirkung, EuR 1977, S. 1 ff.

Verloren van Themaat, Pieter: Anmerkung zum Urteil des EuGH in der RS 2/73, SEW 1974, S. 133 f.

— Anmerkung zum Urteil des EuGH in der RS 51/74, SEW 1975, S. 251 ff.

Wägenbaur, Rolf: Kommentierung der Art. 95 ff. EWGV, in: Mégret / Louis / Vignes / Waelbroeck, Vol. 5 (Dispositions fiscales), Bruxelles 1973, 241 S.

— Das Verbot steuerlicher Diskriminierung nach dem EWG-Vertrag im Lichte der Rechtsprechung des Gerichtshofs, EuR 1969, S. 20 ff.

Waelbroeck, Michel: La libre circulation des marchandises, in: Mégret / Louis / Vignes / Waelbroeck, Vol. 1, Bruxelles 1970, 93 S.

— Anmerkung zum Urteil des EuGH in der RS 57/65, CahDrEur 1967, S. 180 ff.

Weber, Nikolaus: Die Richtlinie im EWG-Vertrag, Hamburger Abhandlungen aus dem Seminar für öffentliches Recht, Heft 62, Hamburg 1974, 140 S.

Weides, Peter: Europäisches Subventionsverbot und staatliche Selbsthilfefonds, AWD 1963, S. 295 ff.

Wenner, Wolfgang: Die Anwendung des Rechts der Europäischen Wirtschaftsgemeinschaft, AWD 1963, S. 33 ff.

Wiesing, Erich: Kommentierung der Art. 131 - 136 EWGV, in: Groeben / Boeckh / Thiesing, Bd. I, S. 1586 ff.

Wohlfahrt / Everling / Glaesner / Sprung: Die Europäische Wirtschaftsgemeinschaft, Berlin und Frankfurt 1960, 954 S.
(zitiert: Wohlfahrt u. a.)

Wolff / Bachof: Verwaltungsrecht I, 9. Auflage, München 1974, 624 S.

Wt. (anonym): Anmerkung zum Urteil des EuGH in den RS 2 und 3/62, AWD 1963, S. 91 f.

Zuleeg, Manfred: Auslegung des Europäischen Gemeinschaftsrechts, EuR 1969, S. 97 ff.

— Rechtsgutachten von Prof. Dr. Manfred Zuleeg für den Bundesminister der Finanzen über die Vereinbarkeit des Absicherungsgesetzes vom 29. November 1968 mit dem europäischen Gemeinschaftsrecht; Bonn, 24. Juni 1974, 60 S.

Sonstiges

Antworten der Kommission auf *schriftliche Anfragen* von Abgeordneten der Versammlung, veröffentlicht im Amtsblatt der Europäischen Gemeinschaften.

Bülow / Langner: Fundstellennachweis für das Recht der Europäischen Gemeinschaften, 12. Auflage 1973.

Bulletin der Europäischen Gemeinschaften.

Gesamtbericht über die Tätigkeit der Europäischen Gemeinschaften (Herausgeber: Kommission), erscheint jährlich, Bruxelles/Luxemburg).

Statistisches Jahrbuch für die Bundesrepublik Deutschland 1975, Stuttgart 1975.

FSC
www.fsc.org
MIX
Papier | Fördert gute Waldnutzung
FSC® C083411

Kolibri 360 GmbH
Ferdinand-Jühlke-Straße 7
99095 Erfurt, Deutschland
produktsicherheit@kolibri360.de

Druck:
CPI Druckdienstleistungen GmbH
im Auftrag der
Kolibri 360 GmbH
Ferdinand-Jühlke-Str. 7
99095 Erfurt